HISTORIAS
DE
ALTAMAR

WILLIAM H. MCRAVEN

HISTORIAS DE ALTAMAR

LECCIONES DE UNA VIDA EN LA LÍNEA DE COMBATE

ƆIANA

Título original: *Sea Stories*

© 2019, William H. McRaven

Esta edición es publicada por acuerdo con Grand Central Publishing,
New York, New York, U.SA.

Derechos reservados

Traducción: Carlos Díaz Romero

Diseño de portada: Planeta Arte & Diseño
Fotografías de portada: © iStock
Diseño de interiores: Cáskara / Alejandra Ruiz Esparza

© 2022, Editorial Planeta Mexicana, S.A. de C.V.
Bajo el sello editorial DIANA M.R.
Avenida Presidente Masarik núm. 111,
Piso 2, Polanco V Sección, Miguel Hidalgo
C.P. 11560, Ciudad de México
www.planetadelibros.com.mx

Primera edición en formato epub: mayo de 2022
ISBN: 978-607-07-8582-5

Primera edición impresa en México: mayo de 2022
ISBN: 978-607-07-8581-8

Impreso en los talleres de Litográfica Ingramex, S.A. de C.V.
Centeno núm. 162-1, colonia Granjas Esmeralda, Ciudad de México
Impreso y hecho en México – *Printed and made in Mexico*

Después oí la voz del Señor, que decía: «¿A quién enviaré
y quién irá por nosotros?». Entonces respondí:
«Heme aquí ¡envíame a mí!».
—ISAÍAS 6:8

*Dedico este libro a los hombres y mujeres de la comunidad de
Operaciones especiales que dijeron «envíame a mí» y quienes han
sacrificado tanto por la defensa de esta nación. Haber servido junto a
ustedes fue el honor más grande de mi vida.*

La vida es una aventura atrevida o no es nada.

—HELEN KELLER

ÍNDICE

NOTA DEL AUTOR

Los eventos narrados en este libro se presentan como los recuerdo. Cualquier inconsistencia en las historias es resultado del paso del tiempo y de mi avanzada edad. Si bien me he tomado ciertas licencias literarias en los diálogos, creo que las conversaciones retratadas capturan con precisión el espíritu del momento. Además, protegí la privacidad de las personas implicadas cambiando sus nombres cuando alguna lo solicitó o cuando no pude contactarlas para que me permitieran mencionarlas.

CAPÍTULO UNO

LA GENERACIÓN MÁS GRANDE

Fontainebleau, Francia
1960

E mpujé la puerta de vaivén apenas lo suficiente para echar un vistazo al enorme salón lleno de humo. Jean Claude, el joven y alto cantinero francés, pasaba de mesa en mesa tomando órdenes de tragos de los oficiales estadounidenses que llenaban el club la noche del viernes.

Crucé la puerta y me arrastré pecho a tierra hasta un lugar detrás de la barra, desde donde podía ver todo el salón sin que nadie me viera.

El Club de Oficiales estadounidenses, ubicado en el corazón de Fontainebleau, Francia, era una estructura de tres pisos construida con el estilo provincial francés de molduras ornamentadas, escalinatas enrolladas, un pequeño elevador de jaula y enormes pinturas al óleo de Napoleón, Luis XVI e incontables escenas de batalla.

Para mí, que entonces era un niño de cinco años, el club era un lugar especial. Tenía barandales por los que me podía deslizar, armarios en los cuales ocultarme y pasillos por los que podía correr. Deambulaba libremente, espada imaginaria en mano, luchando contra piratas y prusianos, nazis y rusos.

El edificio también tenía pasajes ocultos por los que podía pasar de la cocina al bar sin ser detectado. El montaplatos, que conectaba la cocina con el segundo y tercer piso, me servía para pasar desapercibido frente al personal, mis dos hermanas (quienes estaban a cargo de evitar que me metiera en problemas, en lo que rara vez tenían éxito, debo agregar), mis padres y la veintena de oficiales que sabían que yo merodeaba por los pasillos desatendidos.

Si bien era un club estadounidense, los oficiales de cualquier nación aliada eran bienvenidos. Impresionaban con sus uniformes y su porte recto, se pavoneaban con una confianza que, inconfundiblemente, era propia de los ganadores de la Segunda Guerra Mundial.

Habían pasado casi quince años desde el final de la guerra, pero Francia aún estaba en reconstrucción y los europeos buscaban que la Organización del Tratado del Atlántico Norte (OTAN) los protegiera de los soviéticos. El brazo militar de la OTAN era el Cuartel Supremo de los Poderes Aliados en Europa (SHAPE),[1] al que mi padre había sido asignado y por lo cual vivíamos en Francia.

Cuando me pasé al otro extremo de la barra, Jean Claude me descubrió y me echó una de esas miradas que ya había visto cientos de veces. «Te estoy viendo», decía. Pero siempre con un brillo en los ojos. Como todos los hombres que habían envejecido, él apreciaba la travesura en el corazón de un chiquillo y en su

---

1. Tanto siglas como acrónimos militares se presentan de acuerdo con el original en inglés. [*N. del T.*]

mirada se veía cierto anhelo por volver a ser un muchacho. En mi mente, Jean Claude era mi protector, el guardián de mis secretos, el Watson de mi Holmes.

Mi padre estaba sentado al otro lado del salón, frente a una mesa oval con otros tres hombres. Todos vestían el uniforme de los oficiales de la Fuerza Aérea: camisa azul claro de cuello alto, corbata oscura ligeramente suelta y un abrigo azul marino con alas plateadas sobre el pecho.

Junto a papá estaban Ed «Tranquilo» Taylor, Bill «Salvaje» Wildman y Rod «Caballero» Gunther, todos pilotos de aviones caza con el grado de coronel.

Ed Taylor, con las manos en el aire, una persiguiendo a la otra, simulaba defenderse del ataque de un Messerschmitt alemán. Un cigarrillo colgaba de sus labios y solo hizo una pausa en su relato para darle un trago al vasito de escocés junto a su codo. Ed era uno de los pioneros de las aeronaves a reacción y en algún momento fue el hombre más veloz del mundo en combates aéreos. Era un tanto como Hemingway, dado al dramatismo, con amor por el buen whisky y la necesidad de llenar cada minuto de su vida con algo emocionante. Fue piloto de caza en la Segunda Guerra Mundial y en Corea, luego sirvió en Vietnam y terminó su carrera como veterano de tres guerras. Bebía mucho, fumaba cigarrillos Camel sin filtro, amaba estar en combate y parecía pasarla bien con cualquier persona que conociera.

En los muros de su casa había fotografías personalizadas con los presidentes Roosevelt, Truman y Eisenhower, los generales Douglas MacArthur y George Patton, los jugadores de beisbol Mickey Mantle y Roger Maris, reyes y príncipes, tiranos y déspotas, y cada persona común que había servido a su lado. Cada foto tenía una historia.

Ed estaba casado con Cordelia, o Cordie, como todos la llamaban. Era una chica sureña de Texas que había servido como presidenta del Club de esposas y siempre estaba a cargo de los juegos infantiles y las funciones sociales para adultos. A Cordie le gustaba festejar tanto como a Ed, y su matrimonio, el cual duró más de cincuenta años, era una lucha constante entre su amor por el combate y la necesidad de hacer una vida doméstica normal, pero siempre ganó el primero.

Bill Wildman también sirvió en el escenario europeo durante la guerra, pero igual que los demás hombres que estaban en la mesa, ahora piloteaba un escritorio en SHAPE. Bill estaba casado con la esposa favorita de todos, Ann. Ella era la mujer más hermosa de Francia: pequeña, de buena figura e inteligente, y siempre era el alma de la fiesta.

Rod Gunther era un caballero sureño, prematuramente encanecido, con un acento alargado y amistoso, y cierta habilidad para hacer que todos a su alrededor se sintieran especiales. Su esposa, Sadie, y sus tres hijas eran casi parte de nuestra familia. Me gustaba mucho Judy, su hija menor, y pensaba que yo también le gustaba, hasta que un día me equivoqué y puse un petardo en su sombrero pensando que era el de mi hermana Nan. Desde entonces, por alguna razón, la posibilidad de romance desapareció por completo de nuestra relación.

Conforme Ed Taylor terminaba de contar su historia, con una mano cayendo en picada sobre la mesa, todos los hombres estallaron en risas, aunque yo sabía que ya la habían escuchado antes. Mi padre dio una fumada a su cigarrillo, lo apagó en el cenicero y esperó el siguiente relato.

Entre los hombres en la mesa el más reservado era mi padre, aunque eso no significaba que él no contara historias, pues le encantaba hacerlo como a todos los demás. Había sido bendecido con el atractivo de una «estrella de cine», como otras mujeres solían decirle a mi mamá (aunque nunca supe lo que ella pensaba del halago).

Tenía el cabello negro azabache, que se oscurecía más por la gomina que se ponía cada mañana, también tenía una nariz prominente, una pequeña hendidura en la barbilla y ojos azul acero que titilaban cuando sonreía.

Con su metro ochenta de estatura, papá era alto pero no demasiado. En sus días de juventud fue un atleta sobresaliente en la Universidad Estatal de Maestros de Murray, en Kentucky, y recibió honores en futbol americano, beisbol, basquetbol y atletismo. Se abrió camino en la universidad apostando en barcos casinos del río Misisipi, enseñando tenis a «ancianitas» y compitiendo en carreras contra caballos pura sangre de Kentucky, hombre contra bestia. La velocidad a la que corría en esa época era excepcional: recorría 91 metros en 9.8 segundos. A esa velocidad podía vencer a la mayoría de los caballos en una carrera corta de velocidad (55 metros) y a menudo apostaba algunos dólares contra entrenadores locales para demostrarlo.

Después de terminar la universidad jugó futbol americano profesional por dos años con los Carneros de Cleveland. En una imagen publicitaria se resaltaba al nuevo corredor de la Estatal de Murray: los Carneros tenían una foto de papá corriendo a toda velocidad con un caballo y su jinete persiguiéndolo. Más tarde me revelaría que perdió esa carrera, «pero solo por una nariz».

El futbol americano era un empleo «lucrativo». Papá ganaba $120 por juego y con los comerciales de radio de cereales Wheaties conseguía casi $130 a la semana. Pero cuando aumentó la posibilidad de la guerra en Europa, dejó el futbol y condujo hasta California para enlistarse en el Cuerpo aéreo del Ejército.

Años más tarde, cuando le pregunté por qué se había unido al ejército, me dijo que de niño veía a los soldados marchar por las calles de su pueblo natal en Marston, Missouri, y abordar un tren con destino a las trincheras de Francia. Su padre, un cirujano del ejército, había sido uno de ellos. Entonces supo que quería ser soldado.

Luego de graduarse de la escuela de oficiales aviadores en Brooke Field en San Antonio, Texas, recibió sus órdenes con el

Escuadrón 309 de cazas de la octava Fuerza Aérea. El 309 era parte del primer contingente estadounidense que sería apostado en el Reino Unido. En ese entonces los estadounidenses aún trabajábamos para construir un avión caza que pudiera competir en combate aéreo contra el Messerschmitt alemán. Así que cuando papá llegó a Inglaterra, él y otros pilotos del 309 recibieron Spitfires británicos.

Los «Spits», equipados con poderosos motores Rolls-Royce, armas nuevas y una aerodinámica impecable, eran lo bastante buenos para enfrentar cara a cara a los alemanes. Papá piloteó el Spitfire durante toda la guerra y combatió en las campañas del norte de África, Sicilia y Salerno, y con el tiempo en la invasión de Normandía.

Registró dos muertes confirmadas durante la guerra, pero él mismo fue derribado sobre Francia en 1943. La saga de su escape y evasión desde Francia hasta Inglaterra fue contada muchas veces durante nuestra estadía en ese país, no por papá, quien rara vez hablaba sobre su servicio durante la guerra, sino por el miembro de la resistencia francesa que le ayudó a escapar y ahora vivía cerca de nosotros en las afueras de París.

Jean Claude apareció de pronto detrás de la barra. Tomó un vaso, lo llenó de Coca-Cola hasta la mitad y luego agregó una gran cantidad de jugo de cereza. Un Roy Rogers, anunció, y me ofreció la bebida. Sabía que no debía llamarlo un Shirley Temple. Me senté con las piernas cruzadas detrás de la barra mientras él preparaba otros tragos que después fue a entregar a los clientes. Poco después llegaron mamá y las otras esposas.

Como todas las esposas de esa época, ninguna llegaba al club a menos que estuviera «vestida de punta en blanco». Sus peinados eran grandes y perfectamente estructurados, sin un solo cabello fuera de lugar. Cada vestido de coctel tenía escote y un largo que mostraba las piernas solo lo suficiente para ser sofisticado sin ser revelador. Con un cigarrillo en una mano y un trago en la otra, se sentaron junto a sus hombres. Pero, aunque eran «las esposas», no eran mujeres tímidas ni recatadas, pues se habían casado con hombres aventureros, con pilotos de caza. Sabían en qué se metían cuando dijeron «acepto» y, a pesar de todas las dificultades que vendrían (y las habría por montones), sus matrimonios duraron hasta que la muerte los separó.

Una vez que las damas se sentaron, Jean Claude se dirigió a la mesa para tomar más órdenes de tragos. En cuanto se inclinó para tomar una orden, lo vi señalar con la cabeza el sitio en que estaba yo.

Es un traidor, pensé.

Mamá volteó hacia mí, sonrió y me indicó con la mano que me acercara a la mesa.

Dejé el Roy Rogers, corrí a la mesa y salté sobre el regazo de mi madre, quien me abrazó con fuerza y me besó la mejilla. Un sutil aroma a perfume y crema fría siempre acompañaba a mi mamá. Aún puedo olerlo hoy día.

Rod Gunther frotó mi corte de cabello al rape (como el que tenían los astronautas) y, con su voz suave, dijo:

—Billy, mi muchacho ¿qué andas haciendo esta noche?

Era una invitación para contar una historia, para participar en la conversación de los adultos e intentar igualar con mis aventuras las misiones de bombardeos sobre Francia, los combates aéreos sobre el norte de África, el viaje con Chiang Kai-shek o el baile con el vicepresidente Nixon (la historia favorita de mamá). Las historias llenaron el resto de la noche, por momentos interrumpidas para mí cuando mi madre cubría mis oídos porque los hombres decían algo «demasiado adulto».

Luego del último aviso, cuando los tragos se terminaron y las cajetillas vacías de cigarrillos yacían arrumbadas sobre la mesa, los hombres se pusieron de pie de forma abrupta, como si hubieran completado un informe de misión, se dieron un apretón de manos y rieron sobre algo de una historia anterior. Las esposas, a su vez, se abrazaron y besaron en la mejilla prometiendo encontrarse el lunes para alguna función social.

Las noches de viernes en el Club de Oficiales fueron un ritual durante los tres años que pasamos en Francia. Las historias de combate aire-aire, la vida en las líneas del frente y los escapes audaces alimentaron mi anhelo por la aventura. Las historias nunca se enfocaban en el dolor o la pena. Incluso cuando recordaban las vidas perdidas, por lo general, levantaban sus vasos y brindaban por el buen hombre que luchó duro y murió de forma gloriosa.

A finales de 1963 papá sufrió una embolia leve (algo relacionado con los cigarrillos y el whisky Jim Beam, diría el doctor). Se recuperó, pero nuestra familia fue reasignada a la base de la Fuerza Aérea Lackland, en San Antonio, para estar cerca del hospital Wilford Hall de la Fuerza Aérea. Ed, Cordie y los cuatro chicos Taylor vivían cerca, en Austin, y nos mantuvimos en contacto con los Gunther y los Wildman durante muchos años.

En Texas mis padres hicieron nuevos amigos, y con ellos llegaron nuevas y mejores historias. Estaba el coronel David «Tex» Hill, uno de los Tigres voladores originales, quien sirvió con el general Claire Chennault en China. Tex era de la realeza militar en San Antonio. Alto, amable y de modales sencillos, era un piloto legendario tanto en la historia de la Fuerza Aérea como de la Naval, con más de veintiocho muertes confirmadas. Junto a su esposa, Maize, se volvió parte de nuestra gran familia de amigos y de la vibrante escena social que giraba en torno al ejército en la década de 1960.

También estaban Jim y Aileen Gunn. Promovido a coronel cuando tenía veinticinco años de edad y derribado apenas una semana después en una misión de combate sobre Rumania, Jim logró escapar de un campo de prisioneros de guerra en Bucarest dentro de la parte inferior de un Messerschmitt, piloteado por un miembro de la familia real rumana.

Jim casi murió por exposición a los elementos cuando el caza no presurizado cruzó por encima de los Alpes hacia Italia, pero después de aterrizar logró entrar en calor, contactó al ejército estadounidense y les dio la ubicación precisa del campo de prisioneros. De haber permanecido un día más, habría muerto porque los aviones alemanes bombardearon el campo esperando destruir la evidencia del abuso a los prisioneros. Setenta años después, Jim Gunn recibió la Estrella de Plata por su heroísmo.

Además de Tex Hill y Jim Gunn, estaba el mayor Joe McCarty, quien trabajó para la inteligencia de Estados Unidos durante la guerra; el coronel Bill Strother, un piloto de bombardero condecorado; y Bill Lindley, el único general en el grupo. Todos eran parte de las familias que me criaron. Sus esposas, Betty, Ann y Marta, respectivamente, fueron como madres adoptivas y a menudo, como en el caso de Ann Strother, me contaban chistes subidos de tono e historias para adultos a una edad en la que mi madre no lo hubiera aprobado.

Los años en la base de la Fuerza Aérea Lackland estuvieron repletos de cacerías de palomas en otoño, cacerías de venados en invierno, *bridge* para las mujeres, póker para los hombres, golf cada tercer fin de semana y viajes frecuentes a la costa del golfo para pescar y contar más historias. No estoy seguro de en qué momento trabajaban los hombres, pero, siendo un niño, pensé que todo parecía ser parte del ritmo de la vida; y lo amaba.

Como todos los hombres y mujeres de su generación, mis padres eran hijos de la Primera Guerra Mundial, vivieron la Gran Depresión y lucharon tanto en la Segunda Guerra Mundial como en Corea. Eran sobrevivientes, no se quejaban, no culpaban a otros por sus infortunios. Trabajaban duro y esperaban lo mismo de sus hijos. Atesoraban las amistades y luchaban por sus matrimonios. Portaban su patriotismo con orgullo y, aunque no eran ingenuos respecto a los defectos de su nación, sabían que ningún otro país en el mundo valoraba su servicio y sacrificio tanto como Estados Unidos. Ondeaban sus banderas con orgullo y sin pedir disculpas.

Pero estoy convencido de que lo que hizo tan grande a esta generación fue su habilidad para enfrentar las dificultades y convertirlas en divertidas, autodespreciativas, inolvidables y a veces increíbles historias de vida. Mi padre solía decirme: «Bill, todo depende de cómo recuerdas las cosas». Y eso es lo que hago en este libro, contar las historias que viví en la forma en que las recuerdo. Pienso que ahora podría sentarme en esa mesa en Fontainebleau y contar una o dos.

CAPÍTULO DOS

OPERACIÓN VOLCÁN

San Antonio, Texas
1966

Presioné la navaja de resorte para colocarla al fondo del maletín negro adjunto. Hizo un clic firme cuando entró en su lugar. Roté los diales del número de contraseña, jalé los dos botones horizontalmente y la tapa del maletín se abrió para dejar ver mi pistola Luger y un cargador de veinte balas. En el interior también estaba sujeto un telescopio junto a mi pasaporte y varios miles de dólares en billetes sin marcar.

Confiado en que todo lo que necesitaba estaba ahí, cerré el maletín, revisé la casa de seguridad una última vez y salí hacia la luz del atardecer.

El tránsito en las calles era ligero. Miré sobre mi hombro para asegurarme de que nadie me seguía. Mucho dependía de esta misión y solo había una cosa que se interponía en mi camino.

—¡Bill, hora de la cena!, escuché decir a mi mamá.

—Voy en un minuto —respondí con un grito.

—Cinco minutos, no más, de lo contrario tu comida se va a enfriar.

Saqué el telescopio del maletín de James Bond y busqué a mi secuaz, Dan Lazono. Se suponía que Dan estaba oculto en los arbustos al otro lado de la calle, listo para proporcionar apoyo si la misión salía mal, pero al parecer su mamá también le había hecho volver.

Ay, las mamás.

El sol comenzaba a ponerse sobre el pequeño complejo residencial militar a las afueras de la base de la Fuerza Aérea Lackland. Hogar de alrededor de cien oficiales y sus familias, el anexo Medina se extendía por las colinas que se alzaban sobre la Escuela de Entrenamiento para Oficiales.

Cada mañana, al salir el sol, se escuchaba el sonido de la *Diana* proveniente de los altavoces que hacían eco por toda el área residencial, y cada tarde, al anochecer, el dulce y cautivador sonido del *Toque de silencio* me decía que era hora de dejar de jugar e ir a casa.

A lo largo del año llegaron a la escuela cientos de jóvenes cadetes de la Fuerza Aérea con las cabezas rapadas, las espaldas rectas, las miradas llenas de propósito y con Vietnam en sus futuros.

La mitad de la década de 1960 fue la culminación de la Guerra Fría y esta introdujo la era de las películas y programas televisivos de espías: los hombres de *El agente de C.I.P.O.L.*, Napoleón Solo e Illya Kuryakin; Derek Flint, de *In like Flint*; *Matt Helm* y, por supuesto, el favorito de todos, James Bond. Al vivir en Texas no se podía escapar de los vaqueros y los indios, pero ser un espía era mucho más genial.

Además de los nuevos cadetes en entrenamiento, el anexo Medina también alojaba una enorme instalación de almacenamiento de municiones; docenas de estructuras cementadas a nivel de piso, ocultas en los bosques, lejos de ojos curiosos. Estos Gravel Gerties lucían como pequeños volcanes con treinta metros de diámetro y se alzaban a casi ocho metros de altura. Se nombró así a estos búnkeres por un personaje de la caricatura *Dick Tracy* y servían para almacenar todos los potentes explosivos en el inventario de la Fuerza Aérea de Estados Unidos, incluyendo armas nucleares, si se le podía creer a Dan Lazono.

La vigilancia alrededor del sitio de municiones era enorme. La policía de la Fuerza Aérea patrullaba el área con sus perros K-9 de manera regular y contactaba al centro de mando cuando detectaba cualquier irregularidad. Alrededor del perímetro de la instalación había tres alambradas de dos metros y medio de alto, cada una con alambre de púas en la parte superior. Las capas defensivas serían un reto bastante grande, incluso para el 007.

—¿Estuviste trepando árboles de nuevo? —preguntó mamá.

—No, señora —respondí abochornado.

Levantó mi camisa e inspeccionó el enorme vendaje que cubría mi abdomen.

—El doctor dijo que nada de juegos rudos por un mes. No hasta que se cure la herida. Si sigues corriendo por ahí de esa forma tendrás una cicatriz por el resto de tu vida.

Tengo esa cicatriz.

Tres meses antes, mientras exploraba los Gravel Gerties en busca de una posible misión de espionaje, trepé a lo alto de un árbol cercano para tener una buena vista de la vigilancia. Debajo de mí, Billy McClelland y Jon Hopper montaban guardia como de costumbre.

Cuando puse el pie sobre una rama vieja para sostenerme, esta cedió y me caí seis metros hasta el piso, pero no sin antes abrirme el abdomen con una rama rota que sobresalía del árbol y con la que choqué a medio camino de la caída. Había tres kilómetros de distancia entre el bosque y mi casa, y Billy salió corriendo para llamar a mi madre. Jon, el más chico de los tres, hizo presión sobre mi abdomen mientras caminábamos de vuelta para acortar la distancia a la ayuda tanto como pudiéramos.

Mamá llegó en el coche justo cuando Jon y yo salimos del límite del bosque. Con una expresión frenética en el rostro, me metió a la parte posterior de la vagoneta y condujo a toda velocidad hasta el hospital Wilford Hall de la Fuerza Aérea.

El Wilford Hall y yo éramos viejos amigos. Casi cada semana volvía a la sala de emergencias por algo: un brazo roto por caer de una alambrada alta, una muñeca cortada por atravesar corriendo una ventana de vidrio sólido («¡Más te vale dejar de correr por la casa o te vas a estrellar contra esa ventana!». ¿Cómo supo eso papá?), una rodilla rota por jugar futbol americano juvenil, un tobillo roto por jugar basquetbol, una nariz rota por... bueno, nos conocíamos bien. Pero este accidente parecía superar a los demás.

La rama me hizo una tajada de veinticinco centímetros en mi abdomen, pero por fortuna no perforó ningún órgano interno. Los doctores cosieron la herida y me pusieron un enorme vendaje sobre el abdomen. Todo esto habría salido bien, pero un mes después, mientras volvía a casa en el autobús de la Fuerza Aérea, luego de ver la nueva película de James Bond, me caí del autobús hacia la calle (es una larga historia) y se me abrieron las suturas.

De vuelta al Wilford Hall.

—Dame esa roca —dijo Billy, señalando una roca del tamaño de una bala de cañón en el arroyo cercano. Despejó un mechón de cabello rubio de enfrente de sus ojos y, con una mirada determinada, arrojó la pesada roca hacia un balde que colgaba de un roble alto. El balde comenzó a bajar de a poco, arrastrando consigo la cuerda que hacía descender el puente levadizo que llevaba a nuestro fuerte isleño.

—Buen lanzamiento —gritó Jon. Gritaba con entusiasmo por todo. Para él todo lo que hacíamos los chicos mayores era emocionante.

Tomé la cuerda y jalé hacia abajo el contrapeso. La plancha de madera se asentó con facilidad entre la isla y la tierra firme... que solo estaban separadas por poco más de un metro y por aguas de sesenta centímetros de profundidad. Incluso un hombre cojo habría podido vadear nuestro foso, pero luego de construir un elaborado fuerte en un árbol, debimos encontrar un modo de protegerlo.

Éramos ingeniosos. El fuerte del árbol era un milagro de la ingeniería maderera. Usamos cada pieza funcional de madera contrachapada y cualquier tablón que encontramos para construirlo. Cuatro muros, dos ventanas, un piso sólido y una puerta con un letrero que decía: ¡¡¡no entrar!!!

Se nos acabaron los clavos antes de terminarlo, por lo que las piezas de tablones que formaban la escalera al lado del árbol eran justo la clase de cosas que mi madre detestaba. Billy subió por los tambaleantes escalones y anunció su llegada al fuerte.

—Estoy dentro. ¡Suban!

Escalé rápidamente el árbol y me uní a Billy. Jon se quedó abajo, echando un vistazo a través de sus lentes, intentando reunir el coraje para hacer la escalada.

—Vamos, vamos. No tenemos todo el día —dije.

Jon tomó el primer escalón y comenzó a subir, con las rodillas temblorosas y los ojos entrecerrados para ver por sus lentes empañadas. Jon era un buen seguidor y nuestro club de tres necesitaba al menos uno. Siempre tenía dificultades para superar su miedo al bosque, por las reglas que rompíamos y por los problemas en los que podíamos meternos, pero a pesar de todo nos seguía y, como chiquillos que intentan ser hombres, tener un amigo como Jon nos hacía más fuertes.

En cuanto alcanzó el escalón final, Billy tomó un lado de su cinturón y yo tomé el otro, y con un gruñido notorio, lo jalamos hacia el fuerte.

Fuimos al fuerte con el fin de hacer los preparativos finales para nuestra próxima misión: infiltrarnos en las instalaciones de almacenamiento de municiones.

En ese momento parecía una buena idea.

Estábamos seguros de que algo nefasto estaba ocurriendo en los Gravel Gerties, algo que amenazaba la seguridad nacional de Estados Unidos. Dependía de nosotros salvar al mundo.

Saqué el mapa improvisado y comencé la sesión informativa.

—La llamaremos operación Volcán —anuncié.

Billy y Jon mostraron amplias sonrisas. Era un nombre genial. «M» y Moneypenny lo habrían aprobado.

—Billy, necesitaremos que las tablas estén en su lugar mañana. ¿Puedes hacer que tu papá las traiga al fuerte?

—Seguro —dijo Billy—. Le dije que las necesitamos para reforzar la casa del árbol. Dijo que las podría traer el sábado, pero tendremos que llevarlas desde el fuerte hasta la alambrada exterior.

—¿Estás seguro de que son lo suficientemente largas? —pregunté.

—Creo que sí —respondió Billy, sin llenarme de confianza.

—Deben ser del largo suficiente para extenderse desde la parte superior de una alambrada a la parte superior de la siguiente —indiqué—. Es el único modo en que podemos pasar sobre la alambrada electrificada del medio.

—¿Alambrada electrificada? —preguntó Jon.

—Pues claro —respondí—. Siempre hay una alambrada electrificada.

—Así es —asintió Billy.

—Jon ¿qué pasó con los binoculares de tu papá?

Jon se retorció con incomodidad.

—No te preocupes —dije—. Tomaré los binoculares para cazar venados de mi papá. No los extrañará por un día.

Jon exhaló y bajó la mirada.

—Está bien —lo reconfortó Billy—. Tú tienes una tarea muy importante para la misión. Vas a ser nuestro vigilante.

A Jon le gustó eso.

—Debes estar muy, muy alerta en todo momento —exclamó Billy—. Si la policía de la Fuerza Aérea nos atrapa, estaremos en serios problemas.

Jon se enjugó el sudor de la frente y ajustó sus anteojos.

—¿Crees que nos atrapen?

Billy y yo nos miramos el uno al otro. Francamente, no se nos había ocurrido que podía pasar eso. Es decir ¿qué tan grave puede ser allanar un complejo de alta seguridad?

—Nah, no nos atraparán —dije con convicción.

—¿Quién traerá las salchichas? —preguntó Billy.

—Yo tengo dos paquetes completos —respondí.

Las salchichas eran esenciales. Una vez que trepáramos por la alambrada exterior y usáramos las tablas como puente entre las otras dos alambradas, necesitaríamos algo para protegernos de los K-9. Jon pensó que necesitaríamos filetes. «Cualquier héroe de película utilizaría filetes, filetes grandes, T-bones», argumentó. Jon tenía un buen punto, ningún espía que se respetara usaría salchichas Oscar Mayer, nunca. Pero mi madre simplemente no entendía para qué necesitábamos filetes en la casa club y no podía contarle sobre la misión, de modo que tendría que bastar con las salchichas.

Y era un fuerte, no una casa club.

—Todo listo entonces —indiqué—. Nos veremos en mi casa mañana al mediodía y comenzaremos la misión. —Todos asintieron—. ¡Esto será genial! Como en las películas.

—¿Quién será James Bond? —inquirió Jon.

Tampoco en eso habíamos pensado, pero tenía que decidirse. Billy era, de hecho, más genial que yo. Les gustaba a todas las chicas de la primaria, tenía un mapache de mascota y su papá conducía un Corvette Stingray.

—Ambos podemos ser James Bond —ofreció él.

—No pueden ser el 007 los dos —rebatió Jon.

Pensé en ello por un segundo.

—Yo seré Napoleón Solo y, Jon, tú puedes ser mi secuaz, Illya Kuryakin.

Todos estaban felices. El plan estaba completo. Estábamos listos para la operación Volcán.

—No se muevan —susurré.

Los ojos de la enorme cascabel diamante miraban fijamente a Jon. La serpiente, enroscada en posición de ataque, estaba a metro y medio de su cara, con su cascabel levantado en el aire advirtiendo a nuestra patrulla de tres hombres que nos apartáramos.

—Retrocedan —ordené.

Jon siguió mis instrucciones.

Me agaché lentamente y recogí un trozo de la piedra caliza que formaba el lecho del cauce seco en el que estábamos.

—¡No lo hagas! —advirtió Billy, levantando la voz—. ¡No lo hagas! —repitió.

Ignorando su advertencia, arrojé la roca plana hacia la serpiente. La roca cayó justo frente a su cabeza, la serpiente arremetió y huimos en tres direcciones.

—¡Aaah! —gritó Jon cuando la serpiente se deslizó frente a él para meterse entre un montón de rocas.

Comencé a reír sin control.

—No es gracioso —dijo Jon.

—Lo sé, lo sé —me disculpé. *Pero la verdad es que sí fue gracioso.*

Las serpientes son parte de la vida en Texas, todos crecimos con alguna historia que contar de crótalos o mocasines reptando hacia nuestros patios, ocultas bajo la leña o cruzándose por nuestro camino durante la caza de venados. Y este cauce seco estaba repleto de cascabeles. Salían con la luz del día para calentarse sobre las rocas. Desafortunadamente, el único modo de llegar al almacén de municiones sin que nos detectaran era cruzar por esta vía.

Las paredes del arroyo tenían alrededor de dos metros de altura y en el suelo había rocas y raíces de árbol viejas, las cuales proporcionaban un buen apoyo para escalar con rapidez. Aunque en algunas partes el lecho tenía un ancho de tres metros, ya cerca de nuestro punto de salida se estrechaba a menos de un metro. En primavera, las aguas que llenaban el cauce corrían a toda velocidad por ahí y creaban un efecto de embudo.

Los tres estábamos bien armados para la misión. Jon tenía a la Vieja Betsy, un rifle de juguete Davy Crockett que portaba sobre su espalda, y vestía una gorra de piel de mapache, la cual era demasiado grande para su cabeza y se le caía a cada rato.

Yo llevaba mi pistola de salvas Roy Rogers, con culata perlada, en mi pistolera; y Billy portaba la mejor arma de todas: un rifle de postas Red Ryder.

Luego del susto de la serpiente, yo me puse al frente de Jon, quien quedó en medio. Conforme avanzamos hacia el bosque, los ruidos del vecindario cercano comenzaron a desvanecerse. Había algo estremecedor en los alrededores del camino pese a que ya lo habíamos recorrido docenas de veces.

—¡Escucho una camioneta! —gritó Jon.

—Silencio —replicó Jon —Escuchen.

Sí, se trataba de una camioneta, y no estaba lejos. Desenfundé mi revólver, ordené a Billy y a Jon que permanecieran en su lugar y subí por el costado del cauce.

La camioneta se movía con lentitud en nuestra dirección, pero no podía ver nada por la espesura de los mezquites.

—¿Qué ves? —susurró Jon, nervioso.

—Nada —respondí—. Dame los binoculares. —Le había confiado a Jon los binoculares de mi papá y los había guardado con cuidado en su mochila.

Billy tomó los binoculares y se escabulló por el costado de la zanja para entregármelos.

—Mira, por allá —dijo.

Había una abertura en la línea de árboles y la camioneta se había detenido a unos cuarenta y cinco metros.

—Mierda —dijo Billy, mientras se acercaba al tronco caído en el que me escondía.

A todos nos gustaba decir «mierda». Era la única grosería que conocíamos y la decíamos a menudo.

Miré por los binoculares. En letras pequeñas, a un costado de la camioneta pickup, se leía: POLICÍA DE LA FUERZA AÉREA. Dentro de la cabina vi que colgando de los soportes había una montura de armas con un rifle M-1 y una escopeta. El policía que conducía el vehículo abrió la puerta y salió.

—¿Qué pasa? —preguntó Jon.

Billy se alejó del tronco y le indicó con un ademán que guardara silencio.

El policía se mantuvo de pie al otro lado del vehículo por unos instantes. Ajusté el aumento de los binoculares. Sonriendo, se los pasé a Billy.

—Solo está orinando —explicó Billy con una risita.

Observamos al policía terminar su asunto y dirigirse de vuelta a la cabina.

De pronto una rama detrás de nosotros se rompió y Jon cayó por la pendiente. El ruido de la rama al romperse hizo eco por el bosque y, junto a la camioneta, el policía hizo una pausa para escuchar. Billy y yo nos congelamos.

Mi corazón latía con fuerza y, aunque no estábamos dentro de la alambrada perimetral, sabía que esa era un área restringida.

Luego de unos segundos el policía abordó su vehículo y se marchó. Billy y yo nos apresuramos a bajar para ver si Jon estaba bien.

—Mi gorra. ¿Dónde está mi gorra? —preguntó Jon mientras se limpiaba el lodo de la cara.

Su gorra de piel de mapache colgaba de una rama rota como si fuera una ardilla con la cola muy peluda. La recuperamos y continuamos nuestro patrullaje. Treinta minutos después llegamos hasta las tablas de madera que Billy y yo habíamos llevado al lugar más temprano ese día. Jon nos habría ayudado, pero a las diez en punto pasaban *Jonny Quest* por televisión y sabíamos que nunca se perdía las caricaturas del sábado por la mañana, definitivamente no se las iba a perder.

—¿Están seguros de que debemos hacer esto? —preguntó Jon.

Billy y yo nos miramos con la esperanza de que alguno reconociera que era una mala idea, pero ninguno de los dos lo hizo.

—Solo toma la primera tabla —indiqué.

Habíamos explorado esta ubicación durante el último mes. El bosque era espeso a ambos lados del enrejado y yo sabía que a unos setenta metros se encontraba un Gravel Gertie. Lo había visto tres meses antes, justo antes de que se rompiera la rama que me mandó al hospital.

Tomamos el primer tablón y lo apoyamos contra la alambrada en un ángulo de cuarenta y cinco grados. Billy lo presionó para ver si era seguro.

—Muy bien ¿quién va primero? —preguntó.

Tanto él como Jon me miraron. Después de todo, era mi idea, mi plan, mi misión, y aunque no era el James Bond designado, era mi responsabilidad.

—Yo iré —repliqué, mientras ponía un pie sobre el fondo de la tabla.

Los tenis de bota Chuck Taylor que calzaba parecían tener buen agarre en la madera. De a poco, subí por el tablón hasta alcanzar la parte más alta, balanceándome con un pie sobre el alambre de púas y con el otro sobre la tabla. Podía ver la cima del Gravel Gertie elevándose sobre los árboles.

—Rápido, rápido. ¡Pásenme el siguiente tablón!

Lo levantaron y me lo entregaron.

—Es demasiado corto —grité—. Denme otro.

Todos eran demasiado cortos. La distancia entre las alambradas era demasiado larga, pero no habíamos llegado tan lejos solo para rendirnos. El mundo necesitaba que lo salváramos.

Mis pies comenzaban a tambalearse y me resultaba difícil mantener el equilibrio a dos metros y medio de altura sin nada a qué aferrarme.

Repentinamente, los Chuck Taylor perdieron tracción. Mi pie izquierdo resbaló y quedé pendiendo de una pierna, sacudiendo los brazos de manera frenética en un intento por recuperar el apoyo.

—¡Salta! ¡Salta! —gritó Jon.

—¡Ay, mierda, mierda, mierda! —grité mientras caía de mi posición con brazos y piernas extendidos sobre un montón de hierba alta. Di un golpe seco y me quedé ahí por un momento para recuperar el aliento.

—Oh, oh —expresó Billy en voz baja.

Estaba en el lado interno de la alambrada y no había manera de salir.

—¿Estás bien? —preguntó Jon.

—Estoy bien —repliqué, echando un vistazo a la alambrada—. Arrójenme otra tabla. La usaré para salir de aquí.

Ambos lanzaron otra tabla larga con todas sus fuerzas sobre el alambre de púas y de inmediato la coloqué contra la verja. Me limpié el lodo de los tenis y comencé a subir.

—Oigan, esto funciona —dije triunfalmente cuando llegué a la parte superior.

Giré para mirar atrás, podía ver el Gravel Gertie. Para mí, era como la guarida de una mente maestra del mal en alguna grandiosa historia de aventuras. Nuestro héroe se había visto frustrado en su primer intento, pero yo sabía que Napoleón Solo nunca se rendía en una misión. Y yo tampoco lo haría.

—Pásenme otra tabla, ordené.

—¡¿Qué?! —preguntó Billy.

—¡Rápido, rápido, rápido! Pásenme otra tabla. Haré otro puente.

Tomaron otras dos tablas largas y las deslizaron por encima del alambre de púas. Puse la tercera tabla contra la alambrada intermedia y, luego de algunos intentos, logré pasar el cuarto tablón por encima de la alambrada intermedia y apoyarla sobre el césped al otro lado.

Hacía calor, el calor de Texas, y comenzó a escurrir sudor por mi frente. Limpié mis Chuck Taylor, extendí mis brazos para equilibrarme y anduve como por una cuerda floja para cruzar la cerca «eléctrica». Era evidente que no había pensado bien en todo. A diferencia de la primera alambrada, no podía usar el alambre de púas para equilibrarme por temor a que un millón de voltios me dejaran frito. Asumí que sería un millón de voltios porque se trataba de una alambrada del gobierno y un millón era un número grande. Balanceándome sobre la tabla, mi única opción para llegar al otro lado era saltar sobre las tres líneas de alambre, caer a la tierra y hacer una pirueta asombrosa de agente secreto. Sí, estaba muy claro que no había pensado bien en todo.

Jon y Billy miraban a través de la alambrada como si estuvieran viendo un juego a las afueras de un campo de beisbol.

—¡Ten cuidado! —gritó Jon, su voz sonó aguda y quebrada por el miedo.

Conforme me acercaba a la cima de la tabla, empecé a sentir que esta comenzaba a ceder. La parte superior se estaba deslizando.

—¡Rápido, apresúrate! —gritó Billy.

Doblé las rodillas, di dos pasos, me impulsé con la tabla y me lancé por encima de la verja. Desde el principio supe que mi salto no era lo bastante alto. Mis talones se atoraron en el alambre de púas lo suficiente para alterar mi vuelo. Mis manos y pies se sacudían erráticamente, giré fuera de control hasta el césped. Caí sobre manos y rodillas y rodé por un pequeño montículo. Me levanté de un salto y me sacudí el polvo. Jon aplaudía con júbilo, pero Billy señalaba la tabla al otro lado de la alambrada. Ahora yacía enterrada en el césped, se había caído de la cerca en cuanto salté. Mi ruta de escape estaba comprometida.

Levanté la tabla de mi lado de la alambrada intermedia y la apoyé contra el alambre de púas. La misión adquiría una dificultad considerable.

—¡Vamos, chicos! —exclamé entre un grito y un susurro—. Salten ya.

Jon miró a Billy y dijo con pánico:

—Yo nada más soy el vigía. Me dijeron que yo solo me quedaría aquí.

—Sí, sí. Tú puedes quedarte y montar guardia —respondió Billy. Jon levantó de inmediato los binoculares, tomo a la Vieja Betsy y avanzó unos veinte metros junto a la cerca. Desde esa posición no había nada que ver sino más árboles.

—¿Vienes? —le dije a Billy, pero vi en su mirada el miedo a subir por las raquíticas tablas y saltar la cerca electrificada, y que estaba pensando que este no era uno de los juegos que inventábamos, que no era una aventura, que lo que estábamos haciendo era realmente peligroso.

—Tal vez deba quedarme aquí y montar guardia con Jon —dijo Billy, con la voz un tanto débil. Hizo una pausa de un segundo, peinó su cabello rubio hacia atrás con una mano y sonrió.

—Tú puedes ser James Bond —ofreció.

—¿Puedo ser James Bond?

—Sí, sí. Puedes ser James Bond —respondió.

—Excelente. Bien, tú puedes ser Napoleón Solo —dije.

Me pareció un buen intercambio. Después de todo, esta era en realidad una misión para el 007, no para el agente de C.I.P.O.L.

Ya no había modo de llegar hasta el búnker, pero al menos podía subir por la tercera alambrada para ver si estaban haciendo algo malo para el país en la instalación ultrasecreta.

Tomé el tablón de la cerca intermedia, lo arrastré hasta la barrera final y lo apoyé en ángulo sobre el alambre de púas. Sacudí mis tenis una vez más, comencé a encarrerarme hacia el tablón. En cuanto mi peso cayó sobre la tabla, esta se deslizó un poco a la derecha y me caí a medio camino. La reacomodé recargándola contra un pilar de metal y retrocedí más lejos para tener más velocidad. Miré sobre mi hombro y vi la cara de Billy presionada contra la alambrada, sus ojos mostraban verdadera preocupación.

—¡Ten cuidado! —gritó.

Yo solo asentí y me encarreré.

En cuanto toqué la tabla, me impulsé hacia adelante y tras unos cuantos pasos llegué a la cima de esta, balanceándome. Como Sir Edmund Hillary sobre el Everest, miré a mi alrededor y estudié las tierras frente a mí. Ahora el Gravel Gertie era casi por completo visible y se veía tal como pensamos que se vería: un búnker fortificado de apariencia siniestra, con concertina de seguridad y señalizaciones de advertencia en cada esquina. Pero no había nadie a la vista a su alrededor. No había guardias, ni perros, ni matones con hojas de acero en sus sombreros, ni nada.

Volví la vista a Billy y sacudí la mano. Seguía sin lucir feliz.

—Eso fue fácil —murmuré para mí mismo.

De pronto, una sirena comenzó a sonar, el ruido era tan fuerte que tuve que tapar mis oídos. Una luz roja en la entrada del búnker giraba a muchas revoluciones por minuto y a la distancia, aunque no entendía bien las palabras, escuchaba un altavoz que llamaba a las armas a todo volumen.

—¡Apúrate, apúrate! —comenzó a gritar Billy.

—¡Ya vienen! Gritó Jon.

Y sí venían. Escuché el rugido de una camioneta que no estaba muy lejos y, poco después, el sonido más aterrador que había escuchado nunca: el de un perro, un enorme sabueso de los Baskerville, un perro que ladraba con furia.

—¡Mierda, mierda, mierda!

Me deslicé por la tabla, la tomé y corrí hacia la alambrada intermedia. La apoyé contra la verja, retrocedí e intenté subir corriendo. Me resbalé. Una, dos, tres veces.

Ahora tanto Billy como Jon estaban en la primera alambrada, sujetos con ambas manos, gritando para que me apresurara.

El K-9 se oía cada vez más cerca. No sabía si estaba por dentro o por fuera de la verja, o si lo llevaban con correa o corría salvajemente hacia su presa, pero sabía lo que tenía que hacer.

Metí la mano en mi mochila, abrí el paquete de salchichas Oscar Mayer y comencé a arrojarlas en todas direcciones. «Si tan solo tuviera filetes», pensé.

Retrocedí una vez más, me coloqué en posición de salida, con las manos contra el suelo, trasero al aire y entonces, con un sonoro grito, me lancé a correr. Llegué a la tabla meciendo los brazos y batiendo las piernas, y subí rápidamente hasta la cima. Sin dudar, elevé las rodillas, salté sobre el alambre de púas y caí con manos y rodillas sobre el césped suave.

—Esta es la policía de la Fuerza Aérea —anunció una voz desde un megáfono—. Se encuentra en un área restringida. Se autoriza el uso de fuerza letal.

—¡Rápido, rápido! —volvió a gritar Billy.

Al correr hacia la tabla final me impulsé a toda velocidad, pero apenas logré llegar a la mitad. Me aferré a los costados de la tabla y con las manos me ayudé para alcanzar los centímetros finales, a donde llegué y quedé balanceándome precariamente en la parte superior. Al volver la vista al búnker, vi que algo se movía entre el bosque, eran un hombre y su perro, el cual era guiado por el olor del miedo y de las salchichas.

Cuando me dispuse a saltar sobre la última tira de alambre de púas, mi revólver con culata perlada Roy Rogers se salió de la pistolera y cayó al suelo. Miré a Billy y luego bajé la vista a la pistola.

—¡Vamos! ¡Tenemos que irnos! —gritó Billy.

Billy sujetó el último tablón y yo me deslicé desde la parte superior de la alambrada, pero en los últimos centímetros me tambaleé y caí al piso. Jon estaba a punto de orinarse en los pantalones. Saltaba de arriba abajo como loco y apuntaba hacia la dirección en que se veía que el K-9 se estaba acercando cada vez más.

—¡Corran, corran! —grité.

Agitando brazos y piernas, despegamos casi a galope, atravesamos el bosque a toda velocidad de vuelta al lecho seco del arroyo. La sirena seguía sonando a todo volumen y del altavoz provenían más órdenes.

Conforme nos adentrábamos en la zanja, de regreso al área residencial, escuchábamos cada vez más fuerte el sonido de la camioneta.

—Esta es la policía de la Fuerza Aérea. Deténganse o abriremos fuego.

Recuerdo que pensé que la voz del policía no expresaba ninguna emoción. Supongo que si eres el tipo que dispara y no al que le están disparando puedes sentirte muy tranquilo. Nosotros no lo estábamos.

—Van a comenzar a dispararnos —gimoteó Jon.

—No lo harán —dije, en un intento por parecer confiado.

—Yo creo que sí —agregó Billy, sin darme mucho apoyo.

—Estamos fuera de la alambrada. Ya no pueden dispararnos, respondí.

De pronto, el sonido de una escopeta hizo eco en el bosque y los perdigones se impactaron al otro lado del arroyo.

—Quizás debamos detenernos y entregarnos —sugirió Jon.

—Solo falta kilómetro y medio para llegar al área residencial —indiqué—. Sigan avanzando. No nos rendiremos.

Llegamos más allá del claro desde donde la camioneta ya no era visible, pero sí se escuchaba su motor, el cual comenzaba a alejarse de vuelta hacia el búnker. Nadie dijo nada. Solo seguimos avanzando.

Dos horas después de haber comenzado la misión, atravesamos el límite del bosque y llegamos hasta mi casa. Nos escondimos en la cochera durante algunas horas, esperando que la policía llegara por nosotros, pero nadie se presentó. Me asomé por la puerta entreabierta en varias ocasiones, pero el vecindario estaba tranquilo. La sirena y los altavoces se habían detenido antes de que saliéramos del bosque, y ya todo parecía como un sábado por la tarde cualquiera.

Jon sollozaba en silencio, le preocupaba que sus padres lo descubrieran y lo castigaran prohibiéndole ver las caricaturas del sábado por la mañana. Billy y yo teníamos otras preocupaciones. Tanto su padre como el mío se regían según la vieja usanza y recibiríamos más que un sermón severo.

Cuando el *Toque de silencio* sonó esa noche, Billy y Jon se fueron a sus casas. Yo salí de la cochera y entré a la cocina. Mamá estaba cocinando pollo frito y papá leyendo el periódico en la sala de estar. Cuando me vio, mamá me dio un gran abrazo y me preguntó dónde había estado todo el día.

—En la casa club —respondí.

—Qué bien —dijo ella.

Me bañé, cené y después todos nos sentamos a ver *Películas del sábado por la noche de la NBC*.

El domingo, Billy, Jon y yo nos reunimos en mi casa y revivimos la misión una docena de veces. Éramos agentes secretos dignos. Sin duda «M» nos daría muy pronto otra misión. Jon esperaba que no fuera demasiado pronto.

Para el lunes todo parecía haber vuelto a la normalidad, hasta que papá llegó a casa.

Bill, necesito hablar contigo —dijo, y me hizo pasar a la sala—. Hubo un intento de allanamiento en la instalación de almacenamiento de municiones este fin de semana. ¿Sabes algo al respecto? —preguntó. Antes de poder responder, comenzó a hablar de nuevo—. ¿Sabes lo serio que puede ser entrar sin autorización a un área restringida? La policía de la Fuerza Aérea tiene órdenes de disparar a matar.

Tragué saliva con fuerza.

Entonces vi en sus ojos algo que nunca antes había visto: miedo. Sentía miedo por lo que me pudo haber pasado, de que me hubieran disparado, de que pudo haber perdido a su hijo.

—La policía piensa que pudieron ser algunos chicos del vecindario. ¿Tienes algo que decirme?

—No, señor —respondí.

—¿Sabes algo al respecto?

Y, por primera y última vez en mi vida, le mentí a mi padre.

—No, señor —dije.

Lucía triste y yo sabía por qué.

Él solo asintió, dijo que estaba bien y me dejó ir.

Esa noche me bañé, les di a mis padres un beso de buenas noches y me retiré a mi habitación. En cuanto levanté las cobijas y comencé a meterme a la cama, me di cuenta de que ahí estaba, reposando en mi mesita de noche: mi revólver de seis tiros con culata perlada Roy Rogers.

CAPÍTULO TRES

QUÉ BELLO ES VIVIR

San Antonio, Texas
1973

La pista oval bajo mis pies se sentía dura e implacable. Aún faltaban casi trescientos metros para terminar. Era hora del impulso. Hora del impulso. «¿Dónde está mi impulso?».

—¡Ahora! —grité, meciendo los brazos con fuerza para impulsarme un poco.

El corredor que iba a mi lado se acercó al segundo carril, lo que me obligó a abrir mi trayectoria.

Había veinte hombres delante de mí, podía vencerlos uno a uno. Diecinueve, dieciocho, diecisiete…

Escuchaba los gritos del público en el estadio. En el pasto al centro de la pista, mi entrenador, con la mirada fija en su cronómetro, gritaba a toda voz:

—¡Más rápido! ¡Más rápido!

«Dieciséis. Quince. Catorce. Trece. Doce. Once. Diez. Nueve. Ocho. Siete. Seis…».

Faltaban ciento ochenta metros. Tenía que hacer mi movimiento si quería romper el récord escolar de la carrera de una milla.

«Cinco. Cuatro. Tres…».

Se me estaba acabando el combustible. Comencé a impulsarme demasiado pronto. Detrás de mí, un corredor estaba a punto de alcanzarme.

¡Nadie me alcanza durante mi impulso! Mis pulmones me ardían y mis piernas estaban muertas. ¡Nadie me alcanza!

Me alcanzó y me rebasó.

Los últimos noventa metros parecieron una eternidad. Crucé la línea de meta, tropecé y colapsé sobre el pasto al centro de la pista, adolorido. Empapado en sudor por el calor texano, me encogí sobre mis rodillas y vomité el filete que había merendado tres horas antes.

—Bueno, estuviste cerca —dijo mi entrenador para intentar consolarme.

—¿Cuánto tiempo? ¿Qué tiempo hice? —pregunté entre jadeos.

—Pudo haber sido mejor —respondió el entrenador mientras me entregaba el cronómetro.

Me limpié el sudor de los ojos y miré el reloj.

4:37.20.

Cuatro minutos, treinta y siete segundos y dos décimas. Eran casi cinco segundos más que el récord de 4:32.70. Un tiempo lamentable.

Mis amigos y compañeros de equipo, Mike Morris y Mike Dippo, llegaron corriendo al centro de la pista.

—¿Cuánto tiempo hizo? —preguntó Morris emocionado.

El entrenador le dio el cronómetro.

—¡Oh! —exclamó apenado por mí—. Cielos, parecía una buena carrera.

—Oye, no te preocupes, Bill —dijo Dippo—. Aún te queda otra carrera. Lo lograrás, vas a conseguir el récord.

«Cinco segundos», pensé. En la carrera de una milla, cinco segundos era una eternidad. Ya había estado cerca del récord antes: apenas a dos segundos. Pero últimamente mis tiempos se estaban incrementando en lugar de disminuir. Estaba perdiendo mi confianza y mi oportunidad de poner mi nombre en el libro de récords de la escuela.

Durante años había soñado con ser un corredor de categoría olímpica. Leí todos los libros sobre Jim Ryun, la gran estrella escolar y universitaria. Vi grabaciones antiguas de Roger Bannister, el primer hombre que rompió la marca de los cuatro minutos en la carrera de una milla. Kip Keino y la ola de corredores africanos me emocionaban y motivaban a esforzarme aún más. Solía imaginar, con cada paso que daba en las calles de San Antonio, que me acercaba a la recta final por la medalla de oro en la carrera de los 1500 metros. Keino había comenzado su arranque, Ryan estaba apenas detrás y yo estaba a punto de hacer mi movimiento. Los dejaría tomar la delantera, cansarse y luego me impulsaría. Haría el mundialmente famoso impulso McRaven. Nadie podría superar mi velocidad en los últimos trescientos metros, nadie.

La carrera de hoy me había pasado factura, el reloj me había vencido. Quizás solo era un corredor mediocre, tal vez nunca llegaría a las olimpiadas, quizá nada de esto valía la pena. Tomé mi maleta y me dirigí a casa.

—¡Bill, tienes una llamada! —gritó papá desde el otro extremo de la casa.

—¿Quién es? —devolví el grito.

—¡Creo que es uno de tus entrenadores!

«Qué extraño», pensé. Recién llegaba de mi práctica de atletismo de los jueves y los entrenadores no me habían dicho nada.

Levanté el teléfono.

—¿Hola?

—¿Bill? —respondió una voz vagamente familiar.

—Sí, señor.

—Bill, soy el entrenador Turnbow —dijo con un suave acento texano—. ¿Cómo te va esta noche?

Me quedé perplejo por un momento. Jerry Turnbow era el entrenador en jefe asistente del equipo de futbol americano en mi secundaria. Había dejado la Theodore Roosevelt dos años antes para tomar un trabajo como entrenador en jefe en una escuela al otro lado del pueblo. Para quienes estábamos en el equipo de atletismo, los entrenadores de futbol de secundaria eran como dioses menores. Ellos moldeaban a los jóvenes en hombreras protectoras para que llevaran a las escuelas a la victoria. En Texas el único deporte verdadero era el futbol, el atletismo era solo una distracción. Y los entrenadores de futbol, bueno... ellos nunca se asociaban con quienes corríamos en círculos. Además, creía que el entrenador Turnbow ni siquiera sabía quién era yo.

Tartamudeé por un momento.

—Estoy bien, entrenador —pude responder.

—Bueno, Bill, escuché que solo te queda una carrera para romper el récord escolar. ¿Es correcto?

Muy bien, ahora sí que estaba asombrado. ¿Cómo sabía eso? ¿Por qué le importaba siquiera? Era un corredor de milla en un equipo de atletismo, un equipo de atletismo que casi nadie en la escuela sabía que existía. Además... el entrenador ya ni siquiera era parte de la escuela.

—Sí, señor. Me queda una carrera.

—Bill, escucha, hijo: puedes lograrlo, puedes romper ese récord escolar. Todo lo que debes hacer es correr con fuerza, si lo haces, podrás romperlo. ¡Sé que puedes lograrlo!

—Sí, señor —aseguré, tratando de sonar confiado—. Haré mi mejor esfuerzo.

—Hazlo, Bill. —Hizo una pausa—. Bien, buena suerte, hijo.

—Gracias, señor.

Colgué el teléfono y me senté al borde de la cama. El entrenador Jerry Turnbow acababa de llamarme para desearme suerte. ¡El entrenador Turnbow!

«Corre con fuerza», dijo. «Solo corre con fuerza. ¡Sé que puedes lograrlo!».

«Veinte, diecinueve, dieciocho, diecisiete, dieciséis, quince, catorce…».

—¡Corre! ¡Corre! —gritó Dippo, corriendo por el campo interno mientras Morris lo seguía.

Daba pasos largos en la última curva. Faltaban ciento ochenta metros, mis pulmones gritaban, mis brazos bombeaban, mis piernas se batían. Mi impulso estaba ahí.

—¡Más rápido! ¡Más rápido! ¡Más rápido! —gritó el entrenador agitando los brazos con un movimiento circular.

Frente a mí estaba la línea de meta, una delgada cinta amarilla que marcaba el final de la carrera.

«Trece, doce, once…».

Mis ojos se empañaban por el sudor. Ya no sentía dolor. Mi cuerpo estaba en un estado de shock de corredor. Era una maravillosa sensación de adormecimiento y euforia, pero no duraría. En cualquier momento el ácido láctico acumulado en mi cuerpo haría que mis músculos se entumieran y lo único que me permitiría cruzar la línea de meta sería la fuerza de voluntad pura.

«Corre con fuerza, Bill, solo corre con fuerza. ¡Sé que puedes lograrlo!».

Una de mis películas favoritas de toda la vida era el clásico de Navidad de Frank Capra *¡Qué bello es vivir!*, estelarizada por las leyendas de la pantalla, Jimmy Stewart y Donna Reed. La película se ubica en el mítico pueblo de Bedford Falls en las décadas de 1930 y 1940. Stewart interpreta a George Bailey, un joven que se hace cargo de la compañía de préstamos de su padre fallecido. Reed interpreta a Mary, su esposa. Otros personajes de la película son Harry, el hermano menor de George, a quien este último salvó de ahogarse cuando el pequeño tenía apenas nueve años, y Billy, su olvidadizo tío. El villano de la película es el malvado y viejo señor Potter, un banquero desalmado que vive de arrebatar a la gente su dinero.

George anhela el día en que pueda dejar el pequeño pueblo de Bedford Falls para ver el mundo. Quiere hacer cosas grandes con su vida, cosas en verdad grandes, pero conforme la película avanza, se ve que nunca logra salir de Bedford Falls. En vez de ello permanece en el pueblo haciendo su vida cotidiana e intentando evitar que el señor Potter se apodere de la compañía de préstamos. Al final, George Bailey corre con muy mala suerte y decide que es mejor terminar con su vida y dejar el dinero del seguro a su familia.

George se dirige a un puente cercano con intenciones de saltar, pero cuando está listo para hacerlo, Dios envía un ángel para ayudarle. El ángel es un tipo raro llamado Clarence, quien intenta convencerlo de no acabar con su vida. George no lo quiere escuchar y le dice que su vida no tiene valor y que habría sido mejor que no naciera.

Clarence, el ángel, decide mostrarle cómo habría sido la vida si él jamás hubiera nacido. Vuelven al pueblo y, para sorpresa de George, el pueblo ya no es el pintoresco Bedford Falls, sino un lugar sórdido y derruido llamado Pottersville. Mary, su esposa, nunca se casó y es una bibliotecaria solterona. Otras cosas han cambiado en el pueblo, y no para bien. Al desarrollarse la historia, Clarence lo lleva al cementerio del pueblo. Ahí, apenas visible por el césped descuidado, se encuentra una lápida que muestra que Harry murió cuando tenía nueve años.

George, sin entender lo que hizo Clarence, grita que eso no está bien. Grita: «¡Eso es mentira! Harry Bailey fue a la guerra. ¡Él recibió la Medalla de Honor del Congreso!». Había evitado que un kamikaze hundiera un barco. «Salvó las vidas de todos los hombres en ese transportador».

Entonces ocurre el momento cumbre de la película. Clarence dice: «Pero George, no lo entiendes. Como nunca naciste, George murió ese día en el hielo. Harry no estuvo ahí para salvar a todos esos hombres porque tú no estuviste ahí para salvarlo a él».

Y ahí es cuando la revelación te impacta. Las acciones de un hombre, George Bailey, cambiaron las vidas no solo de aquellos a quienes tocó, sino también las de muchos otros. Todos los hombres en ese navío y sus hijos, y los hijos de sus hijos, estaban vivos debido a su generosidad, y las personas con las que había hecho amistad vivían vidas plenas y felices gracias a él.

«Noventa metros, diez, nueve, ocho, siete, seis…».

—¡Esfuérzate! ¡Esfuérzate! —grité a todo pulmón.

Di todo lo que tenía.

El público estaba de pie, los gritos eran inentendibles pero ruidosos, me impulsaban aún más.

Me incliné al frente, bombeando los brazos y obligando a mis piernas a moverse más rápido y más rápido y más rápido.

«Cinco, cuatro, tres…».

Cuarenta y cinco metros. Solo unos segundos más. Debía resistir. Solo unos cuantos segundos más.

«Dos. Dos. Dos».

Tambaleante, me extendí cuan largo era, caí al otro lado de la línea de meta y golpeé la pista, dura como un ladrillo, luego rodé hacia el campo interno para evitar ser pisoteado. No podía respirar. El fuerte sonido de latidos en mis oídos bloqueaba cualquier otro ruido. Mike Morris estaba de pie frente a mí. No podía escuchar lo que decía, pero veía la expresión en su rostro. Me entregó el cronómetro.

4:31.40.

Un nuevo récord escolar.

Más tarde esa noche, mi madre me abrazaría. Mi padre me diría lo orgulloso que estaba, y durante la siguiente semana recibiría algunas felicitaciones. Al año siguiente un mejor corredor hizo pedazos mi récord. Pero no importaba. Esa carrera había cambiado mi vida para siempre, me había hecho darme cuenta de que podía ponerme una meta, trabajar duro, sufrir el dolor y la adversidad, y lograr algo valioso, que podía lograr cualquier cosa que me propusiera. Me hizo darme cuenta de que podía ser un SEAL[2] de la Marina. A más de cuarenta años de eso, sé que mi vida y las vidas de miles de hombres y mujeres bajo mi mando cambiaron debido a una llamada telefónica. Un acto de generosidad.

Si tenemos suerte, en algún momento de nuestras vidas encontraremos a un George Bailey, una persona que nos ayude en el camino. Un hombre o una mujer que, probablemente sin saberlo, cambie todo nuestro futuro y, al hacerlo, cambie también las vidas de muchos otros.

Jerry Turnbow fue mi George Bailey, y siempre le estaré agradecido por haberse tomado el tiempo para llamarme.

¡Gracias, entrenador!

---

2. Acrónimo para Sea, Air and Land (Mar, Aire y Tierra), operativos especiales de élite de la Marina de Estados Unidos. [*N. del T.*]

CAPÍTULO CUATRO

EL ÚNICO DÍA FÁCIL FUE AYER

CORONADO, CALIFORNIA
1977

¡Aaaagua!

—¡Remen! ¡Remen más fuerte!

El muro de agua de casi cuatro metros comenzaba a coronar y los siete hombres a bordo del Pequeño Bote Inflable (IBS) sabíamos que debíamos remar por nuestras vidas o la ola aplastaría el diminuto bote y nos arrastraría a la costa. Como timonel, mi trabajo era mantener al IBS en dirección a la ola que se aproximaba con la esperanza de mantener centrada la proa. Si el bote de plástico se ladeaba, era seguro que volcaríamos y los breves momentos de sequedad que habíamos disfrutado en la última hora se desvanecerían y, de nuevo, el frío océano Pacífico nos empaparía hasta los huesos.

La ola estaba sobre nosotros y mis compañeros SEAL en entrenamiento de la Clase 95 remaban tan fuerte como podían, mientras yo señalaba la cadencia del remado a gritos.

—¡Lo perdemos! —gritó uno de los hombres.

Podía sentir la tensión en mi pala mientras la ola se abalanzaba sobre la pequeña balsa. Lo único que evitaba que zozobráramos era mi remo, el cual estaba plantado con firmeza en el agua para estabilizar al IBS.

Estábamos justo sobre la cresta de la ola. «Lo vamos a lograr», pensé. Pasaríamos la ola y llegaríamos a aguas calmas. Solo debíamos resistir un segundo más.

¡Craaack! El sonido fue inconfundible, era de madera partiéndose en dos, como el bate de un bateador que se rompe cuando una bola rápida, a cien kilómetros por hora, lo golpea justo en el centro.

De pronto, el bote sin timón se ladeó. Hombres y remos cayeron del IBS y quedaron atrapados en un vórtice de agua y espuma, sumergidos bajo la ola, sacudiéndose con violencia en el fondo arenoso a las afueras de Coronado, California.

Uno a uno, los aprendices salieron a la superficie y lucharon por volver a la playa. Cada hombre tenía una barrita de luz química sujeta a sus chalecos salvavidas, luego de un conteo rápido de cabezas, nos aseguramos de que todos estuvieran presentes y a salvo.

Decaídos y húmedos, nos reunimos en la zona de oleaje y recuperamos el bamboleante IBS, había sido arrastrado playa abajo y flotaba sin rumbo fijo en dirección a Tijuana, México.

—Muy bien, chicos. Ya conocen el procedimiento —les dije. Todos asintieron.

Tomamos el IBS y nos reunimos de vuelta en la playa frente a los instructores de entrenamiento de los SEAL. Al modo militar, alineamos el IBS con la proa de cara al océano y los siete hombres permanecieron firmes junto a sus puestos en el bote. Todos habían recuperado su remo... excepto yo. Me encontraba en la popa, con el uniforme verde aplastado por el peso del agua, las botas rezumando arena por los diminutos ojales y mi chaleco salvavidas anaranjado empujando mi cabeza hacia atrás en un ángulo incómodo.

Sobre mí, acechándome, estaba el suboficial primero Dick Ray, un SEAL altamente condecorado de Vietnam. Alto, de hombros anchos, cabello negro azabache y un bigote delgado, Ray era el epítome de un SEAL de la Marina. Todos lo respetaban y todos le temían.

—Alférez McRaven. ¿Cómo evaluaría su desempeño? —preguntó Ray sin un atisbo de ira.

Antes de que yo le pudiera responder, Doc Jenkins, un enfermero afroamericano enorme y corpulento, intervino.

—Patético. Así fue. ¡Jodidamente patético! —gritó Jenkins, acercándose a milímetros de mi cara—. No puedo creer que tu tripulación no pudiera pasar esa diminuta ola.

Tomó de su chaleco salvavidas al hombre que se encontraba junto a mí y lo sacudió con fuerza.

—Todos ustedes son unos debiluchos y ninguno pertenece a los Equipos. Me da asco mirarlos.

—Señor Mac —preguntó Ray con calma— ¿tiene a todos sus hombres y todo su equipo?

—No, suboficial primero —respondí.

—¡No! ¡No! —gritó Jenkins—. No solo eres incapaz de cruzar una insignificante ola, tampoco puedes llevar el control de tus hombres y tu equipo.

Dio varios pisotones y agitó sus manos de forma frenética.

—¿Se ahogó alguien, señor Mac? ¿Falta alguien de su tripulación?

—No, instructor Jenkins.

—¿Entonces, qué carajo te falta?

—Mi remo, instructor Jenkins.

—¡Tu remo! ¡Tu remo! —gritó en mi oído—. ¡No puedes remar en un IBS sin un maldito remo!

Sacudiendo la cabeza, Jenkins miró a Ray y señaló:

—Bueno, suboficial primero, no sé qué debemos hacer al respecto.

Sabía de algún modo a dónde se dirigía esta discusión. Ray, el suboficial primero, se me acercó y me preguntó con un susurro:

—¿Qué piensa que debemos hacer, señor Mac? No puedo volver con el comandante Couteur y decirle que perdimos propiedad del gobierno. Debemos administrar bien los dólares de los contribuyentes. ¿No lo cree, señor Mac? ¿No cree que debemos administrar bien los dólares de los contribuyentes?

—Sí, suboficial primero.

Podía ver a Jenkins por el rabillo del ojo. Intentaba no reírse. Él y Ray hacían un papel perfecto como el policía bueno y el policía malo.

—Le diré qué necesitamos hacer, señor Mac. Necesitamos encontrar ese remo. ¿No lo cree?

—Sí, suboficial primero.

—Bien, bien. Entonces, usted y su tripulación van a volver al IBS, van a volver al agua y van a intentar encontrar el remo que falta.

Jenkins se giró y gritó a todo pulmón:

—¡Háganlo!

Sin dudar, tomamos las correas del IBS y cargamos contra la zona de oleaje, a sabiendas de que nunca encontraríamos el remo roto, pero en una hora o más los instructores se cansarían de nuestros esfuerzos y nos ordenarían volver a las barracas. Eran las 21:00 horas. El final de otro largo día de correr, nadar, saltar obstáculos, correr más, nadar más y un hostigamiento constante. El siguiente día traería más de lo mismo, y, aunque apenas habían pasado tres semanas del entrenamiento para convertirme en SEAL, había aprendido que «el único día fácil fue ayer».

Después de graduarme de la Universidad de Texas, pasé dos meses en Austin en labores de reclutamiento antes de que la Marina me transfiriera a Coronado para comenzar el entrenamiento como SEAL. Se dice que el Curso de Demolición Submarina Básica/SEAL (BUD/S) es el entrenamiento físico más duro de todo el ejército, pero en agosto de 1977 era difícil encontrar información sobre los SEAL o su entrenamiento. Incluso las órdenes militares que recibí fueron crípticas, solo era un número de curso escolar sin título. En ese momento el entrenamiento BUD/S solo era otra clase en la Escuela Anfibia Naval de Coronado. Mientras el legado de los hombres rana de la Marina llegaba hasta la Segunda Guerra Mundial, la evolución de los hombres rana a los SEAL de la era de Vietnam era desconocida para el público.

Fui asignado a la Clase 95. La clase comenzó con 155 aprendices: 146 hombres enlistados y 9 oficiales. Al final de la segunda semana de entrenamiento ya éramos 100 hombres enlistados y 4 oficiales. Entre los oficiales de la clase estaban el teniente (Grado Junior) Dan'l Steward, quien era el oficial de mayor rango y, por lo tanto, el líder de la clase. También había otros dos alféreces como yo: Marc Thomas y Fred Artho. Dan'l se había graduado de la Academia Naval, Marc de VMI y Fred de la Universidad de Utah. Dan'l era un magnífico oficial con tremendas habilidades de liderazgo y mucha fuerza física. Marc y yo terminamos como «compañeros de nado» y pasamos la mayoría del BUD/S amarrados juntos durante nuestras inmersiones y nados de distancia. Marc era un corredor increíble, pero nadar no era su fuerte. Juntos éramos un equipo magnífico.

Fred Artho era indestructible. Con una increíble tolerancia al dolor, era por mucho el mejor corredor. Los cuatro formamos rápidamente una buena amistad.

Luego de nueve semanas de entrenamiento, la clase solo tenía 55 «renacuajos» en total y la infame Semana del Infierno estaba por comenzar. Seis días sin dormir, con un acoso físico y mental constante; se trataba de la penúltima semana de la Primera fase. Durante la Segunda fase del entrenamiento los estudiantes aprendían a bucear con diferentes equipos de buceo, mientras que la Tercera fase solo incluía tácticas terrestres. La mayoría de los aprendices creía que si superaba la Semana del Infierno era casi seguro que terminaría el BUD/S pero, estadísticamente, eso no era verdad. Muchos hombres fracasaban con las duras enseñanzas de la fase de buceo o no soportaban estar bajo el agua de noche. Otros, por su parte, carecían del liderazgo y la capacidad para tomar decisiones con rapidez, muy necesaria para los ejercicios de acción inmediata prevalentes en las tácticas terrestres. De acuerdo con la estadística, solo veinticinco por ciento de los hombres enlistados terminaba el entrenamiento y, en 1977, menos de cincuenta por ciento de los oficiales. En total, el entrenamiento BUD/S duraba seis semanas y luego de este tiempo se te asignaba a un equipo SEAL o un Equipo de Demolición Submarina (UDT). Después recibías otros seis meses de entrenamiento avanzado antes de recibir el codiciado Tridente de los SEAL.

Era el viernes anterior al inicio de la Semana del Infierno, cuando Dan'l Steward nos reunió a todos en la enorme aula del BUD/S. Al ser un gimnasta y remero de la Academia Naval, Steward medía un metro ochenta, tenía un clásico abdomen de lavadero, una cintura delgada, piernas poderosas y hombros anchos. También era un «rezagado» de la Clase 94. El miércoles anterior a la Semana del Infierno de la Clase 94, su bíceps se desgarró cuando la banda elástica que se usa para subir a los nadadores de vuelta a un bote de alta velocidad se ajustó más arriba de lo debido y arrancó de tajo el músculo del hueso. Luego de algunos meses de recuperación, recibió un lugar en la Clase 95.

De pie sobre una pequeña tarima, Steward se colocó en posición de descanso. Luego de cuatro años en la academia, era una postura natural para él.

—Caballeros, la noche del domingo comenzaremos la Semana del Infierno. Es la prueba más difícil, agotadora y angustiante que la mayoría de nosotros encontrará en la vida.

Se podía sentir la expectativa en el cuarto.

—Si la terminan, es probable que formen parte de los SEAL de la Marina, los guerreros de mayor élite en la era moderna. Serán parte de una hermandad de hombres como ninguna que el mundo haya visto.

Descendió de la tarima y caminó hacia los hombres reunidos.

—Pero el único modo de completar la Semana del Infierno es permanecer juntos como equipo. —Recorrió al grupo con la vista para asegurarse de que todos estaban escuchando—. En algún punto durante la semana todos flaquearemos. En algún punto cada uno de nosotros pensará en rendirse. Los instructores nos incitarán a dejar el agua helada para ir a algún lugar tibio y acogedor donde podamos relajarnos y dejar de sentir el dolor de la Semana del Infierno. Les dirán que todo lo que deben hacer para recibir una buena comida y una cama caliente es hacer sonar la campana. Háganla sonar tres veces y estarán fuera. Ni siquiera tendrán que volver a ver a los otros renacuajos a la cara.

Al mirar a los ojos de los hombres presentes en la sala, en los de algunos se veía miedo, pero no era al dolor o a la fatiga, o incluso a la muerte, a lo que le temían, sino al fracaso.

—¡Debemos permanecer juntos! —gritó Steward—. No piensen en renunciar. No piensen en lo difícil que se volverá en una hora o un día, o en una semana. —Hizo una pausa y entró al centro del grupo. Con calma, con una mirada de completa confianza, dijo—: Solo tienen que tomar una evolución a la vez.

«Una evolución a la vez. Una evolución a la vez». Estas palabras se quedarían conmigo por el resto de mi carrera. Resumían una filosofía para lidiar con tiempos difíciles. La mayoría de los aprendices en el BUD/S se retiraban porque su horizonte de evoluciones estaba muy lejos a la distancia. No luchaban con el problema de ese momento, sino con lo que percibían como una serie interminable de problemas, la cual consideraban imposible de superar. Pero cuando abordas solo un problema, un evento o, en la lengua vernácula del entrenamiento BUD/S, una evolución a la vez, entonces lo difícil se vuelve manejable. Como muchas cosas en la vida, el éxito en el BUD/S no siempre era para el hombre más fuerte, el más rápido o el más inteligente. El éxito era para el que flaqueaba, fallaba, tropezaba, pero perseveraba, el que se levantaba y seguía avanzando. Siempre avanzando, una evolución a la vez.

—Rendirse, nunca. Rendirse, nunca. ¡Rendirse, nunca! —La clase repitió el estribillo y se reunió en el centro del cuarto.

Steward gritó:

—¡Clase 95!

Cincuenta y cinco hombres respondieron al unísono:

—¡Hurra, Clase 95!

Pero en una semana muchos de esos hombres ya no serían parte de la Clase 95.

El fuego de ametralladora estalló fuera del pequeño cuarto de las barracas en el que estábamos Steward, Thomas, Artho y yo. Era domingo por la noche, el inicio de la Semana del Infierno.

—¡Formados en la trituradora! —llegó la voz de comando de Ray, un suboficial primero.

En cuanto salimos de nuestra habitación a toda prisa, un instructor ubicado al fondo de un pasillo arrojó una granada simuladora en nuestra dirección, la cual explotó con la fuerza de cien petardos grandes, las ventanas se sacudieron y yo casi caigo derribado. De pie junto a las escaleras otro instructor arrojó una granada de humo, mientras que un tercero avanzó por el pasillo disparando la ametralladora M-60 hacia cada uno de los cuartos. Casquillos de bronce de salvas caían por todas partes. Era un caos. Justo como debía ser.

Corrí detrás de Steward, me arrojé por los dos tramos de escaleras y salí al frío aire de la noche. Anticipando el inicio de la Semana del Infierno, todos los hombres habían dormido con el uniforme verde de servicio. Steward comenzó a formarlos en cinco filas de diez a doce aprendices cada una, pero los instructores no lo permitirían. El área de concreto sobre la que realizábamos ejercicio físico diario era llamada «la trituradora» por su reputación de llevar a los hombres hasta su punto de quiebre. La trituradora estaba repleta de instructores del BUD/S, algunos armados con rifles automáticos, otros lanzando granadas y unos más con mangueras para empapar a los aprendices.

—¡Abajo, alférez McRaven! —gritó una voz familiar detrás de mí.

Era Bum Grenier, el suboficial primero, un sureño recio mascatabaco que decía «carajo» cada tres palabras. Grenier amaba joder a los aprendices más que cualquier otro instructor. Todo el tiempo nos hacía tirarnos al suelo para hacer flexiones mientras escupía tabaco en nuestras gorras y hacía preguntas cuyas respuestas nos meterían en más problemas.

Preguntas como:

—Señor Mac ¿cree que mi novia es bonita?

—Sí, suboficial primero.

—Bueno, pues entonces eres un mentiroso, es la mujer más fea de California. ¡Al suelo!

Desde luego, si respondías: «No, suboficial primero, creo que es fea», entonces tenías que echarte al suelo de todas formas por cuestionar su gusto en cuestión de mujeres.

Me arrojé a la trituradora de concreto, asumí la posición de flexiones y comencé mis veinticinco flexiones obligatorias.

—Señor Mac ¿cree que logrará pasar la Semana del Infierno?

—¡Sí, suboficial primero! —grité por encima del ruido de fuego de ametralladora.

—Su clase es débil, señor Mac. Tendrán suerte si para mañana sigue aquí la mitad.

En cuanto terminó de hablar escuché que la campana de bronce repicaba tres veces. No habían pasado ni cinco minutos de la Semana del Infierno y alguien ya había renunciado.

—¿Lo ve? Carajo con los desertores —dijo, con su aliento caliente con olor a tabaco en mi cara—. Voy a hacer que se rinda, señor Mac. Durante toda la semana me verá y temblará de miedo, porque yo la pasaré causándole dolor.

Por el rabillo del ojo vi la manguera en sus manos. La metió a la fuerza a mi boca y, antes de que pudiera moverme, sentí cómo toda la fuerza del agua a presión estalló en mi garganta. Me giré de inmediato, pero él seguía mi cara de ida y vuelta mientras me sacudía de un lado al otro.

—Va a rendirse, señor Mac. Bien podría hacerlo ya para evitarse el dolor. ¡Renuncie ya!

«Otros tres repiques de campana. Dos hombres menos. Otros tres repiques. Tres hombres».

—Caen como moscas, carajo. Únaseles ya, señor Mac. ¡Ríndase!

El agua comenzaba a ahogarme. Mientras luchaba por respirar, le arrebaté la manguera de la mano a Grenier.

—¡No voy a rendirme, con un carajo!

Grenier retrocedió, en su rostro había sorpresa e ira. Jamás te salías con la tuya después de desafiar a un instructor. El dolor se aproximaba.

—De pie, señor McRaven —ordenó.

De inmediato me coloqué en posición de atención y el suboficial primero se colocó a centímetros de mi nariz, los dientes manchados de tabaco y la cara llena de cicatrices de acné llenaban todo mi campo visual. De pronto noté un brillo en sus ojos.

—Vuelva con su clase, señor Mac, y no se atreva a renunciar. Sonreí.

—No renunciaré, suboficial primero.

—Hurra, señor Mac —dijo en voz baja.

El resto de la clase hacía flexiones cuando me les uní, pero antes de siquiera ponerme en posición, escuché a alguien decir: «¡A las olas!», era un estribillo familiar en el entrenamiento BUD/S. Siempre que alguien hacía algo que no cumplía con los estándares de los instructores, los cuales eran bastante vagos y arbitrarios, el aprendiz, completamente vestido, tenía que correr a toda velocidad y arrojarse al océano Pacífico, asegurándose de sumergir todo su cuerpo. Por lo general a este ejercicio le seguía la «galleta de azúcar», durante la cual el aprendiz, aún escurriendo, tenía que rodar por la playa para que su uniforme y su cuerpo se llenaran de arena y pasara el resto del día húmedo y arenoso, una sensación particularmente incómoda porque la arena rozaba el cuerpo.

—Hurra —gritamos como señal de la unidad de nuestra clase. Entonces, en masa, corrimos a la playa con los brazos entrelazados y entramos a las aporreantes olas. El trabajo de los instructores era quebrarnos, descubrir quiénes eran los débiles para separarlos de los fuertes.

—Recostados —llegó la siguiente orden. Nos colocamos en el área de oleaje, con la cabeza hacia el océano y los pies hacia la playa. Las olas avanzaron por encima de nosotros y el agua fría azotó nuestros cuerpos.

—Ahora —comenzó Doc Jenkins—, todos se quedarán en el agua hasta que alguien se rinda. ¿Quién va a ser el primero?

Con los brazos entrelazados nos retuvimos los unos a los otros con fuerza y susurramos de lado a lado:

—No se rinda nadie. Rendirse, nunca.

Nos mantuvimos firmes durante treinta minutos, hasta que alguien se separó de la fila. Desde mi posición en el piso no podía ver quién era, pero segundos después escuché el sonido de la campana. Tres repiques. Otro hombre menos.

Como lo prometieron, los instructores nos sacaron de la playa. Luego de algunos de los gritos obligados se nos ordenó cambiarnos, ponernos uniformes secos y formarnos en la trituradora en tres minutos, tiempo que todos sabíamos que no sería suficiente para hacerlo.

No obstante, corrimos de vuelta a las barracas. Me dio tiempo de ponerme una camiseta seca, tomar una barra de chocolate que tenía escondida y correr de vuelta escaleras abajo. Aunque solo habían pasado dos minutos y medio, para ellos ya habíamos llegado tarde.

—Señor Steward, ¿tiene control alguno sobre esta clase?

—Sí, instructor —fue la respuesta.

— ¿Y por qué no están completamente formados en la trituradora como les ordené?

—Señor, aún nos quedan treinta segundos.

Nunca cuestiones a un instructor.

—Entonces ¿sabe qué puede hacer con esos treinta segundos, señor Steward? —No hubo respuesta—. ¡A las olas!

De nuevo, todos corrimos hacia el oleaje, nos arrojamos y volvimos a la trituradora. La campana repicó de nuevo.

Algunos minutos después de volver estábamos en formación, trotando hacia el otro extremo de la Base Anfibia Naval. NAB Coronado era el hogar del entrenamiento BUD/S. El complejo BUD/S se ubicaba en el extremo de la playa, pero la base principal se encontraba cerca de la bahía. Luego de temblar de frío durante la última hora, con gusto todos cruzamos a trote la autopista hacia la base principal.

Para cuando llegamos a los muelles en los que anclaba nuestra pequeña nave del Servicio Especial de la Marina, los miembros de nuestra clase habían disminuido a cincuenta. El impacto de la primera hora había hecho que cinco hombres sonaran la campana. Se rindieron porque se dieron cuenta de que no podrían soportar otros seis días de frío, humedad y miseria.

Poco después de detener la formación, nos volvieron a ordenar lanzarnos a la bahía. De nuevo, con toda la ropa y empapados hasta los huesos, nos lanzamos al agua fría de la bahía de Coronado.

—Señor Steward, la Clase 95 permanecerá en la bahía hasta que renuncien dos hombres. ¿Me ha entendido?

—Sí, instructor —replicó Steward con estoicismo.

Nadé hasta un grupo de cinco aprendices, los rodeé y le dije a cada uno:

—Que nadie se rinda. No pueden dejarnos aquí para siempre.

—¿Estás seguro? —respondió alguien.

—¡Ahí va otro! — el suboficial primero Grenier, de pie en el muelle, lanzó una carcajada.

Así era. Uno de los miembros de mi tripulación original del bote subía por las escaleras para salir de la bahía. Siempre dudé sobre la motivación de ese marino, pero tenía esperanzas. Subió hasta el muelle, se aproximó al instructor y pidió rendirse. Para nosotros los aprendices, los instructores no eran sino sádicos que lo único que querían era hacerte renunciar y nunca volver a verte. La verdad es que todos eran hombres buenos que querían que cada uno de los aprendices triunfara. Vi que el instructor llevó al marino a un lado y le preguntó:

—¿Estás seguro de que quieres rendirte? Ya llegaste muy lejos. Aún puedes lograrlo.

No escuché lo que respondió, pero su lenguaje corporal lo decía todo. Con la cabeza baja y los hombros vencidos, el aprendiz asintió, se puso en posición de firmes y, con presteza, trotó hasta un autobús cercano, en el que se iban los desertores. Lo abordó y nunca más lo volví a ver.

Momentos más tarde, otro, y luego otro, y luego otro. En total, otros tres aprendices renunciaron cuando no habían pasado ni siquiera tres horas. Seis horas después la noche se convirtió en día y otros tres hombres tocaron la campana. Durante los siguientes dos días permanecimos con frío, húmedos y fatigados. Justo cuando nos secábamos y comenzábamos a sentirnos «cómodos», algún instructor gritaba «a las olas» y teníamos que correr hacia el oleaje como lunáticos enloquecidos. Para la noche del miércoles la mayoría de nosotros operaba en automático. Íbamos a donde se nos ordenaba sin cuestionar, sin emoción, tratando de sobrevivir al dolor. Pero con el miércoles también llegaron las marismas, el evento más extenuante de la semana y el que quebró a la mayoría de los hombres.

Las marismas son parte de las corrientes de Tijuana, un área de desagüe similar a un pantano que corre del sur de San Diego hacia Tijuana. El lodo es profundo y espeso, y tiene un hedor que permea toda el área.

Por la tarde remamos nuestros IBS desde Coronado hacia las marismas. Para cuando llegamos, el sol ya se estaba poniendo en el horizonte.

—Señor Steward, su clase luce demasiado limpia. ¿Están limpios, señor Steward?

—No, instructor Faketty. Somos renacuajos sucios y mugrientos.

El suboficial de primera clase, Mike Faketty, era nuestro supervisor para la primera fase. Si bien debía realizar sus deberes como instructor, también era su trabajo lograr que concluyeran la primera fase tantos hombres como fuera posible. Faketty era uno de los pocos instructores que no eran veteranos de Vietnam, pero como descubriríamos durante el curso de los siguientes meses, aún era uno de los mejores SEAL en el BUD/S. Pero, por ahora, su trabajo era simple. Filtrar a los débiles.

—No, señor Steward. Lo he consultado con mis compañeros instructores y están de acuerdo, están demasiado limpios. —Hizo una pausa y mostró esa sonrisa sádica que tienen los instructores antes de dar el martillazo. Después dijo con tranquilidad:

—Andando.

Todos caminamos sobre el lodo, el cual nos succionaba hasta la cintura y nos hacía extremadamente difícil movernos. El lodo había sido un modo de vida para los SEAL en la era de Vietnam. El delta del Mekong estaba lleno de lodo. Los Vietcong se escondían en las corrientes del río Mekong pensando que estaban a salvo. Pero los SEAL se ganaron su reputación al ir a donde nadie más iría: a los campos del VC. Hacia los manglares y las ciénagas en donde el enemigo sentía que era su santuario. El lodo es un gran ecualizador de hombres. Seas grande o pequeño, débil o fuerte, si luchas contra el lodo, este lucha contigo incansablemente.

Durante las siguientes horas, en las que el sol se ocultó y la noche se volvió fría, permanecimos en el lodo. Hicimos carreras de relevos, buceamos, luchamos y nadamos en el lodo. Lo que fuera con tal de mantenernos en él. Para las 19:00 horas el sol casi desaparecía y cada centímetro de nuestros cuerpos estaba cubierto de lodo. Entonces comenzó la diversión.

Al borde de las marismas, los instructores hicieron una pequeña fogata, un cebo, un señuelo seductor cuyas llamas nos invitaban a renunciar.

—Cielos, es muy agradable estar junto al fuego. ¿Cómo está tu café, Doc?

—El café está delicioso, Fak. ¿Cómo está tu cena?

—Oh, tengo frijoles con salchichas. Excelente comida.

Reunidos al borde del charco de lodo, los aprendices nos sentamos temblando incontrolablemente por el frío, escuchando cada palabra que decían los instructores, pero susurrándonos palabras de ánimo unos a otros.

Faketty se acercó al borde del lodo.

—Caballeros, debo decirles que esta fogata se siente muy agradable y cálida.

Vi cómo algunos de los aprendices miraban saltar las flamas con cada corriente de la brisa oceánica.

Faketty continuó.

—Pueden unírsenos. Todo lo que necesito es que se rindan cinco hombres. Solo cinco hombres y todos pueden venir a sentarse junto al fuego y beber algo de café.

Los aprendices habíamos entrelazado los brazos, tanto para calentarnos como para darnos ánimos. Faketty caminó por el borde del lodo.

—Solo cinco muchachos. Solo necesito cinco desertores.

Sentí cómo el estudiante a mi lado comenzó a aflojar su agarre. Estaba listo para salir disparado hacia el terreno seco.

—No te rindas, viejo —susurré—. Resiste, esto terminará pronto.

Su brazo soltó el mío y comenzó a abrirse paso por el lodo.

Repentinamente, desde el extremo más lejano de la línea de aprendices, llegó una tonada familiar. Uno de los hombres comenzó a cantar en voz alta. No era una canción para oídos delicados.

—¡Ey! —gritó Faketty—. ¡Guarden silencio! No dije que podían cantar.

Steward se le unió, luego alguien más y luego otro. En poco tiempo toda la clase estaba cantando. Los instructores nos amenazaron con dejarnos más tiempo en el lodo si seguíamos cantando, pero el canto persistió y el hombre junto a mí volvió a su lugar.

Con la luz de la fogata pude ver que los instructores sonreían satisfechos. Sabían que la clase comenzaba a integrarse a pesar del dolor. Pero la noche apenas comenzaba y con el paso de cada hora las cosas empeorarían.

Para las 21:00 horas ya estábamos fuera del lodo, sentados en el suelo frío mientras los instructores continuaban su hostigamiento.

—Señor Steward, señor Mac, señor Thomas y señor Artho. Al frente y al centro.

Estiré las piernas, me paré con dificultad y me uní a los otros tres oficiales junto al fuego.

—Cálido ¿no es cierto? —dijo Faketty.

Ninguno habló.

—Estas son las reglas para los disparates de esta noche. Cuando diga «a darle» toda la clase tiene cinco minutos para alejarse de aquí tanto como les sea posible. Después, cuando escuchen el sonido de esta sirena, darán la vuelta e intentarán volver hasta el campamento base. Si tienen éxito eludiendo a los instructores, quienes los estarán cazando, entonces podrán sentarse junto al fuego y comer algo. Sin embargo, si son atrapados, pasarán el resto de la noche en el lodo. ¿He sido claro, caballeros?

—Sí, instructor Faketty —gritamos al unísono.

—Bien. Solo recuerden: ser un ganador tiene sus recompensas.

Luego de que Steward diera un informe rápido a la clase, Faketty gritó el comando de inicio y, como ratones borrachos, todos corrimos en direcciones diferentes. El cielo nocturno estaba despejado y frío. Las estrellas eran brillantes, pero no había luna. Estaba oscuro, pero mis ojos ya se habían ajustado a la luz ambiental.

En vez de correr lejos, decidí que la mejor táctica era permanecer cerca del campo para acortar la distancia en la que tendría que eludir a los instructores. Luego de unos noventa metros, me detuve y encontré un buen escondite detrás de un montículo de arena y algunos matorrales.

La luz de las estrellas iluminaba las sombras de aprendices corriendo en todas direcciones; congelados, cubiertos de lodo, entorpecidos por el cansancio, con una capacidad de razonamiento, en el mejor de los casos, básica. De pronto, una figura llegó desde mi lado ciego, se arrojó sobre el montículo y se acomodó junto a mí. Era mi compañero, el marino Marshall Lubin, quien era todo un personaje. Con sus treinta y dos años, era el mayor de la clase, se trataba de un hippie al estilo de los sesenta que había viajado por el mundo «escoltando» a mujeres por locaciones exóticas. Luego de que fracasara su última relación, decidió unirse a la Marina y convertirse en buzo. Tras una de nuestras sesiones en el aula sobre acechamiento de vigías, Lubin se acercó a mí con una impactante revelación… para él.

—Señor Mac, nos están enseñando a matar personas —dijo con una mirada de horror.

—Sí, Lubin —respondí con calma y le expliqué que, a menudo, los SEAL en Vietnam debían encargarse de los vigías del Vietcong con el fin de llegar a su objetivo.

—¿De qué creías que se trataba este curso? —pregunté.

—Pensé que nos enseñarían a bucear. Nadie me dijo que aprenderíamos a matar personas.

Él hacía el amor, no la guerra. Pero, como la mayoría de los que llegaban al BUD/S, a sabiendas o no del producto que preparaban ahí, Lubin quería probar su fuerza interior. Baste decir que permaneció en el curso, se graduó como SEAL y después dejó la Marina para convertirse en un quiropráctico civil.

—Diablos, tengo frío, señor Mac. No duraré mucho aquí afuera. Tenemos que volver a la fogata.

—Paciencia, Marshall. Si nos apresuramos, nos atraparán y pasaremos el resto de la noche en el lodo.

De pronto, otra figura salió de las sombras.

—Hola. ¿Quieren un poco de chocolate caliente, chicos?

—¿Qué?

—Chocolate caliente. ¿Quieren un poco?

Debe ser un truco, pensé. O tal vez ya había comenzado a alucinar, quizá ya estaba en ese momento de verdadera extenuación en el que tu mente visualiza lo que realmente quisiera ver. Era un fenómeno bien conocido durante la Semana del Infierno. Podía oler el chocolate caliente y oír que caía dentro de la taza de un termo.

—Tomen, tomen. Bébanlo. Me tengo que ir.

Sin dudarlo, Lubin y yo bebimos lo que nos ofrecieron y la figura entre sombras se fue. Vi cómo la aparición pasó de montículo en montículo como Gunga Din, vertiendo tazas de chocolate caliente para los aprendices que se estaban congelando. El dulce sabor en mi lengua hinchada me decía que la experiencia era real, pero seguía siendo muy extraña.

Lubin y yo comenzamos a acercarnos al fuego. Acortamos la distancia saltando de un montículo al siguiente, hasta que estuvimos a la vista de la fogata y pudimos escuchar a los instructores. Pero esta era la zona de peligro, estaba tan cerca que podíamos ver el premio, tan cerca que nos podían atrapar.

Lubin temblaba tanto que me hacía sentir más frío.

—Deja de temblar, viejo. Estás haciendo ruido —susurré.

—No puedo parar, señor. Debo llegar a la fogata.

—Todavía no —le advertí—. Hay demasiados instructores por todas partes. —Pero antes de que pudiera detenerlo, Lubin ya estaba en movimiento.

Vi que su larguirucha figura se deslizó por la arena en un intento por llegar al siguiente montículo, pero también vi a un instructor observando a su presa. Agachado junto a un arbusto, Lubin estaba a veinte metros del fuego.

—Vaya, vaya ¿qué tenemos aquí? —gritó el oficial de primera clase Faketty—. Marino recluta Lubin.

Lubin se levantó y enfrentó la música. Mientras yo observaba, los instructores lo rodearon. Pensé que era mi oportunidad para correr hacia la fogata.

—¿Dónde está su pareja de nado? Ciertamente, no estará aquí sin un compañero de nado. Eso sería una violación al reglamento BUD/S.

Compañero de nado. Estaba jodido y lo sabía. En BUD/S siempre nadas, corres, buceas, comes y, en el campo, duermes con un compañero de nado. Pero las reglas de este disparate nocturno no habían incluido nada sobre compañeros de nado.

—Este es el trato, Lubin. Entrega a su compañero de nado o todos los aprendices pasarán la noche en el lodo.

Sabía que Lubin no me entregaría de ninguna manera, pero los instructores lo harían muy doloroso para él, así que di un paso al frente y me identifiqué.

—Señor Mac —dijo Faketty con una risita—. Parece que usted y el marino Lubin tienen una cita con las marismas.

Suspiré.

—Adentro —gritó Faketty.

Lubin y yo asentimos y nos hundimos hasta la cintura en el lodo, donde permanecimos durante la siguiente hora, mirando a los otros aprendices sentados junto al fuego, comiendo raciones tipo C.

Cuando finalmente pudimos liberarnos de las marismas, ya eran las 01:00 horas. Se nos habían asignado «tiendas», las cuales en realidad eran cobertizos con el lado abierto de cara a la brisa del océano, de modo que dormir allí era igual que dormir a la intemperie.

Ahí, casi sin poder moverme, con una temperatura corporal muy por debajo de lo normal, caí dentro de la tienda y de inmediato me sujetó mi compañero, el suboficial de primera clase Earl Hayes. Él era un afroamericano musculoso y grande de Alabama, excorredor de futbol preuniversitario y uno de los mejores hombres enlistados en la clase. Tenía habilidades naturales de liderazgo y se había rezagado en dos ocasiones, por lo que esta era su tercera Semana del Infierno. Hasta donde sabía, nadie había completado tres Semanas del Infierno.

Me envolvió con su enorme cuerpo intentando detener mi incontrolable tembladera y así permaneció durante las siguientes horas, transfiriéndome el poco calor corporal que él mismo tenía.

Para las 06:00 el sol ya había salido y había sobrevivido otro día. Ya había pasado media semana. Solo faltaban tres días más.

Durante los siguientes dos días continuamos con la interminable serie de evoluciones físicas. Con el transcurso de cada día perdíamos a algunos hombres más, pero gracias el sólido liderazgo de Dan'l Steward y los otros oficiales enlistados en la clase, nos iba bastante bien.

La noche del viernes trajo consigo la infame Búsqueda del Tesoro, que lleva a la tripulación de siete hombres de un bote a buscar una serie de pistas a lo largo de una extensa escalada para luego remar alrededor de la Isla Coronado. En circunstancias ordinarias esta no habría sido una evolución difícil, pero para el viernes por la noche la mayoría de los aprendices teníamos los pies hinchados y las ingles entumidas, y estábamos tan extenuados que apenas podíamos caminar. Además, muchos de los hombres habían comenzado a alucinar debido a la fatiga: veían tiburones en la playa, monstruos marinos que se elevaban con las olas, mujeres vestidas con bikinis que saludaban desde botes imaginarios. Las conversaciones eran interesantes.

Mi tripulación, compuesta por los «hombres grandes», aquellos aprendices de más de un metro ochenta, ya había encontrado tres de las seis pistas. Estábamos remando para cruzar la bahía de San Diego en nuestro IBS en busca de la siguiente pista cuando escuché decir a uno de los hombres en la proa:

—Señor Mac, cuidado con esa cerca. A la una en punto.

Estamos en medio de la bahía de San Diego. No hay ninguna cerca, pensé. Entonces otro aprendiz gritó:

—Está como a noventa metros de distancia.

Giré el bote y entrecerré los ojos para ver en la oscuridad en dirección a la una en punto. Estábamos en medio de la bahía de San Diego, no había ninguna cerca.

Un tercer hombre en mi tripulación dijo suavemente:

—Vire a la izquierda unos diez grados.

Miré de nuevo. Estábamos en medio de la bahía de San Diego. *No había ninguna cerca.* Conforme continuamos remando, seguí recibiendo actualizaciones sobre la cerca por parte de cada miembro de la tripulación, excepto del tipo que estaba sentado justo frente a mí, quien estaba mirando un partido de los Padres en su mente. Se habían ido a tiempos extra.

Habían pasado cinco días desde la última vez que había cerrado los ojos, pero sentí que mi inteligencia aún era fuerte, y yo simplemente no veía la maldita cerca.

—Cuarenta y cinco metros al frente, señor.

—Vaya un poco más a la izquierda.

«Qué demonios», pensé. Viré mi remo y dirigí el IBS hacia la izquierda. Momentos más tarde, al unísono, la tripulación miró por el estribor del IBS y observó cómo pasábamos de largo la «cerca». Estábamos en medio de la bahía de San Diego. *¡No había ninguna cerca!*

Treinta minutos más tarde alcanzamos la costa rocosa de la Base Anfibia Naval. Encontramos la siguiente pista, que nos llevó de vuelta al complejo BUD/S. Con el bote de goma sobre nuestras cabezas trotamos las dos millas de regreso al BUD/S, donde encontramos la pista final. Apenas podíamos caminar y nuestro objetivo estaba a poco más de tres kilómetros playa arriba, hacia la alambrada de la base aeronaval de North Island. Habíamos estado secos desde hacía varias horas y nada se sentía mejor que estar así, pero cargar el IBS hasta la verja a tres kilómetros de distancia parecía una tarea abrumadora.

—Remaremos hasta la alambrada —dije.

La tripulación dejó escapar un gimoteo colectivo.

—Señor, no podemos volver al agua. ¿Y si nos volcamos? Si eso sucede pasaremos el resto de la noche mojados.

—¿De verdad creen que pueden caminar los tres kilómetros hasta la alambrada y luego otros tres de regreso? —pregunté.

— Sí. Es mejor estar cansados que mojados. —Respondieron.

—Vamos, chicos —dije, sin mayor discusión—. Hacia la playa.

Eran las 23:00 horas, la marea estaba baja y el oleaje tranquilo. Pensé que era una buena decisión. Entramos al agua y todos saltaron de inmediato al IBS tratando de no empaparse más de lo necesario.

Manejamos la primera ola sin problemas. Solo faltaban dos olas más y saldríamos a aguas calmas. Después podríamos tomarnos nuestro tiempo remando hacia la verja de North Island. La segunda ola fue un poco más grande, pero solo salpicó a los hombres de proa y seguimos remando, confiando en nuestras habilidades como marinos.

En cuanto vi que la tercera ola se levantó, vino a mi mente el poema *Casey al bate*: «Pero en Mudville no había gozo, habían ponchado a Casey, el poderoso».

—¡Aaaagua! —llegó el tan conocido aviso.

—¡Remen! ¡Remen! —grité.

Era demasiado tarde. La ola arrojó al pequeño IBS por el aire y nos lanzó a todos al agua, los remos salieron volando por todas partes al igual que los hombres completamente vestidos, demasiado fatigados, hinchados y adoloridos por el entumecimiento. Solo nadamos noventa metros para volver a la playa, pero sentimos como si hubiéramos cruzado el canal de la Mancha. Me arrastré fuera del agua y eché un vistazo a mi alrededor para asegurarme de que los demás también salieran de las olas.

El lenguaje corporal es digno de estudiar. Incluso a media noche, a oscuras, pude ver la frustración en la postura de cada hombre a medida que iban saliendo, empapados de pies a cabeza, con sus uniformes goteando hasta los tobillos y cubiertos de arena. Otra vez estaban fríos y mojados… y era mi culpa. Sobre la barrera de arena que separaba el complejo BUD/S de la playa, escuché la voz estruendosa de Doc Jenkins, que estaba hablando por un megáfono.

—¿Qué carajos estaba pensando, señor Mac? —Se carcajeó como un maniático solo para dar un énfasis teatral a lo que estaba diciendo—. Ahora todos están mojados otra vez. Hubiera sido mucho más sencillo caminar, y mucho, mucho más seco. Apuesto que su tripulación lo ama por su decisión. —Se volvió a carcajear.

Ciertamente, este no era el primer error que había cometido en el BUD/S, pero parecía ser el más atroz porque afectó a los otros chicos, y ahora estábamos fríos y mojados. Y odiábamos estar así.

En menos de un minuto todos los hombres estaban en la playa con sus remos, formados junto al IBS. Esperaba un pequeño motín o al menos una sarta de insultos. Pero con las carcajadas de Doc Jenkins haciendo eco por los muros del complejo, mi tripulación —mis colegas aprendices, mis compañeros de equipo— tomaron las correas de goma y, como un acto de desafío, levantaron el IBS y corrieron de vuelta al oleaje. Hice lo que pude para seguirles el paso. Cada hombre saltó al bote exactamente al mismo tiempo y comenzaron a remar con fuerza, con toda la determinación que no tuvimos en el primer intento.

—¡Nunca lo lograrán, señor Mac! —aulló Jenkins desde la orilla.

Pero lo logramos.

En menos de un minuto superamos el grupo de tres olas sin incidentes y nos encontramos remando con facilidad hacia la alambrada de North Island. Por el cansancio, o por puro despecho, comenzamos a carcajearnos tan fuerte como pudimos. Con el volumen suficiente para que Doc Jenkins alcanzara a escuchar que las olas no nos vencieron. Cuarenta y cinco minutos después volvimos a cruzar el oleaje y llegamos a la alambrada, secos y con el ánimo en alto. Ahí nos estaban esperando Jenkins y el suboficial primero Grenier, que habían conducido hasta la verja.

Colocamos el IBS con la proa hacia el exterior, después nos colocamos en posición de firmes, gritamos un animado «Hurra» y permanecimos a la espera de nuestras instrucciones.

—No sean tan fanfarrones, carajo —dijo Jenkins—. La noche es joven y aún les queda un día en la Semana del Infierno. De hecho, hasta podríamos agregar otro.

Siempre había rumores de que los instructores tenían la autoridad para extender a siete días la Semana del Infierno. Comenzar en domingo, terminar en domingo. Nadie recordaba que eso hubiera ocurrido, pero la amenaza nos asustó y de inmediato guardamos silencio.

Grenier se aproximó a la proa del bote y se detuvo frente a mí y mi tripulación.

—Señor Mac, la Búsqueda del Tesoro terminó. Regrese al complejo, y más le vale apresurarse porque las otras tripulaciones ya van en esa dirección y la última en llegar lamentará su lentitud. ¡Muévanse!

Esta vez decidimos caminar al complejo cargando el IBS sobre nuestras cabezas. Nos había gustado mostrarnos desafiantes, pero nadie quería volver a mojarse.

En el camino de vuelta vi a una de las otras tripulaciones, la cual iba algunos cientos de metros delante de nosotros, con la playa donde se encontraba el famoso hotel Coronado apenas a su izquierda. Este grandioso lugar emblemático de estilo victoriano tenía unos cien años de existencia y entre sus visitantes se incluían presidentes, reyes, estrellas de cine y deportistas famosos. De la playa emergía un camino de concreto que llevaba a los visitantes a la entrada del hotel. Mientras mi tripulación andaba con paso pesado y adolorido de vuelta al complejo BUD/S, levanté la vista y noté que el bote frente a nosotros había desaparecido. Giré la cabeza e intenté ubicar al bote a través de las brillantes luces del hotel y de los condominios de Coronado Shores, ubicados más allá del hotel. ¿A dónde se había ido? ¿Había un atajo que yo desconocía? En ese punto incluso unos cuantos cientos de metros hacían una gran diferencia.

Continuamos descendiendo por la playa hasta que llegamos a la altura del hotel. Era poco más de media noche en viernes y aún había muchos turistas pululando. Escuché la conmoción antes de poder ver nada. Ahí, bajo el brillo de las luces del hotel Coronado, la tripulación perdida era escoltada al exterior. En un estado de completa inconsciencia, habían subido por el camino de concreto hacia el lobby del hotel, para terminar justo a la mitad de un grupo de fiesteros.

El gerente del hotel, quien era un residente de Coronado y estaba familiarizado con la Semana del Infierno, dirigió con mucha amabilidad a los hombres de vuelta por el camino hacia la playa, para diversión de sus huéspedes.

Para las 01:00 todas las tripulaciones estaban de vuelta en el complejo. Era sábado por la mañana y, a menos que decidieran extenderla, solo quedaba un día de la Semana del Infierno.

Para el sábado tus pies están tan hinchados que no puedes quitarte las botas sin cortarlas de tajo. Tus manos están tan gordas que no puedes cerrarlas para sujetar nada. Tus muslos están engarrotados por la constante exposición a la arena y el agua. Pero lo más interesante de todo es que la mayoría sentíamos que habíamos tomado un segundo aire, llevábamos cinco días sin dormir, mojados, con frío, exhaustos y acosados hasta el cansancio, pero éramos jóvenes y estábamos increíblemente motivados; en ese punto lo único que podía detenernos era la muerte, y los instructores no permitirían que eso pasara.

—Los quiero formados en la trituradora en cinco minutos —gritó Steward, cuya voz estaba ronca por haber dado órdenes toda la semana.

Con los IBS firmemente plantados sobre nuestras cabezas, trotamos hacia el desayuno, comimos y luego pasamos el resto de la mañana realizando carreras de relevos en la pista de la base. Para el medio día la mayoría de los hombres literalmente ya no podían caminar. Si bien nadie consideraba rendirse, tampoco ninguno podía terminar las evoluciones. Al final, furioso por nuestra aparente «falta de esfuerzo», el instructor Faketty nos hizo marchar desde el campo de atletismo hasta la bahía y nos ordenó que nos metiéramos al agua. Una a una las tripulaciones prepararon sus IBS y remaron hacia el puerto. Estábamos a punto alcanzar nuestro punto de quiebre y los instructores lo sabían. Nos sentíamos cansados hasta los huesos, con ese tipo de fatiga en la cual hasta respirar requiere esfuerzo. Ya no nos quedaban reservas de energía. El agua fría minaba hasta la última pizca de fuerza. Agrupados en la bahía, los hombres que aún quedábamos apenas podíamos sujetarnos.

—Todos ustedes son patéticos —gritó Jenkins—. No soporto verlos, dense media vuelta para no tener que ver sus caras.

Como se nos indicó, giramos lentamente los botes hacia mar abierto y miramos hacia el extremo sur de la bahía de San Diego.

—Aún no cumplimos la cuota de desertores —anunció Jenkins—. Así que la clase deberá permanecer en el agua hasta que se rindan otros cinco hombres.

La amenaza de renunciar hizo que nos acercáramos más dentro del agua, como un rebaño que se protege mutuamente de una amenaza externa.

—No se rindan. Que nadie se separe —se escucharon los susurros de aliento entre la clase.

—Supongo que en treinta minutos van a renunciar los últimos cinco. Comencemos a cronometrar ahora.

Treinta minutos. No aguantaríamos treinta minutos y todos lo sabíamos. Quizás en ese momento moriríamos. ¿Nos dejarían morir? Porque nadie iba a renunciar. No ahora, no esta clase. No luego de seis días en el infierno.

—¿Qué tanto susurran? —gritó Faketty—. Déjense de susurros y denme cinco desertores.

Nos estrechamos más.

—¡Dense vuelta, gusanos!

Poco a poco la clase viró en el agua, y ahí, de pie junto al instructor Faketty, vestido con un uniforme verde bien planchado y en posición de descanso, se encontraban todos los instructores que nos habían hecho pasar la Semana del Infierno.

Faketty sonrió.

—Felicitaciones, Clase 95. Terminó la Semana del Infierno.

Ninguno de nosotros se movió, ni celebró. Los últimos seis días habían sido una prueba tras otra. ¿Nos estaban probando una vez más? ¿Querían elevarnos para después dejarnos caer y rompernos?

—Señor Steward, saque a la clase del agua. La Semana del Infierno terminó, bien hecho.

Había terminado. Como clase, habíamos sobrevivido. Como hombres, nos habían llevado hasta nuestros límites y habíamos descubierto que teníamos una fuerza interna para continuar. Los hombres restantes apenas podíamos salir del agua. Cansados más allá de la extenuación, nos ayudamos unos a otros a llegar a la playa para volver a levantar nuestros IBS sobre nuestras cabezas y emprender el camino de regreso a las barracas.

Durante los siguientes treinta y siete años comparé cada situación difícil en la que me encontré con los rigores de la Semana del Infierno. Nunca a lo largo del resto de mi carrera volví a sentir tanto frío ni a estar tan mojado o exhausto como en esa semana y, por lo tanto, sabía que podía superar todo lo que se me presentara en la vida.

Pero faltaba mucho para que terminara el BUD/S. Durante los siguientes cinco meses la clase perdería a otros quince hombres buenos. La fase dos, la parte del entrenamiento en la que aprenderíamos tácticas de buceo, descartó a la mayoría de ellos. Los que no habían crecido cerca del agua tuvieron dificultades para soportar las largas inmersiones nocturnas y la claustrofobia que acompaña al buceo debajo de barcos en el puerto.

La fase de tácticas terrestres eliminó a los últimos hombres, a aquellos que tenían problemas para mantener su alerta situacional en medio de ejercicios con fuego real. A finales de febrero de 1978, a dos días de la graduación, solo quedábamos treinta y tres hombres. Restaba una evolución de entrenamiento final: lanzamiento y reingreso en helicóptero.

La evolución era simple. Dos escuadrones de ocho hombres cada uno subirían a un helicóptero CH-46 de doble rotor y volarían desde el campo de atletismo hasta una posición sobre la bahía. En cuanto estuvieran en posición el helicóptero bajaría su rampa y, uno por uno, los hombres del primer escuadrón saltarían hacia el agua. Los seguiría el segundo escuadrón. Poco después el helicóptero volvería, arrojaría una escalera de cuerda desde un agujero en el centro de la aeronave y los nadadores tendrían que subir por ella para volver a entrar al helicóptero. Simple.

De hecho, la evolución era tan simple y divertida de ver que las familias de los hombres rana que se graduaban eran invitadas a verla desde la playa.

—Bill, ¿está listo tu escuadrón? —preguntó Steward.

—¡Todo listo, señor!

El helicóptero de la marina color gris niebla aterrizó sobre el campo de futbol y bajó su rampa. Después de que subieron Steward y su escuadrón ordené a mi escuadrón que los siguieran. El rugido de los motores dificultaba la comunicación, pero el jefe de personal de pie sobre el borde de la rampa nos indicó nuestros lugares sobre la banca de nailon.

El helicóptero tenía capacidad para dieciséis efectivos, ocho de cada lado. Nos sentamos sobre las bancas de nailon que se abatían cuando no estaban en uso. Como en todos los helicópteros de la Marina, las tuberías sobre nuestras cabezas goteaban fluido hidráulico y una delgada capa de líquido marrón resbaloso cubría el piso de metal, lo que hacía difícil caminar.

El maestro de lanzamiento de la Marina, el hombre enlistado a cargo de la evolución, nos dio la señal para abrocharnos los cinturones y poco después despegamos. Cuando me asomé por la portilla vi a las familias sentadas en las gradas esperando que se lanzaran los primeros nadadores.

Era un día hermoso en San Diego, el cielo azul estaba despejado. El viento soplaba con suavidad desde el sur. La bahía estaba tranquila y el agua ya no parecía nuestra enemiga. Teníamos el espíritu en alto, a sabiendas de que tan solo quedaban cuarenta y ocho horas para convertirnos por completo en hombres rana de la Marina.

El helicóptero viró hacia el norte y el maestro de lanzamiento nos dio la advertencia de dos minutos. El escuadrón de Steward se desabrochó los cinturones, se puso de pie y comenzó a avanzar hacia la rampa. Con sus trajes de baño, chalecos de neopreno, mascarillas y aletas sujetas en sus cinturones de red, lucían como verdaderos hombres rana. El helicóptero descendió a aproximadamente dos metros del agua y bajó la velocidad a diez nudos. Sujeto al helicóptero por un cable de seguridad, el maestro de lanzamiento se asomó por el borde de la rampa y esperó a que la aeronave se detuviera. Levantó la mano, miró a Steward y gritó:

—Ahora, ¡vamos!

Al saltar desde la rampa, Steward puso su cuerpo en posición rígida y entró al agua con suavidad. El resto de su escuadrón lo siguió, salpicando el agua de la bahía para luego nadar hasta alejarse a la suficiente distancia del arrastre del helicóptero. Minutos después mi escuadrón recibió las órdenes de desabrochar nuestros cinturones y ponernos de pie.

Me acerqué al borde de la rampa hasta que el maestro de lanzamiento me detuvo poniéndome la mano sobre el pecho. Me asomé al exterior y vi cómo se levantaba el rocío mientras el helicóptero descendía a algunos metros del agua. Mi corazón latía con fuerza, pero no por miedo al salto, sino por la emoción de saber que de verdad me convertiría en un hombre rana.

Esta era la última evolución. No más hostigamiento. No más zambullidas forzadas al agua fría. Y lo más importante, sentía que me había ganado el respeto de los instructores SEAL y UDT de la era de Vietnam. Estaba a punto de formar parte de los Equipos. Solo faltaba esta última evolución.

—¡Prepárense! —ordenó el maestro de lanzamiento.

Se asomó para revisar la altura del helicóptero, después me miró, hizo una clara y definitiva señal con la mano, y gritó:

—Ahora, ¡vamos!

Agaché la cabeza contra mi pecho, crucé los brazos y sujeté mis muslos con fuerza, salté de la rampa y caí unos tres metros al agua. Un segundo después salí a la superficie y vi que el helicóptero se alejaba mientras el resto de mi escuadrón seguía saltando.

Hice un conteo rápido de cabezas y vi que cada nadador levantó el pulgar para asegurar que estaba bien. Estábamos bien alineados detrás del escuadrón de Steward.

El helicóptero ya había dado la vuelta y el maestro de lanzamiento había sacado la escalera de cuerda por el «agujero infernal».

En cuanto la nave se acercó, cada uno de los hombres fue tomando la escalera y subiendo los peldaños a base de fuerza para volver al helicóptero. En un par de minutos todos los hombres de Steward habían sido recuperados. Yo era el primer nadador del segundo escuadrón y podía ver los cascos de los pilotos que volaban la aeronave.

La escalera estaba en el agua, pero los dos rotores arrojaban el agua con tal fuerza que el helicóptero quedaba cubierto por el rocío. Me puse la mascarilla y me preparé para sentir el estallido del agua conforme se acercaba el aparato. La escalera tenía más de tres metros y se arrastró por encima de mí. Tomé uno de los peldaños de madera y me impulsé para subir la corta distancia hacia el interior de la aeronave. Me escurrí por el agujero infernal y me abrí paso hasta el asiento que tenía asignado en la banca.

¡Algo andaba mal! Mis pies estaban sumergidos en agua. De pronto, una ola alcanzó a entrar al pasillo y ahora el agua nos llegaba a la cintura y el helicóptero se empezó a hundir. Miré hacia la cabina y vi que la tripulación luchaba furiosamente por recuperar el control del aparato. El motor número uno había perdido potencia y la aeronave había tocado la bahía y estaba descendiendo muy rápido. Como aprendices, se nos había enseñado que si el helicóptero entraba al agua, debíamos quedarnos sentados y esperar a que los rotores dejaran de moverse, y solo entonces salir por la puerta lateral de modo ordenado. Sí, claro…

Por la puerta lateral se veía que las hélices estaban a pocos metros del agua, girando a toda velocidad. Parecía una licuadora, cualquier intento por salir por el costado nos habría hecho pedazos a todos, así que esperamos la señal del maestro de lanzamiento. Tanto la rampa como la sección de cola estaban bajo el agua y no había modo de salir por atrás. Los pilotos luchaban por mantener el helicóptero a flote y llevarlo a tierra para encallarlo y salvarlo, pero había demasiado peso en el extremo de cola. O salíamos o moriríamos todos.

Con los ojos bien abiertos en busca de opciones, el maestro de lanzamiento supo en ese momento que solo había una opción. Señalando la puerta lateral, gritó:

—¡Fuera, fuera! —Miré fuera a los hombres que me rodeaban y asentí. ¡Debíamos largarnos! O salíamos o nos hundíamos.

Steward agitó la mano:

—¡Síganme!

Las hélices de la aeronave, que se estaba hundiendo, estaban a menos de un metro del agua, girando a una velocidad cegadora en un intento por producir todo el torque posible para sacarla. Sin dudarlo, me arrojé por la puerta lateral y traté de hundirme a tanta profundidad como pudiera, pero la increíble capacidad de flotación del traje de neopreno anuló mis esfuerzos por sumergirme.

¡Nada, nada!, grité en mi mente. Pataleando tan fuerte como me era posible, me deslicé por debajo del agua a sabiendas de que, si emergía demasiado pronto, las hélices me decapitarían. Podía ver las sombras de los rotores sobre mí, *whop, whop, whop*, mientras intentaban aferrarse al aire.

¡Más profundo, más profundo, más profundo! Tienes que ir más profundo. Estaba perdiendo el aliento por la lucha contra el traje de neopreno. Finalmente, vi que la sombra de los rotores quedaba tras de mí y salí a la superficie a unos veinte metros más allá de la punta de las hélices. Por todas partes a mi alrededor mis hombres fueron saliendo del agua y, una vez más, hice un conteo de cabezas y esperé que levantaran el pulgar. Todos estábamos a salvo.

—¡Señor Mac! ¡Señor Mac! —Lubin, quien estaba a unos nueve metros frente a mí, agitaba las manos con frenesí para indicarme que mirara por encima del hombro. Como una máquina maniática fuera de control, el helicóptero se estaba dirigiendo hacia nosotros sin que los pilotos pudieran controlarlo, mientras las hélices se batían justo sobre el agua.

—¡Mierda! —Di la vuelta y comencé a nadar tan rápido como pude, agitando el agua a mi alrededor y clavando las manos como garras para alejarme del aparato. Unos instantes después el helicóptero giró en la dirección opuesta al grupo de nadadores y estuvimos fuera de peligro. Minutos más tarde, un pequeño bote de seguridad nos sacó de la bahía y nos regresó a la costa.

Los padres que asistieron al ejercicio final se apresuraron hasta el bote de seguridad, mientras abrazaban a sus hijos en el momento en que desembarcaban se preguntaban en qué se habían metido sus pequeños. Los demás reíamos a carcajadas. Habíamos respondido bien bajo presión y nos sentíamos acelerados por el orgullo. Una hora más tarde, el piloto del helicóptero, a pesar de que el fuselaje se había hundido por completo, logró maniobrar para llevarlo hasta la playa y sacar ilesa a la tripulación.

—Vaya manera de terminar su entrenamiento —me dijo Faketty.

—Bueno —respondí—, esperemos que no sea una indicación de cómo serán las cosas en el futuro.

Todos subimos al autobús, volvimos a las barracas y, dos días después, treinta y tres hombres de la Clase 95 nos graduamos del Entrenamiento de Demolición Submarina Básica/SEAL. Nunca habría imaginado que treinta y seis años después de la graduación aún sería un hombre rana con más años de servicio que cualquier otro SEAL en servicio activo. Y que nuestra evolución final en el BUD/S era, de hecho, una indicación de cómo serían muchas cosas en el futuro.

CAPÍTULO CINCO

¿LA MANO DE DIOS?

Estación Naval de la Bahía de Súbic, Filipinas
1981

El hombre en punta se arrodilló. Detrás de él, el escuadrón SEAL se detuvo de inmediato y cada hombre tomó una posición de seguridad a lo largo del estrecho camino selvático. Hacía calor y el ambiente estaba húmedo. Había un enjambre de mosquitos. Los sonidos de la vida nocturna en el trópico trinaron, graznaron y zumbaron, y las palmeras gigantes con sus hojas extendidas parecían inhalar y exhalar con cada ráfaga de brisa nocturna.

Observando por una mirilla Starlight AN/PVS-2, el hombre en punta exploró el claro frente a él. A noventa metros de distancia, tres hombres que portaban armas con los cañones bajos caminaban frente a una pequeña choza de paja de dos cuartos.

Se nos acababa el tiempo. El escuadrón SEAL tenía horas de retraso con respecto a su cronograma. Dos días antes se habían adentrado en la selva por helicóptero y habían hecho conexión con un explorador negro. Los negros, nativos parecidos a pigmeos que vivían en la selva, eran los mejores rastreadores del mundo. Originarios de esta parte de las Filipinas, conocían cada quebrada en las montañas, cada abrevadero limpio y, lo más importante, cada camino a través de la espesa jungla.

Cinco días antes el coronel Bernard B. Brause, comandante de las barracas de marines en la Estación Naval de la bahía Súbic, había sido secuestrado en el trayecto de su casa al trabajo. El Frente Moro de Liberación Nacional (MNLF), un grupo terrorista islámico, se atribuyó el crédito y amenazó con asesinarlo a menos que cinco de sus compatriotas fueran liberados antes de que terminara esa semana. Los miembros del Equipo SEAL Uno, estacionados en la Unidad Uno de Tácticas Especiales Navales (NSWU-1) en Súbic, recibieron la misión de rescatar al coronel Brause. La inteligencia indicaba que los terroristas lo trasladarían al amanecer y solo faltaba una hora.

El hombre en punta se deslizó de vuelta a la jungla y, junto al comandante del pelotón SEAL, se refugió bajo un pequeño poncho verde. Extrajo una lámpara de luz roja y un mapa, y comenzó a informar al comandante de pelotón. La misión básica no se había modificado. Los guardias eran los esperados. Los francotiradores SEAL se encargarían de ellos. Si la inteligencia era correcta, el rehén estaría dentro de la choza, custodiado por otros dos hombres. Pero una vez que los francotiradores dispararan las primeras rondas, se desataría el infierno. Los SEAL restantes se apresurarían hasta la construcción, despejarían los cuartos y rescatarían al rehén. *Fácil…*

Arrastrándose pecho a tierra, con sus M-14 apoyados sobre sus brazos, dos SEAL con los rostros camuflados con franjas verdes y negras emergieron del límite de la selva. Detrás de ellos se agazaparon otros dos hombres, listos para moverse al primer disparo.

El primer francotirador respiró profundamente mientras observaba por la pequeña mirilla verde e intentaba enfocar al guardia más alejado de la choza. La noche era tan oscura que la poca luz ambiental existente era inútil. De su frente escurrió sudor, el cual le causó escozor en el ojo y cubrió la lente frontal de la mirilla.

De pronto estallaron los disparos. El guardia que estaba en el extremo más alejado de la choza detectó a los SEAL y comenzó a gritar y a disparar de forma errática en dirección a la jungla.

—¡Fuego, fuego, fuego! —ordenó el comandante del pelotón SEAL.

Desde la línea de árboles, los SEAL dispararon a fuego automático al tiempo que avanzaban a toda prisa hasta la pequeña choza, haciéndolo por turnos para mantener el volumen de disparos.

—¡Muévanse, muévanse! —gritó uno de los SEAL.

Un guardia que estaba agachado debajo de la choza comenzó a disparar sin control hacia los SEAL que se aproximaban.

—¡Maten rehén! ¡Maten rehén! —gritó con un inglés deficiente.

A continuación se escuchó el estallido de una ráfaga de fuego automático en el interior de la cabaña. El hombre en punta cruzó la puerta a toda velocidad.

Adentro había dos hombres con las armas levantadas, quienes le dispararon al SEAL en cuanto entró, los fogonazos de sus AK-47 iluminaron la casucha con una luz cegadora.

—¡Estás muerto, carajo! —dijo uno de los terroristas.

El hombre en punta bajó su rifle y agitó la cabeza.

—Mierda.

Desde el otro lado del claro observé cómo se desarrollaba el ejercicio. La misión era un desastre. Los SEAL llegaron tarde al objetivo. Habían sido comprometidos en la línea de árboles y, una vez que comenzaron los disparos, no pudieron avanzar con la rapidez suficiente para rescatar al rehén.

Habían sido un par de semanas muy largas y esta misión de entrenamiento de rescate de rehenes era la culminación del Ejercicio de Tácticas Especiales 1981, o Specwarex 81. Como oficial asistente de entrenamiento de la Unidad Uno de Tácticas Especiales Navales, mi trabajo era ayudar a planear este escenario particular, disponer a la fuerza de oposición, coordinar la logística y escoltar al coronel Barney Brause, nuestro rehén VIP.

Brause era el marine oficial en jefe de la Estación Naval de la bahía de Súbic. La estación se había usado como base naval estadounidense durante casi cien años y tenía una historia larga, en ocasiones salaz respecto a la manera en que se comportaban marines y marineros. La ciudad de Olongapo estaba a las afueras de la reja principal. Con más de mil bares y cuatro mil «anfitrionas» filipinas, Olongapo estaba hecha para los marineros y marines que llegaban cansados luego de largos despliegues.

Como comandante de las barracas de marines, Brause estaba a cargo del contingente de combate de marines en Súbic y de la oficina de la policía militar, la cual servía como la agencia local de aplicación de la ley. El mismo Brause era un marine probado en combate. Como antiguo miembro del afamado Primer Batallón de Reconocimiento, había servido como consultor para las unidades vietnamitas de reconocimiento. Era un marine duro y robusto que no toleraba las estupideces.

En la base, los SEAL y los marines no siempre se llevaban bien. Las peleas en Olongapo eran un suceso diario. Invariablemente uno de mis SEAL terminaba en la celda nocturna luego de vociferar que éramos «más duros que los marines». Recluté a Brause para que actuara como nuestro rehén con la esperanza de mostrarle que éramos por lo menos un poco afines y, al mismo tiempo, la capacidad de los SEAL de la Marina para rescatar rehenes. Pero evidentemente las cosas no resultaron como las planeé.

Brause se levantó del piso de madera de la choza hechiza.

—¡Vaya, eso fue divertido! —dijo de forma casual.

—Lo siento, señor —respondí—. Los SEAL fueron comprometidos cuando se aproximaron al objetivo y los chicos malos abrieron fuego contra ellos.

Brause se enderezó, se fajó la camisa y me sonrió.

—Bueno, al menos las fuerzas enemigas hicieron lo que debían. He estado en estos ejercicios antes y la fuerza de asalto nunca pierde. Todo está demasiado preparado. Esto estuvo bien, es posible que tus chicos aprendan algo de sus errores.

Estaba algo desconcertado, esperaba que Brause graznara sobre lo mucho que habíamos jodido todo. Como un joven oficial, ver a un coronel lidiando con una situación incómoda fue un momento de aprendizaje para mí.

—Oye, Mac, no te preocupes —me dijo mientras me daba una palmada en el brazo—. He estado en docenas de misiones tanto de entrenamiento como reales que no salieron tan bien como esta. Tus chicos dan el ancho. Bueno —dijo con autoridad—. ¿Y ahora qué sigue? ¿A dónde vamos?

—Bueno, señor, según el plan, debemos hacer contacto con los aliados y realizar una extracción vehicular hacia el aeródromo en Cubi. Tenemos dos aviones MC-130 Garra de Combate que deben aterrizar en veinte minutos. Los SEAL abordarán la primera aeronave, pero usted y yo subiremos a la otra con nuestros socios extranjeros.

Specwarex era un ejercicio conjunto de combinación que, además de los SEAL de la Marina, también incluía a las Fuerzas Especiales de los Boinas Verdes del ejército, el Servicio Aéreo Especial de Australia, el Servicio Aéreo Especial de Nueva Zelanda y los SEAL de Filipinas. Los SEAL involucrados en la misión de rescate del rehén tenían la orden de entregarlo a nuestros aliados.

Vi en mi reloj que eran las 04:00 horas. Los aviones debían aterrizar a las 04:30 y después volar durante tres horas a baja altitud a través de las montañas y sobre el agua. Estábamos muy por detrás del cronograma y sospeché que, luego de terminar el entrenamiento, el coronel aún tendría un largo día por delante.

Miré de nuevo mi reloj.

—Señor —dije, tratando de mostrarle que deseaba respetar su tiempo—, ¿por qué no terminamos por hoy? Aparte de viajar en el ave no tenemos programado nada más y sé que ha sido un largo día para usted.

Uno.

Brause me miró algo decepcionado.

—Mira, Mac. Tengo la intención de hacer esto hasta el final. Si los chicos de las SOF[3] volarán por horas, yo también lo haré.

Eso era exactamente lo que esperaba.

—Recibido, señor. Entonces, es hora de avanzar.

Miré al hombre en punta, asentí y continuamos con el simulacro.

En el exterior, los SEAL formaron un círculo de seguridad en el centro del cual colocaron a Brause. El enfermero lo revisó de manera superficial para asegurarse de que el rehén no necesitara atención médica inmediata. Después de comprobar que estaba en condiciones de caminar, el pelotón comenzó a avanzar hacia la selva. Luego de un breve patrullaje por la densa maleza, llegamos a un pequeño claro en donde nos reunimos con los miembros del SAS de Nueva Zelanda y los demás aliados. En el claro nos esperaban nuestros vehículos para salir de la jungla: varios jeeps de un modelo parecido al de la Segunda Guerra Mundial y un par de grandes camiones cuatro por cuatro que podían transportar a todas las tropas.

—¡Ey, amigo! —me susurró el oficial técnico neozelandés—. Escuché que el rescate fue toda una cagada.

---

3. Siglas de Special Operations Forces; Fuerzas de Operaciones Especiales. [*N. del T.*]

El comandante de pelotón SEAL agachó un poco la cabeza y reconoció lo obvio.

—¿Qué carajo quieren que hagamos a partir de aquí?

Me acerqué y le dije en voz baja:

—Seguir con el plan. Las aves llegarán en treinta minutos. Los SEAL abordarán la primera y ustedes la segunda.

—Hecho —dijo y miró a su sargento—. Prepara a los chicos y a movernos.

Los SEAL entregaron al coronel al oficial técnico neozelandés y después toda la fuerza abordó los vehículos para el pequeño viaje hacia el exterior de la selva. Salté al camión con el coronel y me apretujé entre él y un SEAL filipino.

Dentro del camión el calor era opresivo y empeoró porque tuvimos que bajar la cubierta de lona para ocultar nuestra presencia. Sentía que el sudor me escurría en la cara y apenas podía ver a través de la gruesa nube de mosquitos que nos siguió al interior del camión. En cambio, a Brause, que estaba sentado a mi lado vestido con su uniforme camuflado de marine, parecían no molestarle ni el calor ni los insectos.

El comandante del convoy se detuvo un momento para revisar sus rodamientos. Al mirar mi mapa con la lámpara de luz roja, me di cuenta de que estábamos a unos noventa metros del aeródromo. Le di un trago rápido a mi cantimplora y se la ofrecí al coronel.

Eran casi las 04:15. Los dos C-130 debían arribar exactamente a las 04:30.

Minutos más tarde salimos de la jungla y comenzamos a subir por un camino duro en el extremo lejano de la pista de aterrizaje. Todos saltaron de sus vehículos y de inmediato adoptaron posiciones de seguridad. El SEAL filipino que estaba sentado junto a nosotros tomó al coronel y lo llevó al centro del semicírculo, asegurándose de que nuestro VIP estuviera bien protegido. Yo los seguí de cerca.

Estábamos en la cima de una pequeña colina desde donde se podía ver claramente toda la estación aeronaval de Cubi. Esta se había asentado en conjunto con la base naval de Súbic y servía como el aeródromo principal para la flota del Pacífico en el mar de China Meridional. La pista estaba en una larga península que emergía hacia la bahía de Súbic. A través de la bahía se encontraba Playa Verde, una enorme franja de arena y selva que servía como el área de entrenamiento principal para los marines desplegados. Más allá de la playa se elevaban las montañas que protegían a la bahía de los monzones que asolaban al Pacífico durante el verano, y lejos, a la distancia, yacía la ajetreada ciudad de la bahía de Súbic, con sus luces titilantes y cientos de botes de pesca.

La noche era tranquila. No había movimiento y parecía que los insectos habían vuelto a la selva. Alcancé a escuchar la voz débil de un operador de radio australiano que estaba hablando por su PRC-25 con la tripulación del MC-130. *Murmullos. Más murmullos.*

—Pssst. Pssst.

Vi a alguien haciéndome señales en la oscuridad. Me moví hasta el círculo exterior.

—¿Qué pasa? —susurré al oficial neozelandés.

—Los Hércules llegarán tarde —indicó.

—Mierda. —Miré mi reloj—. ¿Qué tan tarde?

—Dijeron que otros cinco minutos.

—Bien. Tendremos que esperar.

Volví al centro de la formación.

—Coronel, las aves vienen con algunos minutos de retraso. Deberían llegar a tierra en cinco.

Asintió sin decir palabra.

Cinco se volvieron diez y diez se volvieron quince. Volví a mirar al coronel.

—Señor, ¿está seguro de que no quiere olvidar la última parte de este ejercicio?

No me respondió de inmediato. Me di cuenta de que estaba empezando a considerar mi oferta.

—No —dijo un poco renuente—. Terminemos.

Dos.

Quince minutos más tarde el estruendo amortiguado de un C-130 de cuatro motores se escuchó a la distancia.

—Arribando. —La palabra se esparció por el personal.

Nos pusimos de pie y el coronel, el SEAL filipino y yo, nos colocamos detrás de la formación neozelandesa. La luna se había ocultado detrás de la cresta de montañas y todo estaba negro. De no haber sido por las tenues luces de la bahía de Súbic, hubiera sido casi imposible ver a los comandos.

El sonido de los motores era cada vez más fuerte, pero los MC-130 aún eran indetectables en el cielo nocturno. Treinta minutos antes las dos aeronaves del Primer Escuadrón de Operaciones Especiales en la base aérea Clark habían despegado para el breve salto a Cubi. Luego de volar a 180 nudos por encima de los sembradíos de arroz al norte de Súbic, se dirigirían al oeste, pasarían entre las montañas y, después, usando sus instrumentos avanzados, realizarían un aterrizaje a ciegas en menos de novecientos metros sobre el aeródromo de Cubi. Hay algo poco natural cuando se observa a un enorme avión de carga, con una gigantesca envergadura, maniobrar con tanta destreza en el cielo.

—¡Aquí vienen! —dijo el neozelandés elevando la voz con un sentido de anticipación.

Los contornos de ambas aeronaves eran casi imperceptibles. Incliné la cabeza intentando ubicar con los oídos en dónde estaban. El rechinar de las llantas y el rugido de los motores anunciaron su llegada, comenzamos a bajar por la colina hacia la pista. Los SEAL ya avanzaban hacia «la marca uno», la primera aeronave.

Había unos ciento ochenta metros hasta la rampa del segundo avión y ahora todos corrían a doble tiempo. Conforme las aves daban vuelta sobre el asfalto y se alineaban para un rápido despegue, dos tripulantes salieron por la rampa y, usando lámparas de luz roja, hicieron señales a las fuerzas que se aproximaban.

Miré al coronel y me di cuenta de que los últimos días comenzaban a pasarle factura. No había dormido en días, estaba deshidratado por el tiempo que pasó en la selva y era probable que no hubiera comido nada decente en las últimas cuarenta y ocho horas. Las siguientes tres horas no ayudarían en lo absoluto. Despegaríamos de Cubi y de inmediato ascenderíamos como cohetes para evitar fuego enemigo. Entonces, los dos MC-130 irían al oeste hacia las montañas detrás de Playa Verde. Una vez ahí, comenzarían varias horas de vuelo a baja altitud, subiríamos y bajaríamos, subiríamos y bajaríamos, subiríamos y bajaríamos y subiríamos y bajaríamos, cambiando de elevación durante miles de metros. Luego de los primeros minutos de volar arriba y abajo, la parte trasera del avión se llenaría con el olor pútrido del vómito, lo que causaría todavía más vómito, pero el ascenso y descenso no pararía. Para mí, volar en la parte trasera de un Garra de Combate durante un vuelo a baja altitud era una de las experiencias más emocionantes en las fuerzas especiales. Sin embargo, no todos compartían mi entusiasmo.

El calor de los motores estalló frente a mi cara y el ruido de las hélices imposibilitaba cualquier comunicación. En cuanto comenzamos a abordar el avión, le pregunté al coronel una última vez si quería seguir adelante. Eran las 05:00.

Apunté a mi reloj y grité por sobre el ruido:

—¡05:00!

Los Boinas Verdes y los comandos aliados abordaban detrás de nosotros.

El coronel tomó mi muñeca y miró la hora. Yo sabía que abordaría el avión a menos que le diera una razón para no hacerlo. La razón principal por la que le pedí que fuera nuestro rehén era formar una relación entre los líderes de los SEAL y los marines. De algún modo, sabía que el vuelo a baja altitud durante tres horas más no ayudaría a mi causa.

Agité la cabeza e imité un cuchillo cortando mi garganta.

—Terminemos por hoy, señor —moví la boca sin pronunciar las palabras.

Tres.

Sin decir una palabra, asintió con renuencia.

Tomé al jefe de carga del brazo, apunté al coronel y a mí, y le indiqué que no abordaríamos el avión. El jefe de carga entendió y volvió con rapidez a preparar el avión para el despegue.

Brause y yo volvimos a un jeep que nos esperaba. Estreché su mano, le agradecí por ayudarnos con el ejercicio y me quedé viendo cómo un suboficial lo escoltaba de vuelta a Súbic. Exhausto, también subí a otro jeep y conduje a casa. Habían sido unos días muy largos.

Media hora después, a bordo del MC-130, cuyo nombre clave es Stray 59, el piloto revisó sus instrumentos. Al igual que para el resto de nosotros, los días anteriores habían sido largos y cansados para él y su tripulación. Se ajustó los lentes de visión nocturna y vio que el agua estaba a pocos metros bajo él. Más cerca de lo esperado... *demasiado cerca para recuperarse.* La punta del ala izquierda se atoró en una pequeña ola y, en un instante, la aeronave dio una pirueta al frente, explotó en una bola de fuego alimentada por el combustible y quedó hecha pedazos al impactarse contra el mar. De los veinticuatro hombres a bordo —ocho tripulantes y dieciséis pasajeros de Estados Unidos, Australia, Nueva Zelanda y Filipinas—, el único que no murió en el choque fue el primer teniente de la Fuerza Aérea Jeffrey A. Blohm.

La vida en los equipos SEAL siempre parece girar en torno a la suerte, al destino o a la mano de Dios. ¿Por qué algunos hombres viven y otros mueren? ¿Por qué algunos se salvaron ese día? ¿Por qué Dios tenía un plan diferente para nosotros? ¿Por qué los tripulantes y pasajeros del Stray 59 tenían que morir? Seguramente sus familias habrían querido que vivieran más tiempo con ellos. Todos eran hombres valientes y honorables, todos eran dignos de una vida plena y próspera.

Con frecuencia pienso en ellos.

Veinte años después, cuando alcancé el rango de almirante y el combate en Irak y Afganistán se convertía en una actividad diaria, pensé mucho en el Stray 59. La función de los MC-130 y de sus aviones hermanos, los AC-130, se volvió cada vez más importante para nuestras misiones en las operaciones especiales. Cada vez que revisaba y aprobaba un plan me preguntaba en silencio si la recompensa valía el riesgo que correría la tripulación y la aeronave. Solo puedo esperar que el sacrificio de los hombres a bordo del Stray 59 salvara vidas, las vidas de hombres y mujeres que no tenían idea de que sus destinos estaban ligados a un avión que despegó del aeródromo de Cubi en 1981 y nunca volvió.

Que Dios cuide sus almas.

CAPÍTULO SEIS

UN GORILA ENTRA A UN BAR

San Antonio, Texas
Enero de 1986

El último aliento es repentino y breve. Tiene un tono profundo, lleno de exasperación y un toque de remordimiento. Siempre creí que el último aliento venía acompañado de palabras, pero no es así, solo llega y la vida termina.

Mientras permanecía sentado frente a mi madre agonizante, ella exhaló por última vez y falleció. Mi padre acarició su cabello con ternura y besó su frente con lágrimas escurriéndole por las mejillas. Habían sido marido y mujer durante cuarenta años, y ambos habían asumido que, debido a la condición cardiaca de papá, él sería el primero en irse. Estaban equivocados.

El día que murió yacía sobre el sofá de nuestra sala, pesaba nueve kilos menos y el cáncer le había robado el color de la piel, pero se habría sentido feliz de que ni uno solo de sus cabellos estaba despeinado. La enterramos el lunes siguiente bajo un hermoso árbol en el cementerio nacional del fuerte Sam Houston. Llovió durante todo el día.

Papá no entendía por qué yo debía volver a toda prisa al trabajo y no podía decirle nada que tuviera sentido para él. Estábamos planeando una misión altamente clasificada para incapacitar tres instalaciones de bombeo de petróleo a las afueras de la costa de Libia. La inteligencia mostraba que Muamar Gadafi, el líder libio, era responsable de respaldar actividades terroristas que incluían el bombardeo de una discoteca en Berlín. Habían elegido a los SEAL para participar en una operación más grande que tenía el objetivo de destruir el régimen de Gadafi.

En el aeropuerto, papá se acercó y estrechó mi mano con firmeza. Mi familia no daba muchos abrazos, excepto mi mamá, quien amaba abrazarme y besarme en ambas mejillas. Pero los hombres, en particular los del ejército, no daban abrazos.

—Estaré bien —dijo—. No sé qué estés tramando, pero ten cuidado.

—No podré escribirte ni llamarte por un tiempo, papá, pero no te preocupes, voy a estar bien.

Vi que se le hizo un nudo en la garganta. No podía perder a nadie más en ese momento, ciertamente, no a su único hijo. Aun así, papá sabía que yo era un hombre, y los hombres tienen responsabilidades, eso lo hacía sentir orgulloso.

Me abrazó y me dio un beso en la mejilla, después se dio la vuelta y se marchó. Nunca olvidé la agradable sensación de sentirme abrazado, y ahora, como padre, abrazo a mis hijos cada vez que tengo la oportunidad. Ahora soy alguien que abraza.

El vuelo me llevó de San Antonio a Dallas y luego a San Juan, Puerto Rico. Asiento 32A, junto al baño. Por alguna razón los planificadores de viajes del ejército siempre me ponían en el 32A. ¿Será porque creían que mi vejiga es pequeña, o que me gustaba ser el último en descender? Después de treinta y siete años me lo sigo preguntando.

El USS *Cavalla* (SSN 684), un submarino nuclear clase Sturgeon, se había trasladado desde Hawái hasta el Canal de Panamá y ahora estaba anclado en la base naval Roosevelt Roads, en Puerto Rico. El paso del *Cavalla* por el canal atrajo el interés de un navío de inteligencia soviético que se estacionó a las afueras de la costa de San Juan con el fin de ver si lograba enterarse de las intenciones estadounidenses.

Una semana antes, en un vuelo a media noche desde Norfolk, Virginia, llegó un enorme cargamento a Roosevelt Roads en un avión de transporte C-5 y de inmediato fue trasladado a un hangar cercano, lejos de miradas curiosas. Durante los días siguientes se montó en el casco del *Cavalla* este Refugio de Cubierta Seca (DDS), el cual sería el garaje submarino desde el que lanzaríamos nuestros minisubmarinos llamados Vehículos de ejecución SEAL (SDV).

Los SDV eran sumergibles húmedos con la forma de un cigarro largo, de color negro azabache, con una cabina al frente y un compartimento para pasajeros en la parte trasera. El agua ingresaba sin problemas a un SDV, por lo que cada SEAL que lo tripulaba debía portar equipo de buceo y un traje de neopreno grueso. Técnicamente el «bote» podía transportar hasta ocho hombres pequeños, pero para esta misión solo serían tres: un piloto y un navegante al frente, y un comandante de misión que se sentaría en la parte trasera y dirigiría la operación.

El comandante Bob Mabry acababa de entregar el mando del Vehículo de ejecución SEAL Equipo dos (SDVT-2) al comandante Tom Steffens, pero debido a la experiencia de Bob con el SDV, el Pentágono decidió que él se quedara a cargo de la misión general, mientras que Tom tendría el mando del SDV. Habíamos planeado y ensayado la misión durante varios meses. Aun así, solo unos cuantos SEAL y submarinistas conocían el verdadero objetivo. Cuando el presidente diera la orden, el *Cavalla* saldría de Puerto Rico sin ser detectado, atravesaría el Atlántico, pasaría por el Estrecho de Gibraltar y tomaría posición a las afueras de la costa de Libia. Una vez ahí, realizaríamos un lanzamiento sumergido del SDV. El SDV viajaría bajo el agua a la primera de tres estaciones libias de bombeo de petróleo.

Buceando en las profundidades, los SEAL colocarían explosivos sobre un componente crítico de la estación de bombeo. Una vez detonados los explosivos, la instalación sería inoperable durante un periodo de seis meses a un año. En un esfuerzo por asegurar que no se derramara petróleo en el Mediterráneo, los ingenieros fueron muy específicos sobre dónde debíamos colocar los explosivos.

Todo eso parecía bien cuando se estaban analizando los esquemas en Inteligencia Naval, pero de noche, sumergido en las profundidades de aguas enemigas y respirando por un regulador de buceo, no parecía tan simple. En consecuencia, para nuestro entrenamiento, Bob Mabry convenció a la Marina de que construyera tres modelos de dispositivos de entrenamiento, los cuales sumergimos en las aguas a las afueras de la cosa de Isla Vieques, Puerto Rico. Durante los últimos dos meses, tres tripulaciones de SDV se estuvieron preparando para la misión buceando constantemente. Yo era el comandante de misión de la tercera tripulación.

Sin embargo, esa noche estábamos ensayando una parte diferente de la operación: búsqueda y rescate en combate (CSAR). Mabry y Steffens estuvieron de acuerdo en que si el SDV tenía problemas mecánicos mientras estaba en aguas territoriales libias, y no podía volver al *Cavalla*, tendríamos que enviar un helicóptero para extraer con rapidez a los SEAL. Técnicamente este era un escenario que presentaba retos. Requería que el SDV transportara una gran boya sonar con un transmisor fijado en la parte superior. Una vez activado, el transmisor enviaría una señal a un avión de reconocimiento P-3 que orbitaría a las afueras del espacio aéreo de Libia. El radar del P-3 obtendría la ubicación general de la baliza, pero para triangular la posición exacta del transmisor necesitaríamos un helicóptero SH-3 Sea King, de movimiento lento, con un receptor pasivo. Una vez establecida la triangulación, el Sea King volaría hasta nuestra posición, haría descender un «collar de caballo» y nos elevaría hacia el interior del helicóptero. *Fácil*.

—Comenzando procedimientos de llenado.

—Recibido, comenzando procedimientos de llenado.

El buzo de la nave giró la enorme válvula en el DDS y el agua de mar comenzó a inundar la recámara de doce metros. El aire en el refugio estaba húmedo y olía al agua salada y al neopreno de nuestros trajes. Mientras el SDV llenaba el refugio con apenas una ruta de sesenta centímetros a cada lado del bote era casi imposible moverse. Se necesitaron cuarenta y cinco minutos para inundar por completo el DDS, por lo que revisé mi lista de misión para asegurarme de que todo estaba en orden.

El DDS era un derivado de las recámaras del gigantesco misil Regulus que eran parte del submarino USS *Greyback* de la era de Vietnam. Durante dos décadas el *Greyback* había lanzado versiones incipientes de los SDV, pero ahora teníamos la tecnología para desarrollar DDS móviles, los cuales podían transportarse a todo el mundo y montarse en submarinos con configuraciones especiales. El *Cavalla* era el banco de pruebas para esta capacidad. Nadie había anticipado que pondríamos el DDS en una operación real tan rápido.

—Señor, todos los sistemas están listos. Tengo el primer curso a 270 grados por nueve mil metros.

—Recibido, Ron. Confirmo 270 a nueve mil —repliqué.

Ron Blackburn era el navegante del SDV. Era suboficial de primera clase y un SEAL magnífico que se sentía muy a gusto en estas inmersiones prolongadas. El único problema de Ron es que era alto y delgado, y tener tres por ciento de grasa corporal no era nada bueno cuando se tenían que pasar doce horas bajo el agua. Ningún traje de buceo en el mundo puede sustituir una buena capa de grasa corporal. Cada vez que volvíamos de una inmersión prolongada, Ron estaba al borde de la hipotermia, pero nunca se quejó.

Una vez que el refugio se inundó, la tripulación del submarino dentro del *Cavalla* comenzó a presurizar la cámara, igualándola a la profundidad exterior. Con la presión igual, las enormes compuertas del refugio comenzaron a abrirse con lentitud y los buzos de la nave se escabulleron para desenganchar el SDV del receptáculo en el que descansaba. El refugio se llenó de vida marina bioluminiscente y caudales de protoplasma con un brillo verde fluyeron alrededor de los bordes del submarino.

Uno de los buzos de la nave nadó junto a mí y me dio la señal de aprobación. Estaban listos para lanzarnos del *Cavalla*.

—Muy bien —murmuré por la máscara que cubría toda mi cara—. Dave, listo para el impulso.

—Recibido, señor. Listo para el impulso —respondió.

Dave Roberts, el piloto del SDV, era un hombre inteligente, trabajador, nunca había un problema que no pudiera resolver. Era un suboficial de segunda clase, había estado en los SDV durante toda su carrera como SEAL y era demasiado bueno en lo que hacía.

Los buzos de la nave tomaron por uno de sus lados al SDV, que ahora flotaba de forma neutral, y lo empujaron hasta sacarlo del refugio y colocarlo sobre la cubierta del *Cavalla*. La torre de mando del submarino al frente del DDS creó un escudo contra la corriente a cuatro nudos que empujaba la proa del submarino. Esto producía aguas calmas sobre la cubierta.

Empujé la escotilla deslizable, miré al exterior del SDV, revisé a los buzos de la nave para asegurarme de que estuvieran listos y di la orden de que los lanzaran.

—Listos para lanzamiento —anuncié.

—Recibido, señor. Listos para lanzamiento —respondió Dave.

Repetíamos cada comando para asegurarnos de que la orden recibida se había entendido con exactitud. Nuestras mascarillas estaban equipadas con un sistema de comunicación, pero entender las palabras apagadas que se pronunciaban dentro de una máscara de hule requería cierto esfuerzo.

Dave encendió el motor eléctrico y, con un ligero empujón de los buzos, nos deslizamos a un costado del *Cavalla* y partimos.

Como una ballena gris gigantesca que volvía a las profundidades, el *Cavalla* se desvaneció de la vista en cuanto Dave tomó un curso perpendicular a la dirección del submarino. Nos elevamos a cuatro metros y medio, nuestra profundidad de tránsito sumergido normal.

—Debe estar algo picado en la superficie —comentó Dave a nadie en particular.

Sentía el oleaje jalando el bote, llevándolo hacia arriba y luego volviendo a arrojarlo hacia abajo. Como había sido piloto durante años, sabía que Dave estaba luchando por mantener el SDV a nivel. Las variaciones en la presión ya no eran una molestia para nadie. Nuestros tímpanos eran tan flexibles que podíamos ir de cero a nueve metros y de vuelta sin tener que despejarlos. Aun así, era cuestión de orgullo de piloto mantener el bote tan nivelado como fuera posible.

—Lo bajaré algunos metros.

—Recibido —respondí.

Aún faltaban noventa minutos antes de ir a la superficie para comenzar nuestro ejercicio de escape y evasión. Tiempo suficiente para dormir una siestecita. Acomodé mis piernas entre las dos boyas de sonar, cuatro mochilas de demolición y dos equipos de buceo adicionales, me acurruqué y comencé a dormitar. Aunque estaba apretujado, frío, húmedo y respirando en una máscara de Darth Vader, para mí todo se sentía completamente natural. Era la naturaleza de ser un hombre rana, en particular un tripulante de SDV.

La mayoría de los SEAL odiaban la idea de estar en los SDV: confinados a un espacio pequeño, sin espacio para moverse, bajo el agua por horas, con largas duchas calientes al final de la inmersión como la única tregua del frío que congelaba los huesos. Pero a mí el SDV me recordaba los días de gloria de los hombres rana italianos de la Segunda Guerra Mundial o los marinos británicos de los submarinos X-craft, quienes navegaban en sus minisubmarinos hacia los profundos fiordos de Noruega persiguiendo a los acorazados alemanes. Soñaba con que algún día me llegara la orden de derrotar a los soviéticos en un temerario ataque de SDV contra las embarcaciones rusas en Vladivostok. Algún día.

—Señor Mac. Cinco minutos para nuestra parada —anunció Ron.

—Recibido, Ron. Cinco minutos —respondí.

Contraje las piernas contra mi pecho, tomé la más grande de las boyas y la coloqué en posición para un despliegue fácil. El flujo de agua dentro del compartimento posterior comenzó a disminuir conforme Dave desaceleraba el bote. Pequeños remolinos de fosforescencia verde se agruparon en los bolsillos de aire de las burbujas que flotaban desde mi respirador y empecé a sentir cómo se elevaba el SDV.

—Superficie —llegó el aviso.

Me estiré hacia atrás, tomé la manija de la compuerta del compartimento y deslicé la escotilla. De inmediato una ola arremetió contra el bote y me arrojó de vuelta al área de popa.

—¡Vaya! Sí que está agitado aquí arriba —murmuré para mí mismo.

—Ey, creí que el tipo del clima había dicho que el mar estaría tranquilo esta noche —manifestó Dave mientras abría la cubierta exterior y avanzaba a la parte superior del bote.

—Tal vez quiso decir que así sería en el *Cavalla* a sesenta metros de profundidad —dijo Ron, riendo.

Tomé la boya y jalé un pequeño seguro, con lo que comenzó la activación de agua salada. De inmediato escuché un sonido de tintineo.

—Bien, comiencen el cronómetro —dije.

Ron miró su reloj.

—Son las 21:15. Dijeron que teníamos máximo treinta minutos y después nos iríamos.

—Apuesto que tendremos suerte si nos encuentran en una hora —expresó Dave.

—Es un poco espeluznante estar aquí afuera sin un bote de rescate —dijo Ron, removiendo la capucha de su traje de buceo.

Nadie quería decirlo, pero Ron tenía razón. Antes de esta inmersión de entrenamiento siempre que se hacía una había un bote de rescate. A bordo del minisubmarino viajaban un supervisor, un enfermero, un buzo de seguridad y comunicaciones radiales por si algo salía mal. Esa noche estábamos solos. Estábamos entrenando para una misión en el mundo real, había dicho Mabry durante un sermón. «No habrá un bote de rescate a las afueras de Libia. Más les vale acostumbrarse desde ahora».

—No veo nada —dijo Dave.

La bruma comenzaba a formarse y el oleaje a aumentar.

—¿Qué tan lejos estamos de Vieques? —pregunté.

—Parece que estamos a unos dieciséis kilómetros de la costa —indicó Ron—. Pero mi navegación Doppler no funciona a esta profundidad, así que cuanto más nos deslizamos a la deriva, menos seguro estoy de nuestra ubicación.

—Bueno, no debe faltar mucho —dije, intentando sonar confiado—. Entonces podremos entregar el bote al teniente Snell y volver a Roosey Roads. Apuesto que el jefe maestro aún tendrá abierto el bar.

El plan indicaba que en el helicóptero vendría una tripulación de reemplazo. Ellos saltarían al agua, asumirían el control del SDV y lo devolverían al *Cavalla*. Nos transportarían a la base y, tal vez, solo tal vez, nos darían una cerveza fría y una litera caliente. La marca de los treinta minutos llegó y se fue. Pasó una hora. Luego dos. Luego tres.

—Tengo demasiado frío, señor Mac —declaró Dave sin emoción alguna.

—Sí, yo también, Dave —concordé.

—Ya somos tres —tartamudeó Ron, temblando incontrolablemente.

Como esperábamos estar en el agua un máximo de dos horas, todos llevábamos trajes de buceo delgados. Nuestros trajes usuales de dos centímetros y medio de grosor estaban bien para inmersiones sedentarias de doce horas, pero cuando las inmersiones eran breves causaban sobrecalentamiento y con frecuencia tenías que arrojarte agua fría para evitar desmayarte. Aunque las aguas a las afueras de Puerto Rico estaban a unos veintiséis grados, todo lo que está por debajo de la temperatura corporal te roba el calor rápidamente.

—Ya pasaron cinco horas desde el lanzamiento. Quizás deberíamos intentar volver al *Cavalla* —dijo Ron.

—No tenemos idea de dónde está el *Cavalla* en este momento, Ron. Hemos estado flotando a la deriva durante tres horas. Te lo garantizo, Mabry y Steffens tienen cada avión en la flota buscándonos. Solo necesitamos quedarnos donde estamos y apegarnos al plan.

No era una respuesta muy buena y no estoy seguro de que yo mismo la creyera. Pero Ron era un buen marino. Entre sus temblores y tartamudeos, lo escuché decir:

—Sí, señor.

—Bueno. Las buenas noticias son que no está lloviendo —dije, mientras otra pequeña ola pasaba por encima del SDV.

—Sí, no querríamos mojarnos. —Dave sonrió, apretando sus brazos contra su pecho.

—¿Está seguro de que la maldita baliza todavía tintinea? —preguntó Ron.

—Sí, aún tintinea —respondí—. Pero nadie la está escuchando.

Me recosté sobre el SDV mientras nos bamboleábamos perdidos en el mar a mitad del Caribe. Como haría cualquier líder, pensé que debía hacerme cargo para ayudarnos a pasar esa larga noche. Hice una lista mental de nuestra situación. Veamos, no teníamos comunicaciones. Nuestra única esperanza era que la baliza estuviera enviando una señal. No teníamos idea de dónde estábamos ni había modo de volver al submarino nodriza. Teníamos mucho frío y nos estábamos enfriando cada vez más. El clima continuaba empeorando y el sol saldría hasta dentro de tres horas. No moriríamos —al menos no pensé que fuera así—, pero seríamos absolutamente miserables a menos que se me ocurriera una buena idea.

«*Veamos. Necesitamos una buena idea. Una buena idea. Una buena idea…*».

«*Nop. No tengo buenas ideas. Ni modo*».

—¿Ya escucharon el chiste del gorila que entra al bar?

—¿Qué? —preguntó Ron.

Repetí:

—¿Que si ya escucharon el chiste del gorila que entra al bar?

Ron negó con la cabeza. Dave murmuró algo ininteligible.

—Bueno, un gorila entra a un bar —comencé—. Detrás de la barra el cantinero lo ve y corre aterrado hasta el cuarto trasero en donde está el gerente. Completamente apanicado por la visión de este simio gigante, el cantinero le grita al gerente: «¡Un gorila acaba de entrar al bar!». El gerente no se sorprende en absoluto. «Bueno», le dice con calma al cantinero: «ve a ver qué quiere».

El cantinero vuelve a la barra, reúne todo su coraje, se acerca al gorila y le pregunta: «¿Puedo ayudarle en algo?».

Ron se puso de pie sobre la proa del SDV y, con los ojos cansados y enrojecidos, dijo:

—Señor Mac, más le vale que sea un buen chiste…

—Déjame continuar.

Dave se acomodó para poder escuchar entre las olas que azotaban el casco de la nave.

—Entonces, el cantinero dice: «¿Puedo ayudarle en algo?». «Un gin-tonic», responde el gorila. El cantinero vuelve con el gerente y le dice: «El gorila quiere un gin-tonic. ¿Qué debo hacer?». «Sí, sí», dice el gerente, «dale un gin-tonic, pero cóbrale nueve dólares». «¡Nueve dólares!», grita el cantinero, «¡eso es ridículo! Me hará pedazos». «No, no lo hará», dice el gerente, «los gorilas no son muy inteligentes. No sabrá la diferencia». Entonces, el cantinero prepara un gin-tonic, se lo da al gorila y le dice con renuencia: «Son nueve dólares». El gorila frunce el ceño y gruñe, pero al final toma un pequeño bolso, saca un billete de diez y se lo da al cantinero, quien abre la caja registradora, guarda el billete de diez y le da al gorila un dólar de cambio.

Ahora Dave estaba apoyado sobre sus codos, escuchando cada palabra, y Ron sonreía entre el frío.

—El cantinero vuelve con el gerente y le dice: «¡Tenía razón! Es verdad que el gorila es estúpido». Unos minutos después el gorila golpea la barra y cuando el cantinero se aproxima, le dice: «Otro gin-tonic». El cantinero le prepara otro trago, se lo entrega al gorila y le vuelve a decir: «Son nueve dólares». El gorila saca otro billete de diez y se lo da al cantinero, quien abre la caja registradora, guarda el billete y le da al gorila un dólar de cambio. Finalmente, el cantinero reúne todo su coraje y le comenta al gorila: «Sabe, por aquí no vienen muchos gorilas». «Bueno», responde el gorila…

—¡Ey! —gritó Dave—. ¡Escucho un helicóptero!

Yo también lo estaba escuchando.

—Muy bien, apaguen el bote. Dave, asegúrate de que los tanques de contrapeso están completamente vacíos. Ron, tú subes primero.

Encendimos una luz de estrobos roja y vimos al helicóptero devolver la señal, lo cual indicaba que nos habían visto en el agua. El clima aún estaba agitado y el helicóptero tenía problemas para mantenerse en el aire. La corriente descendente de los rotores nos azotaba, por lo que indiqué con las manos al helicóptero que se colocara en una posición a noventa metros del SDV.

Ron nadó hacia la correa, pero cada vez que se acercaba, el viento sacaba de posición al helicóptero, por lo que debió perseguirla durante diez minutos antes de lograr atraparla para que al fin lo subieran a bordo.

La tripulación de reemplazo saltó al agua y nadó hacia el SDV. Después subió Dave y yo lo seguí. Algo que debió tomar diez minutos se prolongó hasta casi treinta. Sabía que al helicóptero se le podía acabar el combustible así que, en cuanto entré por la puerta lateral, el piloto dio un giro cerrado hacia la izquierda y voló de regreso a Roosey Roads.

Para cuando llegamos a nuestras barracas ya eran aproximadamente las 05:00. Había sido una noche muy larga. Seguíamos temblando de frío y nos estábamos preparando para acostarnos a dormir.

—Bien, esperemos que no tengamos que hacer esta evasión en aguas libias —exclamó Ron—. Todos moriríamos de hipotermia antes de que nos rescataran.

Dave ya se había quitado el traje de buceo y se dirigía a las duchas. Ron estaba guardando su chaleco salvavidas y yo escribiendo algunas notas sobre las evoluciones de la noche cuando un suboficial primero, en uniforme, entró a la sala.

—¿Es usted el teniente McRaven? —preguntó. Asentí—. Señor, el almirante quiere verlo.

Ron y yo intercambiamos miradas.

—¿Qué almirante? —inquirí.

—Señor, solo me dijeron que viniera por usted y lo llevara con el almirante.

—Sí, suboficial, entiendo esa parte, pero no conozco a ningún almirante.

—Señor, el comandante Mabry me pidió llevarlo de inmediato con el almirante. Afuera hay un coche esperando.

—Bien —dije renuente—. Permítame cambiarme y enseguida estoy con usted.

—No, señor. Necesita venir conmigo ahora. Esas son mis órdenes.

Miré al suboficial para evaluar si hablaba en serio. Los SEAL eran conocidos por hacerse bromas elaboradas, y en ese momento de verdad no estaba de humor para una broma. El suboficial portaba la insignia de maestro de armas. Era la versión de la Marina de un policía militar.

—Al menos permítame quitarme el traje de buceo.

—Señor —dijo el suboficial, como si me diera una advertencia por última vez.

Ron comenzó a acercárseme, pero le indiqué con un ademán que retrocediera un paso.

—Bien —dije—. Vamos. Ron, ustedes descansen. Espero que esto no tome mucho tiempo. Si no he vuelto en un par de horas, llamen al comandante Steffens e infórmenle lo que pasó.

Ron asintió y el suboficial y yo salimos y subimos al coche. El suboficial condujo unos treinta minutos al otro lado de la base hasta llegar a un estacionamiento desierto al otro lado de un viejo hangar de C-130.

En el estacionamiento había dos hombres de pie. Reconocí la enorme silueta del comandante Bob Mabry, pero al otro hombre, quien era significativamente mayor y vestía ropa de civil, no lo conocía.

El suboficial me dejó junto a Mabry y se retiró. Aún era de noche y no había luces en el estacionamiento. Mabry caminó hasta mí e hizo las presentaciones.

—Bill, este es el almirante Craig Dorman. Él está a cargo del espectáculo.

Me puse en posición de atención y estreché manos con Dorman. Tendría unos cincuenta y pocos, cabello rubio cano, una complexión enjuta y fuerte, mucha fuerza en las manos y ojos penetrantes, pero también tenía una sonrisa amistosa.

—Han hecho un excelente trabajo aquí durante los últimos tres meses, Bill. Ha sido muy impresionante verlos.

Todo lo que pude hacer fue decir «gracias». Aún no entendía con exactitud qué estaba sucediendo.

—Me gustaría que vinieras a hablar con algunas personas sobre la operación de entrenamiento de esta noche. Necesitamos asegurarnos de que podemos arreglar los problemas para ubicar su posición o nunca recibiremos la aprobación del Pentágono para ejecutar esta misión.

Miré en todas direcciones del estacionamiento vacío.

—Por aquí —indicó Mabry y comenzamos a caminar hacia el hangar.

El almirante abrió la puerta y Mabry lo siguió rápidamente. Lo que vi en cuanto entré al hangar me dejó perplejo. Había doscientas personas acomodadas en diez hileras distribuidas por toda la longitud del piso. Mabry sonrió.

—Señor ¿quién diablos son estas personas? —pregunté con un susurro.

—Son todas las personas que trabajan tras bambalinas, Bill. Ellos coordinan las aeronaves, trabajan en inteligencia, rastrean los submarinos, interfieren los agi rusos y transmiten reportes de situación a Washington.

El almirante me hizo pasar frente a la línea de escritorios y realizó una pequeña presentación.

—Damas y caballeros, este es el teniente McRaven. Él fue el comandante de misión para el ejercicio CSAR de esta noche y le he pedido que me proporcione un rápido resumen de la operación.

Yo estaba a punto de comenzar a hablar, pero antes de poder hacerlo, el almirante me interrumpió.

—Ah, pero antes de darnos su informe, todos nos morimos por saber una cosa.

Miré a la multitud y todos estaban al borde de sus asientos, como si esperaran alguna revelación de mi parte.

—¿De qué se trata, señor? —pregunté.

—El remate —dijo el almirante—. ¿Cuál es el remate?

—¿Qué remate?

—El del chiste del gorila.

La mandíbula se me fue al piso y la multitud estalló en carcajadas.

—Seguramente usted sabía que la boya sonar tenía un micrófono ¿verdad? —El almirante sonrió, porque sabía muy bien que yo no estaba al tanto.

—No, señor —respondí, ruborizándome al pensar en todas las personas de las que nos habíamos quejado mientras esperábamos al helicóptero.

—Bueno, pues ya lo sabe. Así que… —El almirante no terminó su oración.

—Así que… —continué—, el cantinero dice: «Sabe, no vienen muchos gorilas por aquí», y el gorila responde: «Bueno, con mil demonios, no es de sorprender si cobran nueve dólares por trago».

Todos en el hangar estallaron en carcajadas. Mabry y el almirante casi se doblan de risa. El chiste no era tan bueno y la presentación había sido un poco sobreactuada, pero la situación sin duda era graciosa. Aunque yo era el blanco de la broma, no pude evitar reírme de mí mismo. Doscientas personas habían estado escuchando cada palabra que Ron, Dave y yo dijimos durante las últimas seis horas. Cada queja sobre el personal de submarinos, cada observación sarcástica sobre la tardanza del helicóptero, cada historia morbosa sobre alguna escala en algún puerto, todo aquello de lo que hablan los marinos cuando creen que nadie los está escuchando. *Todo*.

Terminé de informar al almirante y a su gente y volví a las barracas. Mabry me ordenó que no les dijera, ni a Ron ni a Dave, nada sobre el personal adicional que estaba oculto en el hangar. Les dije que el suboficial se había equivocado y que solo Mabry deseaba verme.

Dos días después recibimos la noticia de que la misión SEAL se había cancelado. El Pentágono había optado por un ataque aéreo, que más tarde se llamaría Operación Cañón El Dorado, la cual se llevó a cabo el 15 de abril de 1986. El bombardeo impactó muchos blancos, incluido el aeródromo de Trípoli, unas barracas militares en Bab al-Azizia y algunos cuarteles generales en Bengasi.

El *Cavalla* volvió a Hawái. Los SEAL volvieron a Little Creek y todos volvimos a nuestras vidas diarias. Pero dos meses después, mientras conducía al trabajo y pasaba el dial por las estaciones de radio locales, escuché decir a un locutor:

—Y el cantinero dice: «Sabe, no vienen muchos gorilas por aquí». Y el gorila responde: «Bueno, con mil demonios, no es de sorprender si cobran nueve dólares por trago».

Algunos chistes son demasiado buenos para mantenerse en secreto.

CAPÍTULO SIETE

LOS FANTASMAS DE TOFINO

Coronado, California
Septiembre de 1989

D ice GEORGE H. W. BUSH, PRESIDENTE DE ESTADOS UNIDOS.
—Mentira ¡déjame ver eso! —dije, arrebatándole la
carta al jefe maestro al mando.

—Bueno, que me parta un rayo. Efectivamente, dice George
H. W. Bush.

El jefe maestro Bill Huckins me volvió a arrebatar la carta de la
Casa Blanca y comenzó a leer el memorando. Huckins era el recluta de mayor rango en el Equipo SEAL Uno. Alto, robusto, con la
cara siempre roja, una personalidad sociable y un ingenio mordaz,
tenía el respeto de cada uno de los hombres del Equipo. Yo era el
Oficial Ejecutivo (XO) y, junto con el oficial al mando que había
sido desplegado en el Golfo Pérsico, estaba a cargo del Equipo
SEAL Uno; y Bill Huckins era mi mano derecha.

—«El presidente de Estados Unidos solicita su apoyo para localizar el avión de reconocimiento de la Marina P2V2 perdido en la Columbia Británica, Canadá, en 1948. El avión despegó de la Base Aeronaval de la isla Whidbey el 4 de noviembre de 1948 para un patrullaje rutinario y nunca se le volvió a ver. Un equipo de búsqueda y rescate de la Marina ubicó piezas del choque en 1962, pero debido a las riesgosas condiciones no pudieron recuperar mucho. Durante los siguientes veintisiete años el avión permaneció perdido. Sin embargo, en fecha reciente un piloto de avioneta que sobrevolaba la región de Tofino, Columbia Británica, había detectado un objeto brillante de metal dentro del cráter de un volcán extinto cerca del Monte Güenes. La base del cráter está llena de agua y es posible que los restos de la aeronave yazcan en las profundidades de este lago montañoso. A bordo del avión había nueve almas y es nuestro deber ubicarlos y devolver sus restos para que tengan un entierro apropiado».

El jefe maestro dejó de leer.

—La carta sigue y da el punto de contacto, y nos indica que tenemos hasta el viernes para responder a la solicitud del presidente —explicó Huckins—. ¿Por qué al presidente de Estados Unidos le importa un avión que se perdió hace más de cuarenta años?

—Bush solía ser piloto naval —respondí—. Supongo que la familia de alguno de los tripulantes contactó al POTUS[4] y pidió su ayuda.

—Bueno, XO, pero ¿por qué nosotros? ¿Por qué el Equipo SEAL Uno?

—Porque ¿quién más puede montar una expedición que requiere escaladas e inmersiones en medio de la nada en Canadá? —respondí.

---

4. Acrónimo para President Of The United States (presidente de Estados Unidos). [*N. del T.*]

—No serían simples inmersiones —dijo Huckins, mientras desenrollaba un mapa topográfico del área—. Estas serían inmersiones a gran altitud.

Analicé el mapa mientras el jefe maestro señalaba el terreno.

—Las montañas en esa área alcanzan los dos mil cuatrocientos metros —dijo—. Y el lago del cráter del que habla el presidente se encuentra a novecientos metros. Eso significa que tendríamos que revisar todas nuestras tablas de buceo.

La región estaba más aislada que ninguna otra que hubiera visto. Las montañas alrededor del supuesto lugar del siniestro eran excepcionalmente escarpadas y a ciento sesenta metros a la redonda no había un solo lugar nivelado.

—Necesitaremos a alguien que sepa lo que hace —dije.

Sin dudarlo, el jefe maestro respondió:

—Le diré a Barker que esté prevenido.

El suboficial mayor Geoff Barker era un buzo preeminente en todos los equipos SEAL. Era alto, rechoncho, tenía cabello oscuro y una cara grande y suave, y nadaba y corría más rápido que los chicos que eran más jóvenes y estaban en mejor forma del equipo. Era el supervisor del equipo de buceo del Equipo SEAL Uno y el hombre más profesional con el que hasta entonces había trabajado. Él *sabía* lo que hacía.

—¿A quién más necesitamos? —pregunté.

Pero antes de que el jefe maestro me respondiera, supe a quién quería.

—Consígueme a Pat Ellis —dije—. Él es un escalador experto y tiene la experiencia en inteligencia para hacer los preparativos.

El jefe maestro asintió en señal de aprobación.

Pat era la imagen que todos tienen de un SEAL de la Marina, pues además de que también era alto, tenía marcados rasgos angulosos y un gran intelecto. Y con Pat se tenía un nivel de madurez que no era común entre los suboficiales jóvenes.

—Agreguemos también a Greg Walker.

—Buena elección —reconoció Huckins.

Walker era un tipo callado, de tez oscura y un enorme bigote. Si bien no era un SEAL, como buzo de Primera Clase de la Marina, era el que más conocía la ciencia del buceo. Era el segundo al mando del equipo de buceo en el Equipo SEAL Uno y se había ganado el respeto de todos los hombres rana del comando.

—Por último, incluye a Doc James, él es bueno en todo —dije.

—¿A quién ponemos a cargo? —inquirió el jefe maestro.

—El suboficial mayor puede liderar —respondí.

—Señor... —dijo el jefe maestro, arrastrando la palabra con cierta mofa—. Sabe bien que el almirante Worthington no va a permitir que un suboficial lidere la misión, va a querer que sea un oficial quien esté a cargo.

—No se necesita a un oficial para liderar esta operación —argumenté—. Barker es más que capaz de manejarla.

El jefe maestro no dijo nada más. Solo asintió amablemente, como para confirmar que yo era un lunático.

—Púdrete —dije riendo—. Llama al Grupo Uno de Tácticas Navales Especiales y hazles saber que tenemos a nuestro equipo y estaremos listos para partir durante los primeros días de la siguiente semana. Y deja de verme así.

—¿Así cómo? —preguntó el jefe maestro fingiendo sorpresa.

—Sí, así —repetí mirándolo fijamente. El jefe maestro solo sonrió.

Desde luego, él tenía razón. El almirante George Worthington, el comandante de Tácticas Navales Especiales, no solo insistió en que un oficial acompañara la misión, sino que me ordenó que fuera yo quien la liderara. No opuse mucha resistencia, para mí era una oportunidad de salir de la oficina y andar por los senderos en las tierras salvajes de Canadá. Si bien ninguno de nosotros esperaba encontrar una aeronave que había estado perdida durante más de cuarenta años, era otra aventura ¿y quién no quiere volver a vivir una?

Doc James estaba de viaje y no podía unírsenos, por lo que incluimos en el equipo al suboficial Chuck Carter. Los cinco —el suboficial mayor Geoff Barker, los suboficiales Ellis, Carter y Walker, y yo— abordaríamos un C-130 con destino a la estación aeronaval de la isla Whidbey, en el estado de Washington. El plan era aterrizar en Whidbey y abordar un avión de carga canadiense para el vuelo final hacia Tofino, Columbia Británica. Una vez ahí, rentaríamos un pequeño helicóptero que llevaría a nuestro equipo y al personal, por turnos, hacia el supuesto sitio del siniestro.

El maestro de carga nos indicó abordar el avión. Estábamos listos para despegar.

—Mire, XO —gritó el jefe maestro para que lo escuchara a pesar del ruido de las hélices de los motores—, sé que esto le parece muy divertido, pero se dirigen a un área donde ningún ser vivo ha puesto un pie en décadas.

—¿No está siendo un poco dramático? —dije.

—Solo quiero decir que tengan cuidado. No saben con qué se van a encontrar allá y, si se meten en problemas, la ayuda estará muy, muy lejos.

Podía verlo en sus ojos, la preocupación del jefe maestro era genuina. Estaba preocupado como una madre que manda a su hijo al primer día de escuela. Le sonreí, estreché su mano y le dije:

—Nos tenemos que ir. Cuide el fuerte hasta que volvamos.

El jefe maestro asintió, dio medio saludo y se dio la vuelta.

Cuando el avión despegó, Barker, Ellis, Carter y Walker ya estaban dormitando. Saqué una pequeña copia plastificada del mapa topográfico y observé nuestro destino una vez más. Ciertamente, estábamos muy lejos de todo, pero éramos seis marinos experimentados, así que tenía la certeza de que podríamos encargarnos de todo lo que encontráramos. Certeza absoluta.

—¿Que buscan qué? —dijo el hombre barbudo riendo a carcajadas.

—Otra vez eso ¿eh? —gruñó su compañero de cara rubicunda.

Empecé a arrepentirme de haber parado a comer. El restaurante de estilo alemán, con largas mesas para picnic, techo de vigas de madera y demasiados relojes de péndulo, era el único lugar para comer que estaba abierto, y en Tofino se estaba celebrando el Oktoberfest. Al fondo la música de polka resonaba a todo volumen y hombres con trajes bávaros y mujeres de senos enormes la bailaban mientras mi equipo y yo devorábamos diferentes tipos de salchichas. Barker, que era abstemio, tomaba su Coca-Cola mientras los demás bebíamos un litro de cerveza.

—¿Ustedes los yanquis saben cuántos pilotos, cazadores, pescadores y turistas han dicho que vieron un —cara rubicunda hizo una pausa para elegir sus palabras— objeto brillante?

Cuando dijo las palabras «objeto brillante», Geoff Barker dio un suspiro profundo y exasperado. Esas eran exactamente las palabras que el presidente había escrito en la carta que envió al comando. Nos habíamos apresurado en formar este pequeño equipo y, Barker en particular, había dedicado muchas horas a preparar el equipo de escalada, buceo y acampada correcto para esta operación. Ahora parecía que haríamos una búsqueda inútil.

En un intento por ser positivo, defendí nuestro plan.

—Sabemos de buena fuente que un objeto metálico de gran tamaño fue visto aquí —indiqué, apuntando al mapa plastificado.

—Un objeto brillante, querrá decir —se burló el barbón mientras limpiaba la espuma de cerveza de sus bigotes.

—Hijo, han pasado más de dos décadas desde que alguien vio esos escombros —dijo cara rubicunda—. Incluso si un avión se hubiera estrellado en esas montañas, estaría enterrado bajo cientos de metros de nieve y hielo, y nunca podrían alcanzarlo.

—Y la nieve nunca se derrite por estos lares —confirió barbón, con su dedo sobre el mapa.

Barbón tenía razón hasta cierto punto. La nieve en esas montañas no se derretía durante casi todo el año, con la excepción de las últimas semanas de septiembre; en que se derretían parcialmente. Si habría alguna oportunidad de encontrar el avión, esta se presentaría en las siguientes dos semanas.

De pronto, una mujer gorda con un enorme escote tomó mi mano libre y me jaló a la pista de baile.

—¡Bailemos polka! —gritó mientras me hacía girar.

—Yo no bailo —objeté, tambaleándome por el piso de madera.

—Polka nosotros —dijo con un inglés deficiente.

Barbón, cara rubicunda y mis cuatro compañeros comenzaron a aplaudir y a animarme a gritos. «Qué diablos», pensé. La polka parecía un doble paso texano.

Tomé las manos regordetas de mi enorme *fräulein* alemana y comencé a moverme por la pista, chocando contra todos en mi camino… para diversión de mis compañeros hombres rana y el bien vestido director de la banda, quien no dejaba de gritar:

—¡Polka todos!

Cuando volteé a la mesa, vi que barbón y cara rubicunda se estaban riendo, pero en el fondo de mi mente sabía que sus risas no tenían nada que ver con mi baile.

—Más abajo —grité—. ¡Tienes que bajarme más!

El piloto del pequeño helicóptero Bell me escuchó y me bajó otros dos metros. Barker y Ellis se estaban balanceando precariamente sobre una roca de gran tamaño y estirándose para alcanzar los tanques de buceo que les entregué desde la puerta lateral del helicóptero.

Walker me pasó el resto del equipo, echó un último vistazo al interior del helicóptero y anunció que todo el material ya estaba fuera. Le indiqué con la cabeza que saliera del ave y, con un movimiento suave, se deslizó por la cubierta de esta, salió por la puerta y cayó sobre la roca.

Le di una palmada en el hombro al piloto y grité:

—Gracias por el aventón.

Él miró el paisaje estéril, los picos de montañas escarpadas y los traicioneros témpanos de hielo, y me respondió con un grito:

—¡Tengan cuidado aquí afuera! Si en cuatro días no sé nada de ustedes, volveré.

Asentí agradecido, le di una última palmada en la espalda y me deslicé por la puerta lateral hacia los brazos del gran Geoff Barker.

Todos miramos cómo el aparato giraba a la derecha y luchaba por ganar altitud. Las hélices se aferraban al fino aire y el gemido de los motores hacía eco por los alrededores montañosos.

En unos minutos todo quedó en silencio. Un silencio mortal. Con todo nuestro equipo amontonado en una pila a nuestros pies, los cinco permanecimos de pie de forma precaria sobre las enormes rocas analizando nuestro entorno. La vista era espectacular.

Adondequiera que mirábamos había picos que se elevaban a mil quinientos metros. Bajo nosotros había un lago montañoso tan azul como el hielo, el cual se derramaba por el borde abierto de la cuenca. Era imposible saber la profundidad a la que caía el agua, pero parecía caer sin fin hacia otro valle más abajo. Aunque había algunos pinos repartidos por aquí y por allá, no había otros signos de vida, solo rocas, rocas muy grandes.

Como predijimos, toda la nieve había desaparecido, con la excepción de un témpano de hielo largo y estrecho que se extendía por varios miles de metros, desde el extremo más lejano de la cima de la montaña a unos doscientos setenta metros por arriba del lago.

—Bueno —anunció Ellis—. Aquí estamos. ¿Ahora qué?

Apenas eran las 15:00 horas, pero la luz estaba desapareciendo con rapidez a medida que el sol se iba ocultando detrás de los altos picos montañosos.

—Hagamos el campamento para la noche, mañana podemos comenzar a hacer las inmersiones —señalé.

—Encontré un sitio por aquí —dijo Barker—. Podemos colocar ambas tiendas en la misma roca y aún habrá espacio para una hoguera y algunas sillas.

—Bueno, no tendremos que preocuparnos por osos y pumas —dijo Ellis, examinando la ladera a través de la mirilla del Win-Mag .300—. Aquí arriba no hay nada vivo.

—Pronto oscurecerá —indicó Barker—. A trabajar.

En menos de una hora ya habíamos trasladado todo nuestro equipo a la única planicie de la cuenca. Barker tenía razón. El campamento funcionaba a la perfección.

Barker y yo compartimos una tienda, Ellis, Carter y Walker estaban en la otra. Para las 17:00 horas el sol había desaparecido por completo, pero las estrellas iluminaban el cielo nocturno. Algunos cometas atravesaron el horizonte a toda velocidad, justo sobre los picos, aunque la Osa Mayor, que normalmente es la constelación más brillante del firmamento, fue consumida por los cielos a su alrededor. No recuerdo haber visto, en todos los años que pasé con los Equipos, en misiones desde en las junglas de Panamá, pasando por las montañas de Alaska, hasta el medio del Pacífico Sur, una noche en que las estrellas fueran tan brillantes como en ese lugar.

Agrupados y vestidos con chaquetas impermeables y pantalones de lana, nos sentamos alrededor del fuego intentando calentarnos.

—¿De verdad cree que estén ahí abajo en el lago, XO? —preguntó Walker.

—No lo sé, Greg. Quizás lo descubramos mañana —respondí.

—Diablos, sería genial que los encontráramos ¿no creen? —agregó Ellis—. ¿Y si el avión de verdad está ahí abajo, preservado en aguas congeladas, esperando que lo encontremos?

—Con aguas tan claras no nos tomará muchas inmersiones determinar si está ahí —señaló Barker, mientras arrojaba otro trozo de leña al fuego. Habíamos agrupado todo nuestro equipo sobre pequeños arcones de madera y teníamos suficiente leña para mantenernos cómodos durante varias noches.

—¿Se imaginan cómo sucedió el accidente? —dijo Carter—. Es decir, esos chicos estaban en un vuelo de rutina, sin nada de qué preocuparse, y entonces *bang*, algo sale mal: un motor que falla, hielo o alguna otra cosa, y en cuestión de minutos están luchando por sus vidas, intentando mantener este viejo avión en el aire.

—Supongo que el piloto confundió el lago con un pastizal abierto —especulé.

—Sí, debió ser terrible cuando se acercó y se dio cuenta de que no era pasto, sino agua —dijo Barker.

—Esperen un minuto ¿en qué mes ocurrió este accidente? —preguntó Ellis.

—En noviembre de 1948 —respondí.

—Pero en noviembre el lago habría estado congelado ¿no? —continuó Ellis.

Todos nos miramos, sorprendidos de que no se nos hubiera ocurrido eso.

—Sí, seguro que lo estaba —exclamó Carter.

—Entonces… —dijo Barker, esperando que alguien completara la oración.

—Entonces… —salté yo—, si el avión en realidad aterrizó sobre el lago, no pudo detenerse, así que tuvo que derrapar hacia la ladera de la montaña.

—A unos ciento noventa kilómetros por hora —agregó Ellis.

—Sí, pero si ese fuera el caso, habríamos visto restos del avión por toda la ladera y no vimos nada —señaló Barker.

—Me parece que es probable que ni siquiera estemos cerca del siniestro —murmuró Walker—. Yo digo que busquemos un día, y si no encontramos nada, encendamos la radio y le pidamos al piloto del helicóptero que venga por nosotros.

Con la sugerencia de Walker, todos guardamos silencio. Estábamos preparados para permanecer cuatro días buscando los escombros, pero Walker tenía razón. Por ninguna parte se veía un avión. Si no estaba bajo el agua, no estaba aquí.

—Muy bien, chicos, tenemos un largo día por delante. A dormir —ordené.

—Recibido, señor —respondió Barker—. Arrojaré otro trozo de leña al fuego, solo por si Pie Grande está ahí afuera.

Todos nos retiramos a nuestras tiendas, nos metimos a las bolsas de dormir y en cuestión de minutos ya solo se escuchaba el sonido crepitante de la fogata y los ronquidos de hombres cansados.

Mientras daba vueltas en la bolsa, no pude evitar pensar en el destino de esos tripulantes perdidos. Tenía la esperanza de que pudiéramos encontrar algunas respuestas por la mañana. Pero aún faltaba mucho para el amanecer.

Estaba temblando sin control. Jalé la tela de la bolsa de dormir para pegarla a mi cuerpo tanto como fuera posible intentando calentarme, pero no lo lograba. Habíamos subestimado cuánto bajaría la temperatura durante la noche y era evidente que mi bolsa no tenía la calidad adecuada para este clima.

Cuando me di vuelta a la izquierda para tomar mi chaqueta de repuesto, noté que algo faltaba.

Barker.

Abrí los ojos y esperé un minuto a que se acostumbraran a la oscuridad. Las sombras de la fogata se agitaron contra la tienda y percibí vagamente una silueta cerca de las llamas.

Salí de mi bolsa con dificultad, me puse la chaqueta impermeable, bajé el cierre de la tienda y salí al implacable aire frío nocturno del exterior.

—¿Estás bien, Geoff? —pregunté.

Sin siquiera voltear a mirarme, murmuró:

—Estoy bien.

Miré alrededor en busca de alguna cantimplora con whisky que Barker hubiera metido de contrabando al campamento. Era un hombre duro y orgulloso, pero el licor siempre lo había atormentado. Un año antes, luego de muchos incidentes menores, había decidido abstenerse. Desde entonces no había bebido un solo trago de alcohol. O al menos eso pensaba yo.

Tomé uno de los banquitos y me senté a su lado, intentando percibir algún olor a licor.

—No estoy bebiendo, si es eso lo que piensa, XO.

Arrojé otro trozo de leña al fuego.

—Entonces ¿qué diablos haces aquí afuera? Está helando.

—No podía dormir, es todo —dijo Barker.

—No suenas muy convincente, Geoff. ¿Qué pasa?

—Nada —gritó—. ¡No pasa nada!

—Muy bien —dije—. Sé que no saliste a calentarte porque, ciertamente, afuera de la tienda no hace más calor que adentro.

—Incluso junto al fuego, el aire era delgado y fresco, y cualquier brisa ligera arrastraba el aire helado de los bancos de arena que estaban asentados justo sobre nuestro campamento.

—Estoy bien —dijo de nuevo—. Estoy bien.

Le di una palmada en la espalda y me levanté. A veces solo debes dejar que un hombre lidie con sus propios demonios. Luego de una última ola de calor del fuego, volví a la tienda y me arrojé a la bolsa de dormir tan pronto como pude. Pasé el resto de la noche luchando contra el frío y una vejiga llena. Faltaban tres horas para el amanecer, pero a mí me urgía que la mañana llegara lo más pronto posible.

Mi reloj marcaba las 06:25, pero tenía la certeza de que los otros chicos ya estaban despiertos y andaban por ahí. Me vestí rápidamente y salí. El paisaje y la altitud me robaron el aliento.

El cielo casi no tenía nubes y los colores vibrantes de la naturaleza dibujaban una línea distintiva entre las montañas de tonos terrestres, el agua azul marino, la cegadora nieve blanca y las copas verdes de los árboles en los valles a kilómetros de distancia.

Barker estaba en donde lo dejé varias horas antes. Nunca volvió a meterse a la tienda. Al otro lado de la fogata estaban Carter y Walker. Ellis estaba abajo, echando un vistazo al lago. Los tres hombres parecían preocupados y callados.

Me estiré para tomar la cafetera REI y llené la taza de mi termo.

—¿Qué hay para comer? —pregunté, a sabiendas de que todo lo que teníamos eran raciones-C. Ninguno quitó siquiera la mirada del fuego.

Acerqué un banquito, tomé una tabla de los arcones y aticé el fuego.

—¿Listos para bucear?

Nadie respondió.

—Geoff ¿está listo el equipo? —pregunté.

—Sí, señor —respondió Barker, luchando por sonar motivado.

—Muy bien —dije, y luego le di un trago a mi café—. ¿Qué pasa con ustedes, chicos?

Los tres hombres intercambiaron miradas, pero ninguno habló.

—Vamos —insistí con amabilidad—. ¿Qué está pasando?

Me di cuenta de que ni Barker ni Walker hablarían. Pero Carter solo estaba esperando la oportunidad para decir algo.

—Chuck, dime qué pasa.

Carter miró a los otros hombres, echó un vistazo por el campamento, como si alguien más nos escuchara, y entonces les preguntó a Barker y a Walker:

—¿Ustedes lo vieron?

—¿Ver qué? —dijo Barker, elevando la voz.

—Yo lo vi —respondió Walker.

—¿Qué vieron? —pregunté. Carter dudó por unos segundos y entonces me incliné hacia la fogata como si fuera a escuchar un secreto escolar—. ¿Sí…?

—Anoche había alguien afuera de nuestra tienda —dijo Carter—. Estuvo caminando por el campamento.

Examiné la expresión en el rostro de cada hombre. No había titubeo en sus ojos, ni sonrisas furtivas en sus labios, en sus rostros solo se percibía tensión y perplejidad.

—Era Geoff —dije, riendo. Miré a Barker para obtener confirmación, pero él permaneció estoico.

—No fui yo —dijo Barker con un matiz en su voz.

—Claro que sí —repetí.

—No, no era yo —dijo Barker con voz casi inaudible—. Por eso yo me levanté y salí, porque vi a un hombre caminar por el campamento. Pensé que era Pat, pero cuando le llamé no respondió.

Miré a Walker y a Carter.

—Ninguno de nosotros salió de la tienda por la noche —dijo Carter. Walker asintió.

—Es verdad, estaba ahí —agregó Carter—. Medía más de un metro ochenta y era algo gordo. Rodeó la tienda un par de veces y se detuvo en ocasiones, como para asomarse.

Walker intervino.

—Cuando le hablé y no contestó, abrí la tienda y salí, pero no había nadie.

—Geoff mide como uno ochenta y es algo gordo —rebatí.

—Sí, señor. Pero ni siquiera él puede caminar en el aire.

—¿En el aire? —pregunté.

Carter se levantó y con un ademán me indicó que viera el flanco de su tienda.

La roca sobre la que estaba nuestro campamento tenía unos tres metros y medio de diámetro, y el extremo posterior de la tienda que Ellis, Walker y Carter compartían estaba en donde terminaba la roca, de modo que ahí no había espacio en donde pisar, pues a partir de allí solo había una caída vertical hacia el siguiente piso.

—Le dije que caminó alrededor de *toda* la tienda —dijo Carter.

—Puede que sea un poquito difícil para un hombre del tamaño de Geoff andar de puntitas por ahí —dijo Walker, apuntando al extremo posterior de la tienda.

Me acerqué para ver si yo podía caminar alrededor de la tienda, pero era evidente que en la parte de atrás no había espacio para que nadie pudiera caminar con facilidad.

—¿Chicos, están tratando de decirme que vieron un fantasma? ¿Es eso?

—Mire, xo —intervino Barker—. Sé que suena loco, cuando bebía mucho pudo haber tenido sentido, pues en esa época solía tener alucinaciones, escuchar voces y creer cosas que no eran verdad, pero anoche no bebí y sé que vi algo.

Carter y Walker asintieron.

—Y hay algo más —dijo Barker.

—¿Qué más hay?

—El avión está aquí. En este cráter —indicó Barker—. No está en el lago.

—¿El hombre que anduvo caminando por el campamento te lo dijo? —le pregunté, esperando que me respondiera con una carcajada.

Geoff no se rio.

En los años que estuve en la Marina fui testigo de muchos sucesos inexplicables, por lo que aprendí a confiar en mis instintos y, con frecuencia, en las cosas que sentían quienes me rodeaban. Para mí era evidente que Barker, Walker y Carter habían visto, escuchado y sentido algo que en sus corazones creían que era verdad. Si bien yo no vi ni escuché ni sentí nada durante la noche, eso no significaba que el evento no ocurrió.

—Muy bien, chicos —dije, mirando el témpano de hielo en las alturas de la ladera—. Tomen los piolets y las cuerdas, vamos a encontrar un avión.

Las enormes rocas que cubrían la montaña hicieron que el avance desde nuestro campamento base hasta el témpano de hielo fuera muy lento. Además, Barker, Ellis, Carter y yo llevábamos el peso extra de cuerdas para escalar, crampones, piolets para hielo y luces. Luego de más o menos cuarenta y cinco minutos llegamos a la base del hielo. El pie del témpano medía unos cuarenta y cinco metros y terminaba de forma abrupta, sin la curvatura gradual e inclinada que caracteriza a este tipo de formaciones.

Desde nuestra posición privilegiada en el lado oeste de la montaña podíamos ver toda la cuenca. La cascada que caía desde el lago hacia el valle más abajo lucía todavía más dramática. Si bien era difícil determinar la longitud de la caída, el volumen de agua que se desbordaba por ahí hacía que me preocupara de que cualquier inmersión en el lago fuera más peligrosa de lo que había previsto. La corriente a esa profundidad podía arrastrar a un hombre con rapidez. Hice una nota mental del problema.

Sobre nosotros, las montañas se elevaban muy escarpadas. No había una ruta fácil hacia la cima. Alcanzar el pico tomaría muchas horas, incluso para un escalador experimentado. Y con el equipo que habíamos traído apenas podríamos llegar a la mitad del témpano.

Barker dio unos golpes en el lado externo del témpano con su piolet para hielo. Parecía sólido, pero cada vez que lo golpeaba, producía un sonido diferente.

—Casi suena hueco —dijo Barker, intentando mirar a través del hielo.

—Si estuviera hueco, el peso del hielo por sí mismo lo haría colapsar —señaló Ellis.

Barker se quitó los guantes para sujetarse mejor y comenzó a golpear con toda su fuerza con el piolet, enfocándose en un pequeño punto en el extremo del témpano. Casi enseguida todos empezamos a hacer lo mismo.

A medida que avanzábamos en la excavación, el color del hielo en nuestro punto de entrada iba cambiando. Se volvía más oscuro, ya no solo reflejaba la luz solar exterior, sino la ausencia de luz desde adentro.

De pronto, el piolet de Barker atravesó una delgada capa de hielo.

—Está hueco —dijo, luchando por extraer su hacha.

En menos de treinta minutos creamos una entrada lo suficientemente grande para que pasara un cuerpo. Metí la linterna en el agujero y vi que el témpano había creado un arco que se extendía por varios metros, pero desde afuera del hielo era difícil ver mucho más. Barker se puso un arnés para escalar, ajustó la cuerda en su mosquetón, tomó la linterna y comenzó a meterse en el agujero.

—Geoff, no estoy seguro de esto —dije—. No sé qué tan estable es esta formación. Si el hielo colapsa, será muy difícil sacarte. No quiero que hagas nada estúpido.

Barker me miró con la confianza de un hombre que ya ha estado en estas situaciones.

—Estaré bien, xo.

Asentí.

—Muy bien. Entonces, andando. —Ellis tensó la cuerda y yo me quedé cerca del agujero para hablar con Barker mientras avanzaba hacia adentro—. ¿Todo bien? —grité en cuanto desapareció de mi vista.

—Bien —llegó el eco de la respuesta.

Observé cómo la cuerda se alejaba más y más. Barker estaba a casi cuarenta y cinco metros dentro de la caverna, cuando de pronto la cuerda se tensó de un tirón.

Barker comenzó a gritar, pero no se entendía lo que decía. Tomé la linterna y entré en la abertura, me enganché en la cuerda y comencé a avanzar en su dirección.

Las rocas dentro de la caverna eran más pequeñas, pero aún dificultaban el movimiento. El hielo en el techo se estaba derritiendo y noté que ciertas áreas del témpano eran más gruesas que otras. Mi corazón latía acelerado debido a la altitud y la adrenalina.

Al final del haz de luz vi que Barker bajaba por la pendiente en mi dirección. Nos encontramos a medio camino. La expresión en su rostro lo decía todo.

Dirigió su linterna montaña arriba: ahí, hecho mil pedazos, estaba un avión P2V2 de 1948 de la Marina.

—Mierda. —Sonreí—. ¡Mira eso!

El haz de la linterna se reflejaba en el hielo y dejaba ver la silueta de la aeronave. Parecía que había aterrizado intacta y se había pulverizado a lo largo de los años debido a las toneladas de hielo derretido que caían desde el techo de la caverna.

—Parece que nuestro visitante de media noche tenía razón después de todo —dijo Barker.

—¿Cómo dices?

—Nada, señor.

Comencé a escuchar los gritos de Ellis tratando de averiguar si estábamos bien. Le respondí con voz tranquila, a sabiendas de que no entendería mis palabras, pero no se movería de la entrada hasta que percibiera pánico y sintiera varios tirones en la cuerda.

Barker y yo volvimos a subir por la montaña hasta los escombros. Caminé hasta el estribor del avión y él llegó a babor. Había piezas de metal por todas partes, pero en un patrón reconocible. La sección de cola y la parte trasera del fuselaje no eran más que fragmentos, ninguno más grande que mi puño.

De pronto, un trozo enorme de hielo cayó desde el techo y se estrelló en la sección media de la aeronave. Levanté la vista y vi que el agua comenzaba a caer en cascada desde la parte superior del techo hacia los costados. La caverna se estaba derritiendo más rápidamente de lo que pensaba.

En cuanto nos acercamos a la sección de alas, Barker llamó mi atención.

—Señor, por aquí.

Se agachó y sacó un trozo grande de cuero de entre los escombros. Ahí, en el revés del desgastado cuero café, había un parche circular: el emblema del escuadrón, aún intacto después de tantos años.

—Es de la chaqueta de vuelo de uno de los tripulantes —dijo en tono sombrío.

Asentí, consciente de que era probable que el tripulante tuviera puesta esa chaqueta en el momento del impacto.

—¿Hay señales de los restos? —pregunté.

Barker buscó entre las rocas y los escombros pero no encontró nada. Continuamos subiendo por toda la longitud del fuselaje.

—Ey, mira —dijo Barker emocionado—. ¡Es una calibre .50!

Empujó una pesada roca a un lado y levantó el barril de una ametralladora calibre .50, pero la sección del cargador del arma aún estaba enterrada bajo más escombros. Me abrí paso hasta la sección central del avión, me uní a Barker y sacamos el resto de la ametralladora de debajo de los escombros. El arma estaba casi intacta. El cañón se había doblado un poco, pero todo lo demás parecía estar en buen estado.

—Increíble —dijo Barker—. Todo el avión está despedazado, pero la calibre .50 sobrevivió.

Cuando volví a poner la culata del arma en el piso, noté un pequeño trozo de hueso traslúcido. No soy ningún experto, pero parecía ser parte de una mano. Cavé más y encontré otro fragmento, y Barker, quien también buscaba, levantó un tercer fragmento.

Para entonces estábamos empapados y temblando de frío por el hielo derretido.

—Ey, jefe —dijo Barker—. Creo que es hora de que salgamos antes de que nos unamos a la tripulación de este avión... permanentemente.

Reunimos la chaqueta y los huesos y volvimos a bajar hasta la entrada de la caverna. Salimos por el agujero hasta la brillante luz del sol.

—¿Y bien? —preguntó Ellis mientras enrollaba la cuerda alrededor de su hombro.

—Está ahí —respondió Barker.

—¡Maldición! —gritó Carter.

—¡Lo sabía! —proclamó Ellis—. Dame el arnés. ¡Tengo que verlo!

—No volveremos a entrar hasta tener un buen plan. Es demasiado peligroso en este momento —dije—. Geoff, tú y Pat vean si podemos entrar a la caverna desde una lateral. Por arriba, cerca de la sección de alas. Si podemos entrar desde ese ángulo, reduciremos la distancia entre el siniestro y nuestro escape si algo sale mal.

—Recibido, señor —confirmó Barker.

—¿Tiene que informar esto, XO? —preguntó Carter.

—Todavía no, Chuck. Dejemos pasar un día antes de avisar por radio que lo encontramos.

Durante la noche del día siguiente llegaron otros oficiales navales del Pentágono y Hawái para ayudarnos a identificar los restos, si es que los encontrábamos. También llegaron a Tofino algunos familiares de los tripulantes. Durante una de nuestras reuniones de coordinación previas a la misión accedí, ingenuamente, a llamar por radio a Tofino si encontrábamos algo en el sitio, y a permitir que los familiares que fueran aptos se nos unieran para darle el último adiós a su ser querido. Pero asumí que, si encontrábamos el avión, estaría bajo el agua y la mayoría de los adultos mayores no querría hacer el viaje solo para mirar un pintoresco lago, incluso si sus familiares estaban enterrados en él.

Pero, en definitiva, ahora que el lugar del siniestro era accesible, algunos de los hombres más aventureros querrían venir a ver los restos.

Durante el curso de los siguientes días, con la ayuda de un pequeño equipo de recuperación de la Marina, continuamos buscando entre los escombros, pero no quedaba mucho del avión. Rescatamos otra ametralladora y algunos otros fragmentos de hueso, pero la caverna se volvía más inestable cada día. Finalmente, decidí dar por terminada la búsqueda y llamé por radio a Tofino para avisar que habíamos encontrado el avión y que cualquier familiar que quisiera unírsenos era bienvenido.

Para el mediodía había ocho personas más en tierra, incluyendo a Ray Swentek, el hermano del navegante Edward Swentek. Encontrar el avión y recuperar los cuerpos se había convertido en una misión de vida para Ray. Sin sus esfuerzos nada de esto habría ocurrido. Fue él quien se acercó a la Marina para solicitar que los SEAL realizaran la búsqueda. Permití que él y varios miembros de las otras familias miraran los escombros. Les colocamos cuerdas y los escoltamos para que estuvieran seguros.

Mientras Ray Swentek caminaba por toda la longitud del avión, me percaté del dolor en sus ojos. Esta carcaza de metal congelado, retorcido y aplastado hasta el grado de quedar irreconocible, era el lugar en donde descansaba el hermano que idolatraba cuando niño. En algún lugar de la cabina, ahora pulverizada por el hielo y las rocas, su hermano quedaría enterrado por toda la eternidad.

Miré a Swentek registrar despacio el área alrededor de la cabina, buscando deliberadamente entre los escombros.

—Tenía la esperanza de encontrarlo —dijo.

—¿Encontrar qué?

—Su anillo de la Marina. No se lo quitaba ni para volar.

Sabía que sería imposible encontrarlo, pero me arrodillé y comencé a buscar entre lo que quedaba de la cabina.

No lo encontramos, y como el hielo se estaba empezando a derretir con mayor rapidez, ordené que todos salieran de la caverna.

Más tarde ese día, reunimos a todos los familiares y llevamos a cabo un pequeño servicio funerario cerca de nuestro campamento. Enterramos la mitad de los fragmentos de hueso bajo una cruz rudimentaria y llevamos la otra mitad a Arlington con el fin de rendirles todos los honores militares que se realizan para nuestros caídos.

Cuando estábamos reunidos alrededor de la cruz, pensé que esa sería la última vez que cualquier persona se aventuraría a venir hasta este lugar. La mayoría de los tripulantes que perecieron esa noche tenían familias, hijos que, si bien crecieron fuertes sin sus padres, solo los conocieron gracias a algunas fotos en blanco y negro.

Inclinamos la cabeza y yo recé:

—Querido padre celestial, sabemos que estos hombres están contigo en el paraíso. Les damos gracias por su servicio en este mundo y rezamos para que sigas bendiciendo a sus familias y a sus seres queridos. Te agradecemos por guiarnos con tu mano hasta este sitio y por permitirnos regresar a estos hombres a casa, donde podrán descansar en paz entre otros que pagaron el mismo precio. Que Dios los bendiga a todos.

—Amén —respondieron los presentes.

Por un breve momento brotaron las lágrimas y las cabezas permanecieron inclinadas.

Miré la tumba y vi a Barker con la mirada perdida en la distancia. Tenía la cabeza totalmente girada a la derecha y la boca abierta. A su lado estaba Ellis, quien, con los ojos bien abiertos y en silencio, le estaba señalando algo a Carter.

Me di la vuelta y vi en dirección al témpano de hielo, y ahí, muy alto sobre el pico, un solitario objeto brillante destelló en el cielo.

—Luce como una bengala —dijo Swentek.

«Sí, luce como una bengala», pensé. De hecho, lucía como una bengala de paracaídas de estilo militar, con un brillo blanco, casi plateado, estaba suspendida en el aire, posiblemente atrapada en una corriente ascendente a un costado de la montaña.

De pronto se encendió otra bengala en el cielo, y luego otra y luego otra y luego otra. Mientras mirábamos en silencio, todo el risco se llenó de orbes de luz blanca que flotaban justo arriba de la cima de la montaña.

—Jefe —tartamudeó Walker—. ¿Cuántas bengalas ve ahí arriba?

Comencé a contar, pero sabía la respuesta incluso antes de hacerlo.

—Hay nueve —dijo Carter.

Los orbes flotaron por más de quince minutos y después, repentinamente, se elevaron una a una al cielo hasta que todas desaparecieron.

En silencio, empacamos el resto de nuestro equipo mientras los familiares eran trasladados de vuelta a Tofino. Cuando el sol comenzó a ocultarse detrás de la cima de la montaña, abordé el helicóptero para emprender uno de los últimos viajes de salida. Mientras me ajustaba los auriculares, escuché al piloto decir por el intercomunicador.

—Todos están hablando de ustedes en Tofino, comandante. La gente llevaba años buscando ese avión. Quizás nuestra suerte cambie ahora que las almas perdidas encontraron su camino al paraíso.

Ajusté el volumen de mis audífonos y, de manera inconsciente, me incliné para ver al piloto a los ojos.

—¿Qué dijo?

El piloto sonrió.

—Mis ancestros creen que los restos de los muertos deben ser vistos en el paraíso para que sus almas puedan ser guiadas por el gran domo.

Revisó su brújula y echó un vistazo alrededor para asegurarse de que habíamos salido de las montañas.

—La leyenda dice que el cielo es un gran domo y que en él hay un agujero por el cual los espíritus pueden pasar para llegar al paraíso. También dice que los espíritus que ya viven ahí encienden antorchas para guiarlos. —El piloto agitó la cabeza en mi dirección y se rio—. Solo es folclor indio, pero estoy seguro de que algunos lugareños les invitarán algunas cervezas a sus chicos cuando lleguemos alllá.

Sentado en el helicóptero miré cómo el témpano de hielo desaparecía en la distancia, con el golpear de los rotores marcando nuestro avance de vuelta a Tofino.

Miré al cielo, sonreí y di un saludo militar. La tripulación por fin estaba en casa.

CAPÍTULO OCHO

PIRATAS ESTADOUNIDENSES

A bordo del barco anfibio USS *Ogden*, océano Índico
Octubre de 1990

¡Fuego!

¡Whuum! La bala de cinco pulgadas salió con un estallido por el cañón del destructor, la ola de la conmoción avanzó por la corta extensión de océano y alcanzó a sacudir a los que estábamos cerca del USS *Ogden*. Una columna de agua explotó a dieciocho metros frente al petrolero iraquí *Amuriyah*, pero este siguió avanzando.

—¡Fuego!

Otra ronda salió del cañón a velocidad vertiginosa, el humo pasó por el flanco a babor del destructor y la bala impactó a otros dieciocho metros del petrolero. En el intercomunicador de puente a puente escuché al capitán del *Amuriyah* gritando obscenidades contra Brewton, el oficial que estaba comandando al destructor australiano. Incluso dichas en árabe, las groserías suenan igual.

—¡Fuego!

La tercera ronda voló justo sobre la proa del *Amuriyah*. El capitán, apenas visible en el puente de la nave, giró con fuerza el timón a babor y el enorme barco cisterna de casi trescientos metros avanzó pesadamente, se estaba acercando a la fuerza de tarea estadounidense.

—Listos para la calibre .50.

—¡Fuego, fuego, fuego! —El tirador de la ametralladora calibre .50 del destructor abrió fuego con una ráfaga corta, y estuvo a punto de darle a la pequeña bandera iraquí que ondeaba en la columna de sujeción más adelantada.

—¡Alto! ¡Están locos! ¡No pueden hacer esto! —suplicó el capitán con un inglés deficiente.

—*Amuriyah*, este es el buque de guerra *Ogden* de Estados Unidos. Repito, con base en la Resolución 665 de las Naciones Unidas, se les ordena detenerse para ser abordados. —El tono era firme y bien medido.

—¡Nunca, nunca, nunca! Son piratas ¡no pueden abordar mi barco!

En el horizonte vi que una pequeña figura se aproximaba a toda velocidad. Era un jet F-14 que estaba atravesando el agua, a apenas 15 metros por arriba de la cubierta.

—¡Alto al fuego! —llegó la orden desde el destructor.

El F-14 iba levantando el agua tras de sí y aceleró en cuanto se aproximó al petrolero. Los tripulantes del *Amuriyah* vieron al avión y se acercaron a las barandas, listos para saltar por la borda de ser necesario.

El jet pasó volando justo entre el *Amuriyah* y el uss *Ogden* con tal velocidad que el estruendo de los motores me hizo caer de rodillas. La tripulación del *Ogden*, alineada en las barandillas, rugió con aprobación. Era una impresionante demostración de poder militar, pero aun así, el tanquero permaneció desafiante y continuó avanzando.

De nuevo, se escuchó una orden por el altavoz.

—Comandante McRaven ¡prepárese para abordar la embarcación!

Esa era mi señal. Habíamos pasado los últimos dieciocho meses preparándonos para esto. Era hora del espectáculo.

Cinco meses atrás había dejado a mi esposa, Georgeann, y a mis dos hijos, Bill y John, en el muelle de San Diego, cuando el USS *Okinawa* zarpó para un despliegue rutinario de seis meses al oeste del Pacífico. Hay pocas cosas más angustiantes que ver cómo tu familia desaparece poco a poco en la distancia a medida que tu barco se aleja del puerto. Si bien amaba ser un SEAL, para mí no había nada en el mundo que fuera más importante que mi familia. Mis chicos estaban en esa edad en la que éramos compañeros constantes. Rara vez me perdía un juego de basquetbol o beisbol juvenil, y amábamos pasar tiempo en las aguas de San Diego. Además, antes de mi partida Georgeann y yo estábamos emocionados porque estaba embarazada, lo que dificultó todavía más la despedida. Nuestro único consuelo era que sabíamos que estaría en casa a tiempo para el parto.

A los dos meses recibimos noticias de que Sadam Huseín había invadido Kuwait. El presidente Bush ordenó el comienzo de la Operación Escudo del Desierto para reunir a las fuerzas estadounidenses con el fin de liberar Kuwait y defender Arabia Saudita. El USS *Okinawa*, que era el buque líder del Escuadrón Anfibio Cinco (Phibronfive), recibió órdenes de proceder al océano Índico y aguardar más instrucciones. Partimos de la bahía de Súbic, en Filipinas, y luego de una breve escala en Hong Kong, navegamos por el estrecho de Malaca hasta que por fin llegamos a Modloc (un acrónimo naval que significa «ubicación modificada», es decir, navegar en círculos, a las afueras del extremo sur de India, a la espera de la siguiente orden).

Además del *Okinawa* había otros tres buques en el escuadrón: el USS *Fuerte McHenry*, el USS *Ogden*, el USS *Cayuga* y el USS *Durham*, los cuales, junto con la 13ª Unidad Expedicionaria Marina / Operaciones Especiales (MEU / SOC), conformaban al Equipo ARG (Grupo Anfibio) / MEU.

El comodoro del escuadrón era un carismático capitán de la Marina llamado Mike Coumatos. Él había piloteado helicópteros Huey en Vietnam y tenía esa arrogancia clásica de los pilotos de combate. Era de baja estatura, tenía un bigote grande y poblado, y una inteligencia de miedo. Además era muy profesional y tenía la veta de audacia de un apostador. Me llevé muy bien con él desde el principio. Él confiaba en mi juicio y yo confiaba en su liderazgo de manera implícita.

El comandante MEU / SOC, el coronel John Rhodes, también era un piloto de helicóptero de la era de Vietnam con dos Estrellas de Plata y cuatro Cruces de Vuelo Distinguido que demostraban su valentía. Rhodes era de la vieja escuela: estaba en excelente condición física, era disciplinado y tenía una vocación por la perfección que hacía de su MEU una de las mejores que había visto. Era duro con su personal y con sus marines, pero ellos reflejaban su estilo en todo lo que hacían. Era un magnífico equipo de los Cuerpos de Marines que pertenecían a la Marina.

Como el comandante de mayor rango de la Unidad de Tareas de Tácticas Especiales Navales y oficial de operaciones especiales, a menudo se me asignaba comandar todos los elementos relativos a las operaciones especiales o similares a ellas. Esto incluía un elemento de Fuerzas de Reconocimiento de Marines experimentado, el pelotón SEAL de la Marina y, en ocasiones, la compañía de asalto en bote de marines, el Batallón de Reconocimiento Radial y un Pelotón de Eliminación de Artefactos Explosivos de la Marina. Todos nos conocíamos bien después de pasar un periodo de nueve meses preparándonos para el predespliegue antes de partir de San Diego.

Mientras íbamos de camino a Modloc, el ARG/MEU sufrió una terrible tragedia, en la cual murieron los ocho hombres que iban a bordo de dos helicópteros Huey UH-1N que colisionaron durante operaciones nocturnas. El hecho fue un crudo recordatorio de que no existen las operaciones normales cuando se está en el mar. Bajo el fuerte liderazgo de Coumatos y Rhodes, buscamos a los caídos durante cuarenta y ocho horas, luego les rendimos homenaje y continuamos con la misión. Yo ya había presenciado pérdidas, pero nunca era fácil. Algunos de los marines tenían familias en casa, hijos pequeños como los míos. Cada vez que pasaba frente a los camarotes vacíos de los marines recordaba lo frágil que es la vida y lo afortunado que era por haber conocido a hombres tan valerosos.

La Modloc a las afueras de India fue cansada. No había una sola nube en el cielo, no había viento, no había tierra hasta donde los ojos alcanzaban a ver, y el sol abrasador calentaba las cubiertas de acero a tal grado que solo podíamos realizar operaciones de vuelo temprano por la mañana y durante la noche. No teníamos televisión, el correo tardaba treinta días en llegar y el único modo de enterarnos de lo que ocurría en el mundo era mediante el teletipo del barco. Todos los días esperábamos ansiosamente las noticias de la guerra inminente. Le habían advertido a Sadam Huseín: "Salgan de Kuwait o los obligaremos a salir". Las Naciones Unidas emitieron las Resoluciones 661 y 665, que autorizaban un bloqueo naval para detener cualquier embarcación que llevara apoyo económico a los iraquíes.

En octubre, un buque de carga iraquí que salía del golfo Arábigo recibió órdenes de la Marina de Estados Unidos de detenerse. Desafortunadamente, dos destructores de la Marina no pudieron evitar que saliera del golfo. Los destructores se comunicaron con la embarcación y le exigieron al capitán de la nave que permitiera que una partida de abordaje embarcara. Luego de algunos intercambios verbales y ademanes inapropiados, el capitán continuó avanzando. Los destructores dispararon sus armas automáticas calibre .50 sobre la proa del barco iraquí, pero este no se detuvo. Finalmente, los buques de guerra intentaron cortarle el paso persiguiéndola a gran velocidad, apenas pudieron evitar una colisión, pero no tuvieron éxito. El capitán de la nave iraquí estaba determinado a continuar y solo había una manera de detenerlo sin hundirlo, y esta era abordarlo estando en marcha. Y los únicos que podían hacer el abordaje en marcha en las cercanías del golfo eran los integrantes del Escuadrón Anfibio Cinco y la 13ª MEU/SOC. Pero aún estábamos a siete días de distancia. En una pequeña victoria para Sadam Huseín, el buque de carga iraquí escapó del golfo Pérsico, la Marina rompió el contacto con él y le permitió seguir su ruta.

Esa noche el general Colin Powell, el director del Alto Mando, ordenó al comandante de la 5ª Flota que la Phibronfive avanzara de inmediato al norte del golfo Pérsico y se preparara para interceptar a cualquier otra embarcación iraquí que intentara escapar del bloqueo.

Dejamos la Modloc en el océano Índico y con velocidad de aproximación rutinaria (SOA) avanzamos hacia el norte del golfo Pérsico. A dos días de nuestro viaje llegó otro mensaje por el teletipo. La inteligencia reveló que Sadam Huseín en persona le había transmitido al capitán del supertanquero iraquí, *Amuriyah*, el mensaje de que en ninguna circunstancia debía detenerse por el bloqueo de los estadounidenses. El barco cisterna estaba cerca de un puerto en la ciudad de Adén, Yemen, a unos días de navegación del golfo Pérsico. Para que el Grupo Anfibio interceptara el tanquero antes de que llegara al estrecho de Ormuz, nosotros debíamos actuar a toda velocidad, y así lo hicimos.

Al siguiente día recibimos inteligencia adicional que causó cierto revuelo a bordo del *Okinawa*. Supuestamente el *Amuriyah* transportaba «algo» de gran valor para Sadam. Ese «algo» misterioso había asustado a los analistas. Las especulaciones iban desde armas químicas hasta un pequeño dispositivo nuclear. Si bien parecía improbable, de cualquier forma incrementó la ansiedad de todos los integrantes del Grupo Anfibio.

Estaba sentado frente al escritorio plegable en mi camarote cuando escuché un leve golpe en la puerta.

—¡Adelante! — No entró nadie—. ¡Adelante! —grité de nuevo.

La puerta de mi camarote se abrió lentamente y un joven suboficial se asomó a la habitación.

—¿Comandante McRaven?

—Sí. ¿Puedo ayudarle en algo?

—Sí, señor. El comodoro quiere verlo en su camarote.

—¿Ahora?

—Sí, señor. Ahora.

Vestido en mi uniforme caqui de trabajo, tomé mi libreta y me dirigí a la puerta de la oficina del comodoro. Coumatos había sido mi jefe durante más de un año y me había integrado a su equipo. Como el SEAL en jefe a bordo del *Okinawa*, tenía la doble función de oficial de personal con el personal del escuadrón y de comandante de la Unidad de Tareas de Tácticas Especiales Navales. Como miembro del personal había pasado casi todos los últimos ocho meses viviendo a bordo del *Okinawa*, lo cual yo disfrutaba mucho, a diferencia de la mayoría de los SEAL que odiaban pasar tiempo a bordo de barcos.

La vida a bordo de un barco de la Marina no había cambiado mucho en cincuenta años. La tecnología había cambiado, pero igual que en los barcos de la Segunda Guerra Mundial, todos vivían en espacios muy reducidos, comían juntos, trabajaban juntos y luchaban juntos. Ahí se encontraban todas las dinámicas humanas de gente abarrotada en un casco de acero, pero ahí es donde la disciplina naval y un estilo de vida minimalista son cruciales para tener una tripulación bien aceitada. Los marinos dormían en literas de tres o cuatro niveles. El único espacio para artículos personales era debajo de tu colchón o en un pequeño casillero. Los camarotes de los oficiales por lo general alojaban a cuatro hombres por habitación, excepto los de los oficiales de mayor rango, que solo eran ocupados por dos. Las literas se tendían cada mañana y los lavabos debían limpiarse despúés de cada uso. Las duchas duraban tres minutos, no más. Debías llegar a tu turno de guardia quince minutos antes del cambio, si llegabas catorce minutos antes, ya era un retardo. Se pulía el latón de toda la nave para prevenir la corrosión, se fregaban los pasillos, y cada semana se removía la pintura vieja y se aplicaban capas nuevas. Nada quedaba sin atender. Hasta el último minuto de tu día estaba planeado. Incluso se calendarizaba tu tiempo libre. A veces el rigor era cansado, pero también era seguro y predecible, e inexplicablemente reconfortante.

—Entre —gritó Coumatos desde el otro lado de la puerta.

En comparación con el resto de los oficiales, el comodoro vivía bien: tenía un camarote grande con su propia ducha para una sola persona. Había una pequeña mesa de conferencias en un área de estar que cumplía una doble función, ya que también se usaba como mesa para comer. Recuerdo que envidié al comodoro hasta que, años después, yo mismo me volví comandante. Entonces comprendí el significado del viejo adagio que dice que «Se está solo en la cima».

Para mi sorpresa, el comandante de la MEU, el coronel John Rhodes, también estaba en la habitación. Los dos hombres estaban reunidos alrededor de la mesa de conferencias mirando una fotografía cenital del *Amuriyah*.

El barco medía doscientos setenta y cuatro metros de longitud, con un francobordo (la distancia desde el agua hasta la primera cubierta) de veintiún metros. Su flotación en el agua era alta, por lo que era probable que no estuviera transportando petróleo. La cubierta del petrolero era un laberinto de enormes tuberías que surgían de la timonera y casi llegaban a la proa. Solo había unos cuantos espacios abiertos en el laberinto y eran bastante pequeños.

Coumatos me indicó con un ademán que me acercara a la mesa.

—¿Ya viste esto?

—Sí, señor. Lo he estudiado todo el día —respondí.

—¿Qué piensas al respecto? —preguntó Rhodes.

—Bueno, señor, es muy simple. —Saqué una pluma y comencé a trazar un plan inicial—. Posicionamos dos Huey con francotiradores a babor y estribor del *Amuriyah*. Una vez que recibamos luz verde de los francotiradores llevamos a la fuerza de asalto a bordo del CH-46. —Marqué con un círculo un punto de la fotografía—. El 46 sobrevuela de una nave a la otra, entre la timonera y la proa. Hacemos un descenso con cuerda rápida de quince metros sobre la cubierta. Los hombres se consolidan y luego se dividen en dos equipos. Un elemento asalta el cuarto de máquinas para detener la embarcación, mientras el otro asalta el puente para tomar el control. Una vez que tengamos el control de la nave, hacemos abordar a la tripulación y llevamos la embarcación a donde usted quiera.

Rhodes asintió. Coumatos preguntó:

—¿Y si atestan la cubierta con escombros?

—Hay un punto a la derecha de la proa al que podemos movernos, pero necesitaríamos tener tiempo suficiente para tomar esa decisión. Sabremos antes de abordar la nave si el punto primario está obstruido. Si intentan detenernos mientras abordamos, los francotiradores tendrán que mantenerlos alejados.

—¿A quién llevarás como elemento de asalto? —preguntó Rhodes.

La pregunta de Rhodes era más que táctica. Yo era un SEAL, y era probable que se preguntara si llevaría a los SEAL en lugar de a la Fuerza de Reconocimiento de Marines. Pero la mejor unidad para la misión eran los marines, pues tenían un entrenamiento excepcionalmente bueno en combate en espacios cerrados, el tipo de habilidades que necesitaríamos para esa operación.

—Señor, llevaré a la Fuerza de Reconocimiento como elemento de asalto y los SEAL estarán en un segundo 46 como Fuerza de Reacción Rápida.

Los dos oficiales en jefe se miraron y asintieron en aprobación.

—Muy bien, Bill —dijo el comodoro—. Prepárate para informarme a mí y al coronel Rhodes sobre la Conop en las próximas veinticuatro horas. Quiero saber qué activos necesitas para tu ensayo y cualquier apoyo adicional que requieras para la misión.

—Señor ¿qué hay del R2P2?

—No tenemos tiempo para eso. Solo prepara el informe a la brevedad.

Respondí con un efusivo «Entendido, señor», tomé mi libreta y salí del camarote. Por alguna razón supe que no sería popular con el personal de Phibron y MEU. El R2P2 era el proceso de planeación de reacción rápida que los marines y el personal de la Marina habían aprendido y ejercitado durante los últimos dieciocho meses, era el que habían previsto para desarrollar cursos de acción para casos de crisis como este. El personal de ambos cuerpos se enorgullecía de su habilidad para desarrollar un informe de misión, identificar las tareas específicas e implícitas, demarcar tres cursos de acción y los riesgos asociados con cada uno, y después, en una sesión de informe muy deliberada y elaborada, aconsejar al liderazgo de la Marina y los marines cuál de los tres era el mejor. El R2P2 estaba arraigado en el personal de Phibron y MEU desde el comienzo, y ahora debíamos desecharlo en favor de un enfoque más «directo», lo que en pocas palabras significaba: «McRaven, danos un plan». Durante años cuestioné si la decisión de Coumatos y Rhodes de renunciar al R2P2 había sido sensata, solo para descubrir que cuando yo estuve al mando hice lo mismo. La experiencia importa, algunas veces todo el trabajo del personal en el mundo no obtiene mejores resultados que los que obtiene un oficial experimentado siguiendo su intuición.

Tanto los marines como el personal de la Marina se quejaron por no ser incluidos en la planeación del líder al mando, pero lo superaron rápidamente y procedimos con los ensayos. En menos de setenta y dos horas estábamos listos.

El altavoz en el *Ogden* volvió a sonar a todo volumen.

—¡Elemento de asalto al punto uno!

Sabía que el pelotón de la Fuerza de Reconocimiento ya estaba posicionado en la cubierta del helicóptero y probablemente lo había estado desde hacía treinta minutos. De pie en el puente recibí las instrucciones de último minuto del capitán Braden Phillips, el jefe a cargo del *Ogden*.

—Es hora de irse —dijo sonriendo.

—Recibido. Lo veo en un rato —le contesté mientras deslizaba mi MP5 Heckler and Koch hacia mi espalda. Salí del puente, bajé las escaleras junto a la baranda de estribor, pasé frente a cierto número de marinos con expresión ansiosa y continué hacia la cubierta principal de vuelo. El pelotón de la Fuerza de Reconocimiento ya había abordado el helicóptero. Había una multitud de tripulantes del barco reunida alrededor del hangar, todos sonreían y gritaban para darnos ánimos. Era la primera acción real de la Tormenta del Desierto y los marinos no pasaron por alto la naturaleza histórica de este pequeño enfrentamiento.

El sonido de las hélices comenzó a ahogar los gritos de la tripulación conforme yo avanzaba lentamente hacia la rampa del helicóptero, luchando por no lucir emocionado. Lo estaba, pero por dentro me sentía tranquilo. Teníamos un buen plan y lo habíamos ensayado muy bien. Los marines y los SEAL estábamos bien entrenados y teníamos un poder de fuego abrumador. Y yo confiaba en mis habilidades para tomar las mejores decisiones posibles bajo presión. Aun así, en cada misión lo imprevisto siempre acechaba desde las sombras.

Me asomé por la pequeña portilla del CH-46 de los marines y vi al *Amuriyah*, con su enorme proa avanzando con potencia por el agua, arrojando una ola masiva tanto a babor como a estribor. El capitán del petrolero iraquí había girado todos los cañones de agua de la nave hacia adentro para crear una celosía de proyecciones hidráulicas de alta potencia. El agua de los cañones se acumuló sobre la cubierta del tanquero y creó bolsillos de alrededor de un metro de profundidad. Esto dificultaría que los agentes se movieran por la embarcación.

Me coloqué los audífonos de vuelo y escuché que el piloto solicitaba permiso para lanzar.

—Lanzamiento de la fuerza de asalto —respondí.

La torre del navío dio la autorización y el helicóptero despegó, viró con fuerza a estribor y ganó altitud con rapidez. Dentro de la aeronave se encontraban veintiún marines de la 1ª Fuerza de Reconocimiento de Campo Pendleton. El pelotón era dirigido por el capitán Tony Stallings, que había sido ala defensiva de la estatal de Arizona, medía un metro ochenta y pesaba ciento once kilos. Stallings era una figura imponente y tenía la actitud competitiva que lo había convertido en un formidable marine y un grandioso comandante de pelotón. Sus suboficiales habían sido cuidadosamente seleccionados y tenían un amplio entrenamiento en la toma de embarcaciones. Cada hombre portaba un fusil CAR-15, una pistola calibre .45, un radio de escuadrón, granadas desorientadoras y munición extra. No esperábamos un tiroteo, pero si se presentaba uno, estábamos preparados.

Una vez que el helicóptero salió de cubierta, avancé por la cabina para asomarme por la puerta lateral. Los dos Huey que habían despegado del *Okinawa* estaban llegando a sus estaciones. Vi cómo uno de los helicópteros se posicionaba a estribor del *Amuriyah* y el otro a babor, tal como lo planeamos. Escuché a los francotiradores SEAL a bordo de los Huey en la radio del escuadrón. Estaban explorando el navío en busca de cualquier señal de amenaza.

—Hay mucho movimiento en cubierta —reportó el francotirador a babor.

—¿Algún arma? —pregunté al francotirador de estribor.

—Negativo. Pero algunos tripulantes tienen hachas.

—Recibido. Copio.

Hubo un chirrido en la radio.

—Raven, Raven, este es hotel Cero Uno, hay aproximadamente veinte personas en la cubierta principal, pero no están armadas. Solo dos tripulantes portan hachas. ¿Me copian?

Presioné el botón de transmisión y respondí:

—Recibido, hotel Cero Uno. En cubierta se ve a unos veinte individuos, no están armados. Solo dos hombres tienen hachas.

—Raven, este es hotel Cero Uno. Tienen luz verde para descender.

—Recibido. Raven, fuera.

Cambié la transmisión al intercomunicador del helicóptero y di la señal al piloto.

—Muy bien. Tenemos luz verde para descender. Llévenos a nuestro objetivo.

—Recibido, señor —llegó la respuesta.

Stallings había monitoreado todas las comunicaciones y dio a sus marines sus instrucciones finales. El maestro de descenso rápido revisó una última vez la línea de seguridad para el descenso. La cuerda era una guindaleza verde entretejida de cinco centímetros de grosor. Lo que la hacía especial era cómo estaba entretejida. El tejido único le permitía a un agente apretar la cuerda para reducir la velocidad de su descenso. Si bien no podías frenar por completo, podías deslizarte por una cuerda de treinta metros con cien kilos de equipo en la espalda sin golpear el suelo como una tonelada de rocas… la mayoría de las veces. La diferencia con una línea de rapel es que no tienes que conectar un arnés y, por lo tanto, cuando se inserta un equipo desde un helicóptero, se pueden poner más hombres en tierra con mayor rapidez.

Me asomé por el agujero infernal a mitad del aparato y vi la proa del *Amuriyah* bajo nosotros mientras el CH-46 frenaba hasta alcanzar la velocidad de flote. Me quité los audífonos y me coloqué el casco Pro-Tec, revisé mis armas y equipo, me ajusté los guantes para cuerda rápida y me preparé para salir del helicóptero.

Dentro de la aeronave los marines se alineaban uno detrás del otro. Yo era el noveno en la fila. En cuanto el helicóptero permaneció a flote, el sonido de las hélices se volvió más profundo. Por el agujero infernal vi que el piloto se deslizó a la derecha para posicionar al CH-46 sobre un pequeño espacio abierto en el petrolero. En la cubierta los iraquíes se dispersaron debido a que la corriente de la aeronave creó una tormenta de viento que arrojaba agua y petróleo residual en todas direcciones. El maestro de descenso tenía ahora el control del posicionamiento del helicóptero.

—A la izquierda metro y medio —gritó por los auriculares. El piloto obedeció.

—¡Preparados!

El maestro de descenso lanzó la cuerda verde por el hueco y vi cómo esta golpeó la cubierta, libre de obstáculos.

—¡Fuera, fuera, fuera! —gritó a los marines alineados frente a la abertura.

Uno a uno los primeros cuatro marines tomaron la cuerda y se deslizaron al exterior del aparato. En menos de quince segundos estuvieron sobre la cubierta y formaron un perímetro de seguridad. Les siguieron Stallings y el pequeño elemento de comando. Yo estaba justo detrás de ellos. Tomé la cuerda con ambas manos, giré mi cuerpo a 180 grados hacia la abertura y comencé el deslizamiento de 15 metros.

De inmediato la corriente caliente de los rotores me golpeó la cabeza. El viento del golfo era igualmente opresivo, me sacudía de lado a lado, alejándome del armazón del helicóptero. Sujeté la cuerda con firmeza, enrosqué las piernas alrededor de la gruesa línea verde y me aferré con todas mis fuerzas. Debajo de mí, en la cuerda, dos marines aún estaban descendiendo. En cuanto el primer marine tocó la cubierta, se resbaló y el segundo se apiló sobre él. De inmediato se alejaron de la cuerda rodando, se pusieron de pie de un salto y despejaron la cubierta mientras yo descendía rápidamente tras ellos.

Mis manos enguantadas me ardían por el descenso rápido, dejé de apretar demasiado pronto y golpeé la cubierta del *Amuriyah* con un golpe sonoro. El acero es un metal implacable y en cuanto me impacté contra el suelo de la nave sentí un dolor agudo que subía desde mis tobillos hasta mi mandíbula. Pero la adrenalina y el orgullo evitaron que me desplomara frente a los marines. En otros treinta segundos todo el pelotón de la Fuerza de Reconocimiento estaba en la cubierta y en posición.

La configuración del *Amuriyah* era la típica de un supertanquero. Si bien la baranda exterior del navío estaba despejada, el área interior era un laberinto de enormes tuberías, válvulas, pequeñas estaciones de bombeo y cajas de circuitos. Era útil para cubrirse si alguien comenzaba a disparar, pero hacía difícil moverse. Hasta cierto punto estábamos acorralados, pero los tripulantes del barco se habían retirado a la extensa superestructura que contenía la timonera.

Stallings reunió rápidamente a sus hombres y, tal como estaba planeado, se separaron en pares de elementos y comenzaron a avanzar. A derecha e izquierda, los Huey flotaban a seis metros sobre la cubierta, apenas por fuera de la baranda de la nave.

Podía escuchar a los francotiradores en los radios del escuadrón diciendo:

—Babor despejado.

—Estribor despejado.

El sargento primero, un suboficial experimentado, tomó al segundo elemento y se dirigió a babor, hacia una escotilla abierta que llevaba a la sala de máquinas. Posicionado a mitad del camino donde estaba el primer elemento, coloqué mi arma con el cañón bajo, en una posición no amenazante pero preparada. Frente a mí, el elemento de Reconocimiento comenzó a avanzar con pasos deliberados, lentos pero metódicos. El hombre en punta, ligeramente agachado, apuntaba su arma de lado a lado y dirigía al elemento fuera del espacio hacia la baranda de estribor. Detrás de él, el segundo hombre en la fila miraba hacia arriba, vigilando las posibles amenazas desde las escaleras exteriores, donde la mayoría de los tripulantes estaban empezando a reunirse. Los otros hombres de la patrulla tenían sus propias líneas de tiro y, con precisión perfeccionada por los años de entrenamiento, avanzaron como los profesionales que eran.

La timonera, una estructura de cinco pisos, se encontraba a tres cuartos hacia la parte posterior del navío. En el exterior del edificio había escaleras que llevaban a cada nivel sucesivo. En cuanto el hombre en punta alcanzó la primera, varios tripulantes desarmados bloquearon su avance.

—¡*Allahu akbar*! —gritó uno de ellos.

Empujando su arma unos centímetros hacia adelante, el hombre en punta le indicó al tripulante que se quitara del paso.

—¡*Allahu akbar*!

—¡Púdrete!, —respondió el marine—. ¡Dije que te muevas!

Otros tres tripulantes comenzaron a provocar a los marines, pero los dos que estaban en las escaleras se hicieron a un lado y pudimos avanzar al siguiente nivel. En menos de un minuto llegamos al nivel cinco. Stallings alineó rápidamente a los hombres en la puerta abierta y entraron de acuerdo con los procedimientos operativos estándar. El hombre en punta entró primero, giró a la derecha y despejó el frente de la timonera. El segundo hombre entró por la puerta, se dio vuelta a la izquierda y despejó la parte posterior de la sala, y el tercer y cuarto hombres entraron y tomaron posiciones en las esquinas más cercanas.

—¡Despejado! —avisó el hombre en punta.

Antes de entrar por la puerta escuché al capitán gritar.

—¡Salgan de mi puente! No tienen derecho a estar aquí. ¡Ustedes son piratas estadounidenses!

Dentro de la timonera había otros seis iraquíes. Estaban de pie, desarmados pero desafiantes. Había un hombre al timón, otro estaba frente al telégrafo de órdenes a los motores, al frente de la cabina estaba un hombre con binoculares, el oficial de navegación se encontraba en el extremo más alejado de la sala, cerca de una vieja mesa de navegación; el primer oficial estaba cerca del capitán, y el capitán —con sus ciento treinta y seis kilos y el metro con sesenta que lo conformaban— permanecía en el centro de la sala, agitando las manos y gritando a todo pulmón.

—¡No pueden hacer esto! ¡Ustedes son piratas!

Caminé al centro de la timonera y lo confronté.

—Señor, soy un oficial naval de Estados Unidos. De acuerdo con la Resolución 661 de las Naciones Unidas, se le ordena que detenga esta nave para registrarla.

Hice un ademán al marine traductor, quien repitió las palabras en árabe.

—Hablo inglés —dijo el capitán salpicando saliva.

—Tiene un minuto para detener este navío o yo lo detendré por usted —indiqué con calma.

—No pueden detener mi barco tan rápido. Eso destruirá los motores.

—Sí puedo. Y lo haré.

El teléfono rojo en la consola de la nave sonó con un penetrante ruido metálico. El capitán levantó el teléfono, sus ojos se abrieron por completo, me miró y gritó:

—¡Mataron a uno de mis hombres!

Los otros iraquíes en la timonera comenzaron a gritar contra los marines.

—Si no coopera —advertí—, morirán más hombres. Ahora tiene treinta segundos para detener su barco. —Miré a Stallings y susurré—. Averigua qué diablos sucedió.

Stallings asintió y caminó al ala del puente para comunicarse con el segundo elemento.

Bajo la cubierta, el segundo elemento había avanzado desde el casco exterior de la nave hacia el interior. Se abrieron paso descendiendo cinco niveles, entraron a la sala de máquinas, la cual estaba caliente y llena de vapor, y con el piso resbaloso por la condensación. El elemento caminó por las rejillas de acero hasta el cuarto de control de motores. Ocultos tras la gigantesca maquinaria, una docena de iraquíes miraban a los marines aproximarse al centro de control de la nave.

Caminando en punta, el sargento primero Jones examinó el cuarto de máquinas. Los tripulantes, asomados por las esquinas de las inmensas calderas, parecían esperar algo. En el momento en que Jones avanzó para ingresar al cuarto de control, un iraquí armado con un hacha saltó desde detrás de una tubería de gas de un metro. Jones giró, levantó su arma para dispararle y, entonces, en un increíble momento de autocontrol, le golpeó la mandíbula con la culata de su CAR-15 y este cayó inconsciente sobre el piso metálico. De inmediato los otros marines se desplegaron y tomaron posiciones de seguridad. En el cuarto de control del aire acondicionado, un iraquí que había atestiguado la acción pensó que su compañero de tripulación estaba muerto y llamó al puente.

Stallings me llamó al ala del puente con un ademán.

—Señor, nadie murió, pero uno de los tripulantes va a tener una terrible jaqueca.

Volví con el capitán, quien estaba visiblemente alterado por las noticias. Decidí dejar que pensara lo peor. Era importante dictar el ritmo de esta confrontación. En ese momento tenía la ventaja y era importante mantenerla.

—Mis hombres están en el cuarto de máquinas, listos para apagar su embarcación. Así que, o usted la detiene ahora o lo haré yo. Usted decide.

El capitán gruñó, miró a sus oficiales en jefe alrededor de la timonera y ordenó al timonel detener por completo el barco.

—Le llevará algún tiempo al barco llegar a un alto total en el agua.

—Le llevará exactamente trece minutos —observé—. Si la nave no está detenida en trece minutos, entonces forzaré la reversa para detener el movimiento de avance. —Ahora tenía su atención—. Capitán, necesitaré el manifiesto de la nave y la información de pasajeros. Asumo que los tiene bajo llave en su camarote. Por favor, acompañe a mi marine y tráigamelos.

El capitán del barco miró al capitán Stallings, cuya silueta de un metro noventa centímetros sería intimidante en cualquier circunstancia, pero cuando la cubres con camuflaje y le das un arma, adquiere un nuevo nivel de terror. Stallings lo tomó por el codo y lo dirigió por el pasillo que llevaba al camarote. Le indiqué a otro marine que se les uniera y los siguiera.

Pasados algunos minutos la embarcación comenzó a frenar de manera notable. No estoy seguro de que en realidad fueran trece minutos, pero en poco tiempo la nave había hecho alto total en el agua. Desde el interior del puente vi que estábamos rodeados por buques de guerra: el *Brewton*, el *Ogden* y, a cierta distancia, el *Okinawa*.

Mi radio chirrió y en el otro extremo escuché a Stallings decir:

—Señor, tenemos algunas dificultades aquí abajo. El capitán está jugando con nosotros, dice que no puede abrir la caja fuerte porque olvidó la combinación.

Antes de que pudiera responder escuché una voz por la radio que gritaba:

—¡Cuidado! —La radio quedó en silencio.

—¿Stallings? ¿Stallings? ¿Me escuchas?

Nada. Los marines que estaban en el puente monitoreando la radio también escucharon el alboroto. Señalé a los dos marines que estaban afuera, en el ala del puente, y les dije:

—Bajen al camarote del capitán y averigüen qué está pasando.

—Raven. Habla Wildcat.

—Recibido, Tony. ¿Qué está pasando ahí abajo?

—Nada, señor. Ya todo está bien, el capitán decidió abrir la caja fuerte. Subiremos en unos minutos.

Los dos marines en el ala del puente me miraron y con un ademán les indiqué que permanecieran en donde estaban. Luego de unos minutos, la puerta de la timonera se abrió y entró Stallings. Detrás de él venía el piloto, atado de manos y amoratado. Tenía una enorme magulladura en el ojo izquierdo y su labio estaba hinchado y sangraba un poco.

Miré a Stallings, él se encogió de hombros y, con una expresión de completo asombro, dijo con calma:

—Señor, el hijo de puta me atacó. Intenté solo empujarlo pero me volvió a atacar. Tiene la complexión de Jabba the Hutt. Por último, lo golpeé un par de veces y dejó de pelear.

Miré de reojo al capitán y vi que sonreía debajo de su labio hinchado. Sus colegas iraquíes estaban felices. Su capitán se había resistido a los estadounidenses y tenía pruebas que lo demostraban. Comencé a escuchar por la red reportes de confrontaciones similares por toda la nave. Lo último que quería era matar o lesionar a marineros mercantes, pero sin refuerzos no podríamos controlar la nave y contener al gran número de tripulantes.

Me acerqué al capitán.

—Señor, por favor solicite a su tripulación que cooperen, si no lo hacen, podrían resultar lastimados o muertos.

De pie frente al sistema de comunicación público de la embarcación, el primer oficial del barco tomó el micrófono y gritó en árabe:

—¡Resístanse, no lo permitan! ¡No los dejen tomar la nave!

El marine en punta le arrancó el micrófono de las manos.

—¡Imbécil! —gritó el primer oficial.

Enseguida vi que en la cubierta los tripulantes empezaron a tomar barras de hierro, escobas y todo lo que pudieran usar como arma. Estaba perdiendo el control y necesitaba recuperar la ventaja. Salí al ala del puente, presioné el botón para hablar de la radio y llamé a la fuerza de reserva SEAL.

—X-ray Dos Cero, habla Raven Cero Uno.

—Recibido, Raven Cero Uno. Dos Cero.

—Dos Cero. Incorporen a la Fuerza de Reacción Rápida y hagan contacto con el elemento de asalto.

—Recibido, Cero Uno. Ejecutando paso final.

En menos de dos minutos los catorce hombres del elemento SEAL, bajo el mando del teniente Dave Kauffman, estaban en la nave, arreando a los tripulantes beligerantes. Pasó más o menos otra hora y varias peleas antes de poder controlar a todos los marineros iraquíes y detenerlos en la estancia de tripulación. Luego de noventa minutos a bordo del *Amuriyah*, la nave fue asegurada sin lesiones mayores para estadounidenses o iraquíes. Un Destacamento de Fuerza Policial (Ledet), que constaba de un oficial de la Guardia Costera y algunos otros oficiales navales de la fuerza de tareas de Estados Unidos, abordaron la nave y comenzaron a buscar minuciosamente en el cargamento. Seis horas más tarde saqué a los marines y a los SEAL y volvimos al *Ogden*. Algunas horas después de eso el *Amuriyah* recibió luz verde para continuar avanzando a Irak. No se encontró nada inusual, pero considerando el enorme tamaño del tanquero, sí es concebible que algo estuviera cuidadosamente oculto en la bodega del barco.

El *Amuriyah* volvió a Irak. El 17 de enero Estados Unidos y sus aliados comenzaron la operación Tormenta del Desierto. Durante los primeros días de la guerra Inteligencia reveló que Sadam se preparaba para crear un desastre ecológico, planeaba llenar los barcos iraquíes con petróleo para después hundirlos en el golfo Arábigo. Uno de esos barcos era el *Amuriyah*. El 23 de enero un A-6 del portaaviones USS *Midway* arrojó dos bombas de doscientos veintiséis kilos sobre el casco del *Amuriyah* y lo hundió a las afueras de la costa de la isla de Bubiyán, mucho antes de que pudiera cargarse de petróleo.

Durante la Tormenta del Desierto, Phibronfive y la 13ª MEU liberarían un número de pequeñas islas del golfo que los iraquíes habían tomado, participarían en la operación anfibia de engaño y asegurarían Failaka, la isla kuwaití, tras detener a más de mil doscientos soldados iraquíes. Habían pasado quince años desde mi entrenamiento SEAL, pero por fin había podido servir a mi país de forma significativa.

Aunque suene terrible, cada SEAL anhela una lucha digna, una batalla de convicciones y una guerra honorable. La guerra pone a prueba tu hombría, reafirma tu valor. Te separa de las almas tímidas y los calientabancas. Hace que crees lazos inquebrantables con tus compañeros guerreros. *Le da sentido a tu vida.* Con el paso del tiempo recibiría más guerra de la que me correspondía. Perdería hombres. Morirían inocentes. Familias cambiarían para siempre. Pero, inexplicablemente, la guerra nunca perdería su cautivador atractivo para mí. Para el guerrero la paz no tiene recuerdos, ni hitos, ni aventuras, ni muertes heroicas, ni penas desgarradoras, ni júbilo, ni remordimientos, ni arrepentimientos, ni salvación. La paz está hecha para algunas personas, pero es probable que yo no sea una de ellas.

Diez meses después de partir de San Diego, volví a casa y fui recibido por Georgeann, Bill, John y mi nueva hija, Kelly Marie. Y al cabo de unas semanas visité a mi padre en San Antonio. Me abrazó con fuerza, me dijo lo orgulloso que se sentía de mí y que esperaba que nunca tuviera que volver a ir a la guerra. Pero doce años más tarde tuve que volver a Irak para ayudar a terminar el trabajo y derrotar a Sadam Huseín.

CAPÍTULO NUEVE

SEGUNDAS OPORTUNIDADES

Morro Bay, California
Febrero de 1995

Segundas oportunidades. Son intenciones nobles de cumplir expectativas y obligaciones. Pueden aliviar o herir. Pueden dar como resultado un himno inspirador o una tragedia griega. Nunca se sabe cuál va a ser el resultado de las segundas oportunidades, algunas personas les sacarán el mayor provecho y harán sentir orgulloso a quien se las dio, en tanto que otras las desperdiciarán y harán que el mundo te diga: «Te lo dije». Dar segundas oportunidades puede ser arriesgado.

—Culpable.

Al escuchar la palabra con la que expresé mi decisión, el teniente Jeremy Carter, vestido en su uniforme blanco de verano, quedó destrozado. Era un joven SEAL con una buena trayectoria y con mucho potencial para un ascenso, pero ahora su carrera estaba terminada.

Como oficial comandante del Equipo SEAL Tres, había revisado los cargos en su contra y descubrí que había violado el artículo 133, conducta indebida de un oficial, y el artículo 92, desobediencia de una orden legal. Había sido atrapado conduciendo bajo la influencia del alcohol y evadiendo a un oficial de policía, y yo sabía que debía hacerlo responsable por sus acciones. Él era un oficial de los SEAL y teníamos estándares de conducta muy altos.

Luego de que todos salieron de mi oficina, Billy Hill, mi jefe maestro al mando y un veterano experimentado de Vietnam, volvió a entrar para hablar conmigo.

—Fue un poco duro con él, señor.

—Lo sé, Billy, pero no puedo castigar a los chicos enlistados por conducir bajo la influencia del alcohol y luego dejar sin castigo a los oficiales.

—Sí, señor. Pero los muchachos enlistados pueden sobrevivir a un castigo, mientras que la carrera del oficial está acabada.

Billy tenía razón, pero yo tenía altas expectativas para los oficiales, por lo tanto, también esperaba de ellos un mejor desempeño.

—Quizá debería darle otra oportunidad.

Yo solo asentí.

Comandar un equipo SEAL era el mejor trabajo en la Marina, pero la proverbial Espada de Damocles siempre pendía sobre tu cabeza. Todos los días debías elegir entre ser un disciplinario duro, que tomaba las decisiones difíciles que fueran necesarias para dirigir a un equipo SEAL, y ser compasivo cuando alguien cometía un error, mirar más allá del fallo a un futuro alternativo, un futuro donde esa persona podría sobresalir y hacer una diferencia positiva en las vidas de tus marinos. De entre todas las personas, era yo quien más conocía el valor de una segunda oportunidad.

Desde que me gradué del entrenamiento había hecho todo lo que se esperaba de un oficial SEAL. Hice dos periodos de servicios con nuestros Vehículos de Ejecución SEAL, comandé un pelotón SEAL en Sudamérica, fui desplegado para Escudo del Desierto y Tormenta del Desierto como comandante de Unidad de Tareas SEAL, y trabajé en el Pentágono, en el extranjero en Filipinas y en diferentes plantillas SEAL. Estaba casado y tenía tres maravillosos hijos, pero no todo en mi carrera había sido perfecto. En 1983, mientras servía como comandante de escuadrón en nuestro equipo SEAL de élite de la Costa Este, fui despedido. Me retiraron del mando. Fue un momento desagradable y difícil de digerir que destruyó mi autoconfianza. Consideré seriamente dejar la Marina, ya que, al parecer, luego de perder mi trabajo tendría pocas probabilidades de ser promovido. Pero, como lo haría en muchas ocasiones durante mi carrera, cuando me tambaleaba o las circunstancias se ponían en mi contra, Georgeann me recordaba que nunca en mi vida había renunciado a nada y que ese no era el momento para comenzar a hacerlo. Por fortuna, varios oficiales de mayor rango aún veían potencial en mí y me dieron otra oportunidad, y unos años después del despido, intenté redimirme probando a quienes lo dudaban que era completamente capaz de liderar un equipo SEAL.

El jefe maestro cambió el tema.

—Señor ¿irá a Morro Bay para ver el ejercicio final de predespliegue del Pelotón Eco?

El Pelotón Eco del Equipo SEAL Tres tenía programado un despliegue en el Pacífico oeste en cuarenta y cinco días, este sería su último ejercicio de entrenamiento antes de partir. Como era usual, el escenario requería una infiltración del pelotón por la playa. Los catorce hombres del elemento SEAL saldrían de Morro Bay, en California central, a bordo de dos Botes Inflables de Casco Rígido (RHIB) de diez metros. Viajarían unos cincuenta kilómetros costa arriba a un punto a las afueras de la playa, en donde habíamos construido un blanco simulado. Desde ahí, como era lo usual, el pelotón atravesaría las olas a nado, atacaría el objetivo, nadaría de vuelta por el oleaje, abordaría los RHIB y volvería a Morro Bay.

—Tengo programado un viaje a Tampa la próxima semana para informar del Socom al oficial de operaciones, pero creo que haré una escala de un día para ver cómo van las cosas con el ejercicio.

El jefe maestro tenía otros compromisos y no pudo realizar el viaje, pero a la siguiente semana, como estaba planeado, conduje por la costa hasta Morro Bay y me encontré con el Pelotón Eco, que estaba planeando un último día de ensayos.

Morro Bay es una de las ciudades costeras más pintorescas de California. Para entrar a la bahía hay que pasar por una enorme formación rocosa, llamada apropiadamente Roca Morro, y a partir de ahí el camino serpentea, primero hacia el norte y luego hacia el sur, y se abre en un plácido puerto donde cientos de yates de todos los tamaños encuentran refugio. Durante la mayor parte del año el oleaje rueda gentilmente por la playa en olas perfectas, lo que hace de la línea costera un punto preferido por los surfistas. Pero, durante los meses de invierno, ese mismo oleaje crece a alturas enormes y, debido al efecto de embudo de los rompeolas a las afueras de Roca Morro, puede alcanzar hasta quince metros.

Cuando llegué al pueblo en auto al atardecer, vi olas de tres metros rodando a las afueras de la playa, resultado de un sistema de tormentas centrado a unos ciento sesenta metros al oeste. Sin embargo, el efecto de embudo de Roca Morro y el rompeolas creaba una situación más peligrosa con una serie de olas azotadoras de siete a nueve metros de altura exactamente en la entrada del puerto.

Habíamos establecido nuestro centro de mando en la estación local de la Guardia Costera y, en cuanto me estacioné en la entrada, el jefe maestro Tip Ammen llegó para recibirme. Él estaba a cargo del elemento de entrenamiento del Equipo SEAL Tres y era responsable de la realización del ejercicio. Ammen era mayor y tenía más experiencia que la mayoría de los suboficiales enlistados en el comando. Siempre estaba de buen ánimo, tenía un buen sentido del humor y una personalidad imperturbable.

—El pelotón está rindiendo su informe ahora, señor. ¿Quiere presenciarlo o quiere tomar un descanso rápido? —me preguntó Ammen.

—Estoy listo, Tip, escuchemos lo que tienen que decir.

El jefe maestro me guio a la sala de conferencias y me senté en un extremo de una larga mesa cubierta de fieltro. En los muros había fotos de los barcos y helicópteros de rescate de la Guardia Costera, y referencias al heroísmo de esta en la costa del Pacífico. La Guardia Costera ciertamente se ganaba su paga en este peligroso trecho de la costa.

Todo el pelotón estaba presente. El comandante de pelotón, un graduado de la Academia Naval, dirigía su segundo pelotón SEAL y, al haberlos observado durante los últimos seis meses, era evidente su experimentado liderazgo en la disciplina de los hombres y el profesionalismo de su planeación.

Sentados frente a los muros de la sala, los miembros del pelotón estaban vestidos con una mezcla de sudaderas y uniformes camuflados. Habían estado en la bahía la mayor parte del día, con la temperatura del agua a casi diez grados, por lo que muchos de ellos tenían los ojos rojos y temblaban por el frío.

El comandante del pelotón hizo un recuento rápido del informe para las evoluciones del siguiente día.

—Señor, realizaremos nuestros ensayos diurnos finales. —Señaló la carta náutica en el muro—. Hay una pequeña isla dentro del embarcadero protegido del puerto, y aunque no hay mucho oleaje que debamos enfrentar, pienso que es un buen lugar para realizar nuestros ejercicios de contacto.

Observé la carta y el parche de arena que representaba una isla, la cual se veía a la entrada, pero mucho más allá de los rompeolas.

—Como sabe, señor, las olas en la entrada del puerto son demasiado grandes para atravesarlas ahora, así que supongo que podríamos atrasarnos un par de días para que las olas se calmen lo suficiente y los chicos puedan cruzar en el bote.

—¿Ya hablamos con el oficial a cargo del bote? —le pregunté.

—Sí, señor. El teniente Jones dijo que mañana sacará los RHIB a la bahía para ver cómo luce el borde de la zona de oleaje.

El suboficial primero del pelotón levantó la voz.

—Los Costeros advirtieron a los chicos del bote que no se acerquen demasiado al oleaje. Le mostraron al teniente Jones una vieja foto de una ola de quince metros aplastando una embarcación de recreo de buen tamaño. —El suboficial sonrió—. Eso pareció llamar la atención del teniente Jones.

El comandante del pelotón continuó.

—Dejaré que los chicos duerman bien esta noche, así que comenzaremos los ensayos hasta las 08:00 horas. Una vez que terminemos los ejercicios diurnos, haremos una pausa para almorzar, prepararemos nuestro equipo y comenzaremos los ensayos nocturnos tan pronto como baje el sol.

El comandante del pelotón terminó de resumir el informe y luego fuimos a comer. En el comedor pasé tiempo charlando con los SEAL jóvenes, era la mejor parte del trabajo. Ser un oficial al mando era como ser el entrenador de un equipo de futbol americano. Conocías a todos los jugadores, sus fortalezas y sus debilidades. Algunos eran mariscales, otros linieros y algunos esquineros. Algunos amaban las series de dos minutos, la presión de tomar una decisión difícil cuando el juego estaba en la línea. Algunos eran aguantadores, sin importar qué les arrojaras, seguían viniendo en tu contra. Otros tomaban riesgos, siempre estaban intentando saltarse las reglas. Pero a todos les encantaba jugar el juego, estar donde estaba la acción. Pero debajo de las hombreras protectoras, los cascos y las luces brillantes, solo eran hombres, y los hombres cometen errores y necesitan ser guiados. Mi trabajo siempre fue encontrar el balance entre dejarlos jugar rudo e impedirles que se saltaran las reglas.

—¡A despertar, jefe! Es un nuevo día para sobresalir.

Me giré en mi bolsa de dormir, revisé mi reloj y lentamente me levanté de mi catre estilo militar. Eran las 06:00 y Ammen ya estaba despierto y preparando café. El cielo en el exterior estaba nublado, y al asomarme por las ventanas de la estación de la Guardia Costera, vi que la bandera estadounidense se agitaba con violencia por el viento.

Me puse mi uniforme camuflado, desayuné, y a las 07:00 el jefe maestro y yo nos dirigimos a toda velocidad a la isla en nuestro bote Zodiac. El pelotón estaba completamente listo. Los Exploradores a Nado, el elemento de dos hombres que explora la playa antes de que la fuerza principal toque tierra, estaban vestidos con trajes de buzo y portaban rifles CAR-15. Los integrantes de la Fuerza de Asalto Principal estaban vestidos con trajes secos y cada uno estaba armado con un CAR-15 y trescientas rondas de munición.

El pelotón realizó varios ejercicios de contacto, practicando sus disparos y evoluciones por si acaso eran atacados por el enemigo mientras cruzaban la playa. Los SEAL operaban bien. Los Exploradores a Nado establecieron seguridad de flanco. El hombre en punta del elemento principal indicó a su escuadrón formar un semicírculo alrededor de los dos Zodiac, mientras el segundo escuadrón llevaba los botes hasta más allá de la marca de agua profunda, hacia las dunas de arena. Una vez que los botes fueran camuflados, el pelotón se formaría en una sola fila y se movería en patrulla para salir de la playa. Luego de muchas repeticiones de esta táctica, el comandante de pelotón ordenó un breve descanso para revisar sus acciones en la playa.

Mientras el breve reporte ocurría en la isla, miré hacia Roca Morro y vi que los dos RHIB de diez metros deambulaban en el puerto, con las proas apuntando hacia el oleaje entrante. Mientras cada ola enorme hacía cresta y luego se azotaba, el sonido cruzaba el puerto como el proverbial rebaño atronador… y luego había un momento, tan solo un momento de silencio, seguido de otro choque ensordecedor, y luego otro y otro. La madre naturaleza no estaba feliz.

—Tip, ¿tenemos comunicación con el oficial a cargo de los RHIB? —pregunté.

—No, señor —respondió el jefe maestro.

—Tome uno de esos Zodiac, quiero averiguar qué trama este sujeto.

El jefe maestro tomó rápidamente el mando de uno de los Zodiac del pelotón SEAL y nos dirigimos al RHIB para hablar con la tripulación. Cuando nos acercamos a la entrada del puerto, pude ver las olas con mayor claridad. La situación era peor de lo que pensaba. Había una línea de tres olas azotadoras. Cada una se formaba desde el exterior de la entrada y sus caras enormes crecían conforme ganaban velocidad y fuerza. Entonces, cuando alcanzaban su cresta, se estrellaban violentamente contra sí mismas y estallaban en una exhibición volcánica de espuma blanca y agua azul marino. De inmediato, la ola que venía detrás succionaba el agua de la primera, lo cual causaba que cada ola sucesiva alcanzara nuevas alturas hasta que las tres en conjunto se agotaban entre sí durante el tiempo suficiente para que un nuevo conjunto comenzara.

El jefe maestro frenó el Zodiac y se colocó junto al RHIB. Un tripulante extendió el brazo. Lo tomé y trepé por la enorme borda plástica que rodeaba al bote inflable. Luego de dejarme, el jefe maestro se retiró del RHIB y volvió a toda velocidad a la isla.

El RHIB era un bote relativamente nuevo en el inventario de Tácticas Especiales Navales. Estaba construido específicamente para transportar a un escuadrón SEAL de siete hombres y era tripulado por marinos del Escuadrón Especial de Botes. Estos marinos estaban entrenados como Tripulantes de Naves Combatientes de Tácticas Especiales (SWCC) y el oficial a cargo era un oficial de Tácticas en Superficie de la Marina, entrenado y calificado para pilotear una nave de la Marina.

La tripulación del RHIB constaba de cuatro personas: un timonel, quien era el miembro más experimentado de la tripulación y estaba a cargo de conducir el bote; un ingeniero, quien se aseguraba de que los motores a bordo recibieran mantenimiento; un contramaestre, encargado de la ametralladora calibre .50, y un oficial a cargo. El RHIB tenía toda la tecnología de punta: un radar de búsqueda superficial de alta calidad Furuno, un GPS y un panel de instrumentos completo para navegación nocturna a larga distancia. Con un costo de medio millón de dólares, era el inflable con mayor capacidad de combate en el mercado.

El movimiento de la zona de oleaje hacía que el RHIB rodara lentamente a babor y estribor. Tomé la consola de instrumentos y me estabilicé mientras miraba por el bote.

—Ey, capitán —escuché que decía una voz familiar. Miré a la popa del RHIB y ahí, sujeto a un asiento vertical, se encontraba el teniente SEAL Geno Paluso, oficial de operaciones del Escuadrón Especial de Botes y un SEAL increíble. Aunque yo no lo sabía, también había venido para observar el entrenamiento. Junto a Paluso se encontraba el teniente Tom Rainville, otro comandante de pelotón SEAL, quien también observaba el ejercicio.

—Señor, ¿pasa algo malo? —preguntó el oficial a cargo.

—No, señor Jones. No pasa nada malo, solo quería averiguar qué planean —dije con un evidente tono de preocupación en mi voz.

—Señor, mi suboficial mayor está posicionado en el malecón en la entrada de Morro Bay. Está tomando el tiempo de las olas y me envía los resultados por radio. Pienso que podemos salir entre los conjuntos de olas.

El oficial a cargo del RHIB indicó que, una vez que pasaba la tercera ola, tenía dos minutos para escabullirse por el malecón y salir a mar abierto antes de que llegara el siguiente conjunto de olas.

—Señor, mi tripulación ha entrenado en Kodiak, Alaska, durante los últimos tres meses —dijo Jones—. El suboficial Smith es el mejor timonel en la Unidad Especial de Botes 20 y no dudo que podemos atravesar el oleaje si tomamos bien el tiempo.

Observé de nuevo el atronador oleaje y después miré a los ojos a los miembros de la tripulación. No estaba tan seguro de que compartían el entusiasmo de su teniente.

La parte más difícil de comandar a los SEAL y a las fuerzas de operaciones especiales es encontrar el equilibrio adecuado entre hacer que confíen en sus capacidades, de modo que en tiempos de guerra estén listos para las situaciones más difíciles, y arriesgar sus vidas al hacerlo.

Me acerqué a cada marinero de la tripulación y le pregunté:

—¿Esto está dentro de las capacidades de su nave y su tripulación?

—Sí, señor —me respondió cada hombre.

—¿Teniente?

—Sí, señor. Podemos hacerlo.

—Bien, entonces consígame un chaleco salvavidas, iré con ustedes.

—¿Qué?

—Dije que me consiga un chaleco salvavidas.

El teniente continuó objetando.

—Señor, no solo necesita el chaleco salvavidas. Necesita un traje de buceo. El agua está a diez grados y si nos volcamos se le congelará el trasero.

—Entonces no se vuelque.

En la parte posterior del bote, Paluso y Rainville se reían.

—Buen consejo —ofreció Rainville sarcásticamente.

Paluso le dio una palmada al asiento vacío junto a él.

—Abróchese los cinturones, jefe. Va a ser un paseo divertido.

El asiento tenía un arnés de tres puntos y estaba previsto para mantener a los pasajeros firmemente sujetos al RHIB en aguas agitadas. En cuanto me abroché los cinturones me di cuenta de que tenía dos habanos en mi bolsillo. Sabía que más tarde esa noche me sentaría frente a una fogata y nunca hacía daño tener un buen cigarro a la mano.

Saqué los puros y los agité frente a Paluso.

—Si se mojan, tendrán que comprarme unos puros nuevos.

Paluso se rio.

—No se preocupe, señor. Estos chicos son realmente buenos. Estaremos tan cálidos como un pan tostado durante el viaje.

Miré hacia la estación del guardacostas y vi que el jefe maestro Ammen había sido informado de mi intención de acompañar a los chicos al viaje y, a continuación lo vi dirigirse al campamento base.

Las olas seguían formándose y azotando, formándose y azotando. Cuando una ola se azota, no es posible atravesarla. Tan pronto como se forma, se estrella. No hay una elevación sutil, una cresta y luego una caída; solo un gran muro de agua que cae sobre sí mismo en una vorágine mortal que te traga y te escupe, solo para que la siguiente ola haga lo mismo.

El teniente dio la orden y el timonel se acercó a la primera ola, en espera de que se completara el conjunto de tres para después avanzar desenfrenadamente hasta el borde de la ola y salir a mar abierto.

Paluso, Rainville y yo éramos SEAL experimentados que entendían la naturaleza de las olas y la necesidad de sincronizarse bien con ellas. Juntos observamos cómo el primer conjunto parecía desaparecer y había un momento antes de que el siguiente conjunto se formara.

«¡*Ahora es el momento!*». ¡*Necesitábamos salir ya! Había una abertura a un lado.* «¡*Dale! ¡Ahora!*». Los tres pensábamos lo mismo: «¡*Vamos! ¡Vamos! ¡Vamos!*».

Pero esperamos.

Bien, solo estaba revisando la sincronización. Esperaríamos hasta que pasara el siguiente conjunto.

De pronto, el timonel arrancó los motores a toda potencia.

«¡No! ¡No!». ¡Ese era el peor momento posible! La primera ola del conjunto estaba en su punto más álgido. Paluso me miró con los ojos abiertos de par en par y murmuró:

—¡Oh, mierda!

Avanzábamos a treinta nudos cuando el RHIB alcanzó la base de la primera ola. El bote atravesó el agua como un cuchillo, los motores nos arrojaron sobre la cara de la ola y salimos disparados.

Apreté los dientes y comencé a contar. Era un instinto natural que se aplicaba en los saltos en paracaídas. Estábamos en el aire y caíamos muy rápido. «¡*Mil, dos mil, tres mil, cuatro mil!*».

Nos estrellamos en la parte más baja de la ola, el impacto lanzó al marino en la proa fuera del bote y el resto de los cuerpos se azotaron en el duro piso de aluminio.

—¡Hombre al agua! ¡Hombre al agua!

Antes de que nadie pudiera reaccionar, otro muro de agua de nueve metros ya estaba sobre nosotros.

El timonel levantó la vista y arrancó los motores, intentando colocar la proa en dirección a la rápida ola.

Miré a Paluso y a Rainville, quienes gemían de dolor y se sujetaban las costillas, justo donde recibieron el impacto contra el costado del asiento.

Golpeamos la siguiente ola igual que la primera, nos elevó por la cara hasta más allá del borde. «Mil, dos mil, tres mil, cuatro mil, mierda… ¡cinco mil!».

Caímos con tanta fuerza que el impacto me sacó el aire, la proa se quebró, los motores se apagaron y el RHIB estaba ahora sin potencia en el agua. Levanté la vista y todo lo que pude ver fue la siguiente ola. La ola del día: un monstruo de doce metros que estaba a punto de hacernos pedazos.

—¡Sujétense! —grité.

La ola arrastró al bote, lo levantó en posición vertical y después, con un rugido furioso, nos estrelló por debajo de la espuma.

El RHIB dio vueltas bajo el agua y yo estaba atrapado en el asiento, girando una y otra vez mientras la fuerza de la ola me empujaba desde el fondo. De algún modo, la línea de tiro, esa cuerda delgada de nailon que los SEAL usan para atar equipo suelto, se había enrollado en mi cuello y mis brazos. Era como una cuerda para estrangular que me ahorcaba mientras daba volteretas una y otra vez. Tomé la línea e intenté quitarla de mi cuello, pero la tensión era demasiada y, cuanto más la jalaba, más se apretaba.

Hubo muchas ocasiones en mi carrera como SEAL en las que estuve frente a la posibilidad de morir, pero los sucesos ocurrían tan rápido que solo tenía tiempo para reaccionar. Todo terminaba antes de siquiera poder pensar en ello. Pero ahí, atrapado bajo el RHIB con un nudo alrededor de mi cuello, sin aire para respirar, pensé que realmente sería mi fin.

Una quietud se apoderó de mí. Diferentes tonos de luz y oscuridad parecían destellar frente a mis ojos cuando la agitada agua cambiaba de color. Así era como iba a morir. Mis pensamientos eran lentos y metódicos. Mientras seguía jalando la línea, aunque ya sin esperanza de liberarme, me dije: «Nunca volveré a ver a Georgeann, a Bill, a John o a Kelly. Querido Dios, cuida de ellos».

Seguía luchando por respirar, pero mis pulmones habían empezado a contraerse. Sonidos guturales profundos hicieron eco en mis oídos y todo comenzó a desvanecerse en la oscuridad.

Di un último jalón a la línea, haciendo un último esfuerzo por sobrevivir. «Por favor, déjame vivir».

Durante mi vida en los Equipos hubo muchos momentos en que ocurrieron cosas inexplicables. Momentos en que todo lo que estaba en mi contra se resolvía repentinamente y yo podía salir de la oscuridad a la luz. Y, en los momentos de tranquilidad que siguen, cuando reflexionaba sobre el evento, tenía que llegar a la conclusión de que la mano de Dios había intervenido para salvar mi vida. Ese fue uno de esos momentos. De pronto, inexplicablemente, ¡me liberé! Quedé libre del asiento, de la línea de tiro y del bote.

Me elevé y salí a la superficie con un resuello. Levanté la vista y me di cuenta de que aún me encontraba en la zona de oleaje, y en cuanto giré vi que la siguiente ola estaba casi sobre mí. El viejo chaleco salvavidas que vestía perdió su flotabilidad y mi uniforme se sentía pesado por el agua. No sobreviviría a otro golpe.

Entre el rugido de las olas alcancé a escuchar un grito apagado.

—¡Capitán! ¡Capitán!

Miré hacia la costa y vi un Zodiac que se aproximaba hacia mí. A bordo se encontraban dos SEAL vestidos únicamente con trajes de baño, uno conducía el fueraborda y el otro se posicionaba para sacarme del agua. El SEAL en la proa apuntaba. Apuntaba a la siguiente ola. No lo iban a lograr, y sabía que si se volcaban en ese oleaje, con el agua a esa temperatura, les costaría la vida. Pero continuaron avanzando.

La primera ola crecía de forma gradual mientras los SEAL se apresuraban para sujetarme. Justo en la base de la ola, el timonel SEAL torció el motor con fuerza, hizo un giro en U y condujo hasta colocarse al lado de mi cabeza. Como no tendría tiempo para subirme, el SEAL en la proa me sujetó con todas sus fuerzas contra la borda plástica, mientras las hélices del motor fueraborda rozaban las suelas de mis botas para selva.

—¡Resista, capitán! —gritó.

Boca arriba, y colgando a un costado del Zodiac, todo lo que podía ver era el muro de océano azul verdoso a punto de aplastar al pequeño bote. El fueraborda gimió cuando el timonel presionó el acelerador a toda potencia, en el momento exacto en que el torrente de agua se desbordaba desde la parte superior de la ola e impactaba a centímetros del Zodiac que huía. La caldera de espuma agitada nos empujó al doble de velocidad e impulsó al bote hacia aguas más tranquilas.

Miré atrás y vi que logramos salir de la zona de oleaje y estábamos en la seguridad del puerto. Cuando el Zodiac desaceleró, el SEAL en la proa me subió al bote.

—¿Se encuentra bien, capitán? —me preguntó mientras yo rodaba por el piso del bote.

Me tomó uno o dos segundos responder debido a que estaba temblando de frío.

—Estoy bien. ¿Qué pasó con el resto de la tripulación?

—Salieron disparados del bote cuando el RHIB se volcó. La corriente los llevó hacia el puerto. Creo que el otro RHIB los recogió.

—Llévenme al otro RHIB. Necesito estar seguro de que la tripulación está completa.

Momentos después llegué al segundo RHIB y a bordo estaba el teniente Jones intentando asegurarse de que todos sus hombres estaban ahí. Para un hombre que acababa de perder su bote y que claramente estaba herido por el impacto de la ola, estaba haciendo exactamente lo que se esperaba de él: tomó el mando de la escena del accidente y estaba haciendo su mejor esfuerzo por rescatar una mala situación. Con mi rescate, ahora tenía a todos sus hombres a salvo.

En su rostro había una expresión que yo conocía bien, era de miedo. Miedo por haber fallado en sus deberes. Miedo de que su futuro como oficial naval estuviera acabado. Miedo de que sus compañeros marinos le perdieran el respeto. Y lo peor de todo, miedo porque la evolución casi les había costado la vida a sus hombres. Era un miedo profundo.

—¿Se encuentra bien? —pregunté.

—Sí, señor —me respondió con estoicismo.

Lo rodeé con mi brazo y lo acerqué a mí.

—Escúcheme —dije con gentileza—, no importa lo que suceda, todos están vivos. Todo estará bien.

Asintió, pero eso no pareció consolarlo. Perder un bote en la Marina, incluso uno pequeño, nunca es algo bueno.

Pero estar cerca de la muerte pone las cosas en perspectiva. No habría funerales, ni el suyo, ni el mío ni el de nuestros compañeros SEAL o de los encargados del bote. No habría esposas en duelo o niños huérfanos. No habría un monumento dedicado a las vidas perdidas de valientes marines. Solo habría la felicidad de que todos volvieron vivos.

Le di una palmada en la espalda y, riendo, le dije:

—Bueno, ustedes los de los botes sí que saben cómo divertirse.

—¿Señor? —respondió con sorpresa.

—Hagan lo que puedan para sacar el bote y, poner todo en orden, yo haré los reportes para nuestros superiores.

Jones sonrió, aun temblando de frío.

—Gracias, señor. —Hizo una pausa, miró hacia las olas que aún golpeaban y amenazaban al estrecho canal—. Creí que moriría.

Reí.

—Sí. Yo también —admití—. Pero no sucedió, así que saquémosle el mayor provecho.

Salté de vuelta al Zodiac y volví al muelle.

De regreso en la costa los cinco hombres heridos fueron colocados sobre el piso de la estación de la Guardia Costera a la espera de una ambulancia. Mientras tanto los enfermeros los atendieron de la mejor forma posible.

Paluso, quien se había fracturado el pie izquierdo y se había roto las costillas, sujetaba su costado intentando encontrar una posición cómoda, tenía la cara distorsionada por el dolor y su respiración era rápida y agitada.

Caminé hasta él, me incliné y saqué los puros, maltrechos y empapados con agua salada.

—Geno, mojaste mis habanos.

Paluso sonrió y se talló la cabeza con la señal universal del dedo solitario.

—Supongo que tengo una deuda con usted.

—Lo descontaremos del precio del RHIB —respondí—. Eso debería bajarlo a medio millón.

Paluso gimió, no sé si por el dolor o porque de pronto se dio cuenta de que, de hecho, habíamos perdido un bote de quinientos mil dólares.

Las ambulancias llegaron y comencé a notificar a mis jefes del accidente. Cada llamada telefónica me recordaba por qué elegí al ejército como un modo de vida. Cada oficial superior, al escuchar sobre la pérdida del costoso bote, tenía una sola pregunta: «¿Usted y los hombres están bien?».

De los siete hombres a bordo del RHIB, cinco terminaron en el hospital con costillas rotas, piernas fracturadas, contusiones e hipotermia leve. Ese mismo día otra tripulación de Zodiac se lanzó al oleaje para rescatar al teniente Tom Rainville, quien casi se ahoga porque su traje de buceo se llenó de agua. El RHIB finalmente fue recuperado del fondo del océano, pero era una pérdida total. Se llevó a cabo una investigación y durante los siguientes noventa días se tomaron declaraciones, se grabaron entrevistas y se hicieron reportes. El reporte final concluyó que, pese a la pérdida de un vehículo de gran valor, era fundamental realizar un entrenamiento para hacer una evolución tan desafiante como esta. Y si bien la decisión de intentar cruzar el oleaje no fue sensata, el consejo de revisión reconoció que tomar riesgos es parte de lo que nos convierte en una fuerza de operaciones especiales. Todos recibiríamos una segunda oportunidad.

Por sus acciones ese día, al salvar mi vida y la de Tom Rainville, los suboficiales Dan Mero, Nate Johnson, Scotty Stearns y el sub-oficial primero Brad Lucas recibieron la Medalla de la Armada y del Cuerpo de Marines, la más alta condecoración por heroísmo en tiempos de paz. En noviembre de 1995 mi esposa, Georgeann, de pie a mi lado, y yo, tuvimos el honor de colocar la medalla en el pecho de cada uno de esos hombres.

Algunos años después serví en el comité de promoción para el teniente Jeremy Carter, el oficial al que encontré culpable de conducir bajo la influencia del alcohol. *Un buen hombre que había cometido un error.* Carter fue ascendido a teniente comandante y con el tiempo llegaría a servir en Irak y Afganistán, donde se ganaría la Estrella de Bronce por su valor al salvar las vidas de muchos de sus compañeros SEAL, quienes también recibieron una segunda oportunidad.

CAPÍTULO DIEZ

RANITA EN EL AIRE

San Diego, California
2001

¡Seis minutos! ¡Seis minutos!

El maestro de salto SEAL hizo un ademán a la tripulación de la aeronave y la rampa del C-130 descendió lentamente, rugiendo como una bestia mecánica gigante.

Eran mediados de julio en San Diego, el cielo fuera del avión estaba despejado y se veía azul, apenas un par de tonos más claro que el océano Pacífico, que se extendía desde la rampa de la aeronave hasta el horizonte.

Yo era capitán de la Marina, comodoro del Grupo Uno de Tácticas Navales Especiales, y estaba a cargo de todos los SEAL en la costa oeste. Estábamos dispuestos a las afueras de la Base Anfibia Naval (NAB) Coronado, en California. NAB era una pequeña península artificial que sobresalía hacia la bahía de San

Diego y, por mucho, era el mejor lugar que la Marina tenía para hacer base. Treinta minutos antes otros quince SEAL y yo habíamos abordado el avión C-130 a las afueras de la base aeronaval de North Island y nos estábamos preparando para un salto en caída libre de entrenamiento sobre Brown Field, ubicado justo al sur de San Diego, en la frontera mexicana.

—¡De pie! —fue la siguiente orden.

Los saltadores desabrocharon sus cinturones de seguridad, se levantaron de las bancas de nailon y giraron en dirección a la rampa. El rugido de las cuatro turbohélices Allison era ensordecedor.

—¡Revisen el equipo! —gritó el maestro de salto.

—¡Revisen el equipo! —respondió cada saltador.

No había nadie enfrente de mí cuando miré en dirección a la parte posterior de la aeronave, pero el hombre detrás de mí comenzó a revisar mi paracaídas de caída libre MT-1X para confirmar que el seguro de apertura estuviera colocado apropiadamente y que el dispositivo de apertura automática estuviera configurado en la altitud correcta.

Una vez que revisamos el equipo, comenzando desde el fondo de la línea, cada hombre le dio una palmada en el trasero al hombre que tenía enfrente, lo cual indicaba que el equipo estaba listo para saltar. Como yo era el último hombre en la línea, recibí una fuerte palmada en el trasero y anuncié al maestro de salto que estábamos listos para salir.

El maestro de salto volvió a la rampa, se arrodilló y echó un último vistazo por el flanco de la aeronave. Se comunicó con el piloto para alinear al C-130 en el curso correcto para asegurarse de que, cuando los SEAL saliéramos del avión a 3 962 metros, estuviéramos en la posición correcta para alcanzar la zona de aterrizaje.

—¡Un minuto!

—¡Un minuto!

El maestro de salto me indicó acercarme al borde de la rampa. Los otros saltadores se colocaron en posición en una línea recta detrás de mí. Me acerqué a la rampa y eché un vistazo al terreno debajo de mí. Desde casi cuatro mil metros, podía ver la extensa ciudad de Tijuana, México, el cruce fronterizo que llevaba al sur de San Diego y lo alto que estaba el césped en los campos descuidados. Nos dirigíamos en dirección norte y todo el sur quedaba a la vista.

Con un susurro, comencé a cantar «Happy Anniversary, baby, got you on my miiiind», una y otra vez. Era una de esas supersticiones tontas que habían comenzado en la escuela de salto del ejército hacía más de veinticinco años. Antes de cada salto cantaba esas palabras con la certeza de que evitarían que me lastimara. Hasta ese momento habían funcionado. Debía haber algo mágico en ellas.

El maestro de salto me puso en frente de mi equipo y me llevó hasta el borde mismo de la rampa. Me miró directo a los ojos, sonrió y gritó:

—¡Vamos, vamos, vamos!

Arrojé los brazos al frente y encogí las piernas detrás de mí, me lancé por la rampa, girando un poco antes de que la fuerza de la hélice y la velocidad de la caída comenzaran a nivelarme. El viento pasaba a mi lado a toda velocidad silbando muy fuerte. Mi corazón latía con fuerza y mi respiración coincidía con los latidos en mi pecho. En cuanto gané velocidad, coloqué los brazos en paralelo a mis oídos y dejé que mis piernas se extendieran un poco. Mi respiración comenzó a desacelerarse. Mi pulso se estabilizó.

Me estabilicé a los 3810 metros. No había deslizamientos, ni giros, ni tumbos. Si bien muchos de los chicos en los Equipos eran saltadores excepcionales, con la capacidad para maniobrar con facilidad por el cielo, yo no era uno de ellos. Pero de cualquier modo me encantaba saltar. Había algo especial en la libertad que se sentía al caer por el aire a 193 kilómetros por hora mientras la tierra debajo avanzaba a tu encuentro a toda velocidad. Era al mismo tiempo emocionante y aterrador. Saltar en paracaídas era una de las grandes emociones de ser un SEAL, y cada salto desde un avión era memorable.

En cuanto miré al océano Pacífico y a las hermosas colinas que rodeaban el sur de San Diego, supe que ese sería otro salto que nunca olvidaría.

«Tres mil pies».

Los otros paracaidistas comenzaron a ser visibles. Todos vestíamos los trajes de vuelo estándar color verde de la Marina, cascos negros Pro-Tec, lentes protectores y en nuestras espaldas un paracaídas de ochenta metros cuadrados, con un paracaídas de reserva más pequeño que podía desplegarse si fallaba el paracaídas principal.

A mi derecha vi a algunos de los mejores saltadores formando un grupo de cuatro; cuatro saltadores con los brazos entrelazados, cayendo juntos hasta el momento de jalar las cuerdas de apertura. Los envidiaba. El trabajo relativo, la habilidad para maniobrar con suavidad en el aire era algo que yo no había logrado dominar. Oh, yo podía entrelazar los brazos con uno o dos paracaidistas si estaban cerca, pero navegar por el cielo a un punto específico y detener mi movimiento relativo en un segundo… eso era paracaidismo.

«Mil ochocientos metros».

A mi derecha, debajo de mí, alcanzaba a ver a un saltador. Estaba a unos sesenta metros de distancia y a ciento cincuenta metros por debajo, y giraba ligeramente en contra de las manecillas del reloj debido a que sus brazos no estaban simétricos y la fuerza del aire lo empujaba a la izquierda.

Al otro lado había dos saltadores. Uno estaba justo a mi izquierda, pero el segundo SEAL estaba a unos treinta metros de distancia y a sesenta metros por debajo. Giré las manos ligeramente y maniobré a la derecha para asegurarme de estar fuera de su camino. El SEAL que giraba a mi derecha había corregido su posición corporal y se alejaba de mí, listo para abrir su paracaídas.

Debajo de mí, el océano parecía liso y tranquilo. El aire estaba limpio y un poco fresco para un día de julio. El sol brillaba, pero no era cegador. Todo era perfecto.

«Mil seiscientos metros».

—¡Mierda!

El SEAL más cercano debajo de mí agitó los brazos para indicar que estaba a punto de abrir su paracaídas. Nuestros caminos habían convergido en el cielo y estaba justo debajo. En un instante el pilotín salió de su espalda y dio un jalón ascendente cuando el paracaídas principal se desplegó. Hice mis brazos a un lado e intenté alejarme del hombre y su paracaídas mientras volábamos a toda velocidad el uno contra el otro, él frenando su descenso y yo cayendo a 190 km/h.

De pronto quedé envuelto por el manto principal color azul claro de él. Cuando se abrió su paracaídas de nailon, me golpeó con la fuerza de un boxeador peso pesado y me arrojó dando tumbos por el aire. Aturdido por el impacto inicial de la tela desplegada, luché por entender qué sucedía. Aunque me había deslizado por el paracaídas abierto del saltador, ahora estaba cayendo fuera de control, sin saber cuál era mi altitud o si había quedado inconsciente por un momento.

Mientras giraba de cabeza, lo único que veía era el suelo y el cielo, suelo y cielo, suelo y cielo. ¿Dónde estaba mi altímetro? ¿Cuánto tiempo quedaba para el impacto? ¿Tenía tiempo para estabilizarme? Al diablo. «*Jala el cordón de apertura. ¡Jala el cordón de apertura!*».

Tomé la manija de aluminio, la jalé con fuerza y sentí cómo se desplegaba el pilotín. Suelo, cielo, suelo, cielo, suelo, cielo. El pequeño paracaídas salió de mi espalda y se enredó en mis piernas, sacudiéndose contra mis tobillos mientras intentaba soltarlo.

Suelo, suelo, suelo. Ahora solo veía el suelo que se acercaba a mí a toda velocidad. Estaba de cabeza y enredado en un desastre de pilotín, paracaídas principal desplegado a medias y bandas. Con cada centenar de metros que caía, sentía cómo el paracaídas principal iba saliendo centímetro a centímetro de la mochila, enredándome aún más en nailon.

Levanté la cabeza hacia el cielo y vi que mis piernas estaban atadas por dos conjuntos de bandas, las largas cintas de nailon que conectaban al paracaídas principal con el arnés en mi espalda. Las dos bandas se habían enredado en cada una de mis piernas. El paracaídas principal había salido por completo de la mochila, pero estaba atorado en mi cuerpo.

Mientras luchaba por liberarme del enredo, sentí como la tela se despegó repentinamente de mi cuerpo y comenzó a abrirse. Miré mis piernas, sabía lo que venía.

«Madre mía…».

En cuestión de segundos la tela atrapó el aire. Las dos bandas, cada una enredada en una pierna, se separaron repentina y violentamente, y se llevaron mis piernas consigo. Mi pelvis se separó al instante mientras la fuerza de la apretura rasgaba mi torso inferior. Los miles de pequeños músculos que conectan la pelvis al cuerpo fueron arrancados de las articulaciones.

Abrí la boca por completo y dejé salir un grito que se debe haber escuchado hasta México. Un dolor abrasador atravesó mi cuerpo, enviando olas punzantes hacia mi pelvis y hacia mi cabeza. Violentas convulsiones musculares sacudieron mi torso y dispararon más dolor hacia mis brazos y piernas. Entonces, como si fuera una experiencia extracorporal, adquirí consciencia de mis gritos e intenté controlarlos, pero el dolor era demasiado intenso.

Aún estaba de cabeza y cayendo demasiado rápido, por lo que me giré hacia arriba en el arnés y con ello disminuí un poco la presión en mi pelvis y espalda.

«Cuatrocientos cincuenta metros».

Había caído más de mil doscientos metros antes de que el paracaídas se desplegara. Las buenas noticias eran que tenía un manto completo desplegado sobre mi cabeza. Las malas eran que estaba a tres kilómetros de la zona de aterrizaje, tenía el cuerpo despedazado por la apertura del paracaídas y me estaba dirigiendo a un campo de estacas para tomates de dos metros y medio de altura.

El *shock* se estaba apoderando de mí. Mi respiración era errática y sentía mi cuerpo adormecido, pero seguía pensando con claridad. Observé el campo de tomates y encontré un área de pasto alto que al parecer no estaba plagado de palos puntiagudos.

El paracaídas estaba invertido y las manijas que controlaban la dirección de vuelo estaban en dirección contraria. Jalé con fuerza la manija izquierda y maniobré para mover el paracaídas cuadrado a la derecha, intentando preparar el aterrizaje. Un pequeño parche de pasto alto parecía atractivo, pero no había modo de saber qué había oculto ahí. Demasiado tarde, ya no había otra opción.

Nivelé el paracaídas para una aproximación corta, esperé hasta estar a unos tres metros del piso y, de forma simultánea, jalé ambas manijas hacia abajo. El paracaídas se ensanchó hacia arriba, me reacomodó sobre mi espalda y me deslizó con gentileza sobre el campo suave.

«Bueno», pensé riéndome de mí, «puede que sea un imbécil en el aire, pero sé cómo aterrizar en paracaídas».

El dolor desapareció porque caí en *shock*. Me quedé acostado sobre mi espalda, con el paracaídas enganchado detrás de mí y envolviendo el pasto alto.

—Oh, esto no es bueno —dije al ver mi pelvis. Los huesos sobresalían por un costado y hacían que mi traje de paracaidismo se abultara de forma extraña en el lado derecho. No podía sentarme. Los músculos de mi abdomen ya no estaban conectados. No podía moverme a ningún lado.

—Mierda.

Miré los alrededores y pensé que nadie sabía dónde estaba. El pasto alto ocultaba mi ubicación y, a menos que alguien en la zona de aterrizaje hubiera notado mi descenso, podía pasar una hora antes de que me encontraran.

A mi costado tenía sujeta una bengala Mark 13, un dispositivo señalador que arroja una llama de gran intensidad que se puede ver a kilómetros. Era una excelente idea, pero había un pequeño problema: estaba en un campo de pasto alto y seco. Oh, seguro que me encontrarían, pero hasta que los bomberos descubrieran mi cuerpo achicharrado y lo sacaran de entre las plantas de tomate.

Pasaron los minutos mientras yo seguía intentando pensar en mis opciones.

—¡Billy! ¡Billy Mac!

Escuché una voz a la distancia.

—¡Por aquí! ¡Por aquí! —grité.

Varios hombres se iban abriendo paso por la hierba alta.

—¡Billy!

La voz me sonó conocida, era la de Bill Reed, un veterano de Vietnam duro como los hay, quien también había saltado.

—¡Aquí! —Mi voz se desvanecía.

Estaban rodeando mi posición.

—¡Billy!

—Aquí…

A través de mis gafas empañadas alcancé a ver el cabello rubio y el rostro severo de Billy Reed.

—Billy ¿estás bien?

No permitía que muchos hombres me llamaran Billy, pero a Bill Reed lo conocía desde hacía más de veinte años y le tenía un gran respeto.

—Creo que estoy bastante roto, Bill.

—Una ambulancia viene en camino —respondió Reed. Yo asentí.

—Cielos, debió ser un aterrizaje horrible.

—No pasó durante el aterrizaje. Ocurrió en el aire.

Comencé a ver más hombres. El enfermero de la zona de aterrizaje se inclinó sobre mí.

—Señor, soy Doc Smith. Los EMT[5] están en camino. ¿Puede decirme dónde está herido?

Smith era un enfermero de los SEAL de la Marina. Si bien no eran médicos calificados, los enfermeros de los Equipos eran increíblemente buenos para atender traumatismos.

—Pelvis, espalda, piernas.

Alcanzó su bolsa de equipo, extrajo un par de tijeras quirúrgicas grandes y comenzó a cortar mi traje de paracaidismo para retirarlo de mi cuerpo. Otros dos SEAL lo ayudaron cuando empezó a analizar la extensión de mis lesiones. Alguien más me quitó las botas.

Escuché el sonido de la ambulancia a la distancia. A mi alrededor ya había mucha actividad, y Smith y Reed dirigían la acción.

—¿Siente dolor? —preguntó Smith.

—No, Doc. Me siento bien.

Ambos sabíamos que eso no era una buena señal.

—Puedo mover los dedos de los pies —dije con alegría. Sabía que si no podía hacer eso significaba que mi columna estaba rota.

Doc no sonrió.

—Mierda… —escuché a alguien decir con voz apagada.

Me habían quitado el traje y la extensión de mis lesiones ahora era evidente para quienes me rodeaban.

—Comodoro, vamos a quitarle el casco y las gafas. Dígame si siente cualquier dolor —dijo Smith.

---

5. Siglas de Emergency Medical Technician; Técnico de Emergencias Médicas. [*N. del T.*]

—Yo me encargo —escuché que decía Steve Chamberlain, mi jefe maestro al comando. Chambo era mi recluta de mayor rango en el Grupo Uno de Tácticas Navales Especiales y con el que mejor había trabajado. Como persona era duro, y como profesional era demandante y absolutamente leal. Sabía que siempre podía contar con Chambo.

Chamberlain levantó mi cabeza y me quitó el casco y las gafas con gentileza.

—Chambo.

—Sí, señor. Aquí estoy.

—Chambo. Llama a Georgeann y dile que estoy bien.

—Sí, señor. Lo haré.

Sabía que no cumpliría mi petición. Hay procedimientos. Alguien contactaría a Georgeann y le informaría que hubo un accidente, pero nadie le daría detalles de mi situación hasta que doctores reales me hubieran valorado.

Escuché que el ulular de la sirena de la ambulancia se aproximaba cada vez más y que los chicos la dirigían por los campos de tomates hacia mi ubicación.

En poco tiempo me pusieron en una camilla y me subieron a la ambulancia. Doc Smith se metió después de mí y la ambulancia avanzó por el campo hasta llegar a un camino de terracería. En pocos minutos llegamos a la autopista y nos dirigimos al hospital Sharp Memorial en el centro de San Diego.

El EMT me conectó a varias máquinas y sacó una jeringa de su bolsa.

—Señor, le voy a inyectar algo de morfina para el dolor.

—No, no me ponga nada—dije.

—Señor, no tiene que hacerse el duro. El dolor debe ser insoportable. Déjeme inyectarlo.

—¡No, nada de morfina!

Es cierto, no estaba en mi sano juicio, pero muchos años antes había leído una novela de espías donde el personaje principal rechaza la morfina para poder sentir el dolor y no ocultar sus heridas. Muy bien, sé que suena estúpido, pero…

—Señor, es mi obligación darle morfina a menos que me indique específicamente que no lo haga. Y debe indicármelo tres veces.

—Muy bien.

—Señor ¿ entiende lo que le estoy diciendo?

—Sí.

—¿Quiere morfina?

—No.

—¿Quiere morfina?

—No.

—¿Quiere morfina?

—No.

El EMT sacudió la cabeza.

Doc Smith se inclinó hacia mí.

—Señor ¿está seguro? —Sonrió.

—Sí, Doc. Estoy seguro.

En menos de veinte minutos llegamos a la entrada de emergencias del Sharp Memorial. Un frenesí de actividad comenzó mientras doctores, enfermeras y médicos me rodeaban y me conducían a la sala de emergencias. Mientras me llevaban por los pasillos del hospital, asegurado en la camilla, lo único que veía eran las baldosas acústicas del techo y a la enfermera que ocasionalmente se inclinaba para preguntarme cómo me sentía.

Entonces una voz resonante sobresalió de entre el ruido del caos orquestado.

—Cielos ¡está bien jodido, comodoro!

—Bueno, he tenido mejores días —respondí.

El teniente Mark Gould era un cirujano de la Marina que había sido asignado al Sharp para obtener más entrenamiento. Gould era un antiguo médico de las Fuerzas Especiales del Ejército, después de terminar su reclutamiento con el ejército y obtener su título, se unió a la Marina y recibió su grado médico de la escuela médica militar en Maryland. Tomó el portapapeles del fondo de la camilla y caminó con paso enérgico junto al personal que me estaba llevando a la sala de emergencias.

—¿Cuál es mi estado, doc?

—Bueno, parece que se te separó la pelvis y la espalda y las piernas están jodidas. Pero lo que es realmente preocupante es si tienes heridas internas.

Asentí.

—Te van a llevar a la sala de emergencias para hacerte algunas radiografías y después de eso tendremos una mejor idea de qué hacer.

Una vez en la sala de emergencias, los doctores comenzaron a administrarme un tinte radiactivo diseñado para identificar daños internos. De pronto sentí que estaba perdiendo la consciencia, pero alcancé a ver la preocupación en el rostro del doctor Gould.

—¿Se encuentra bien, señor?

Estaba respirando en forma errática e intentando calmarme.

—Doctor, tengo miedo.

Una enfermera empujó a Gould sin miramientos y comenzó a decir mis lecturas en voz alta.

—La presión sanguínea está cayendo —anunció en voz muy alta—. ¡El pulso está cayendo!

Mi cuerpo había reaccionado mal al tinte.

La enfermera tomó mi mano, la apretó con gentileza y dijo:

—Quédese conmigo.

Todo lo que podía ver por encima de su máscara quirúrgica eran sus ojos azules, pero eran los ojos de una buena persona, de mediana edad, madura, cariñosa, profesional. Había algo en sus ojos que me daba cierta confianza, que me hacía sentir bien.

Luché por respirar para intentar calmarme, pero sentía cómo mi mente se escapaba.

—¡Lo perdemos! —gritó la enfermera de ojos azules.

—¡Necesito epinefrina ahora!

«Sigue despierto. Sigue despierto. Necesito seguir despierto».

Rostros enmascarados entraban y salían de mi campo visual.

—Quédese conmigo —me exhortó Ojos azules. En mi mente asentí.

Me dio una palmada gentil en el brazo.

—Eso es. Quédese conmigo.

«No iré a ninguna parte», pensé, pero quizá me equivocaba.

—¡Vamos! —gritó—. ¡Sigue cayendo! —Apretó mi mano con fuerza y vi que sus ojos observaban el monitor—. Vamos, vamos —susurró para sí misma.

—La presión se está normalizando —gritó alguien.

Los ojos de la enfermera nunca se alejaron del monitor, pero gentilmente me dio algunas palmadas en la mano como si intentara persuadir a mi presión sanguínea para que volviera a la normalidad.

Luego de algunos minutos se inclinó sobre mí y le dio a mi mano un buen apretón.

—Muy bien, va a estar bien —dijo—. Lo hizo muy bien. —Sonrió y su mascarilla se levantó sobre sus pómulos.

Mi respiración empezó a normalizarse poco a poco. Me pareció que pasaron varios minutos antes de que Ojos azules volviera a mi campo visual.

—Muy bien. Le daremos algo para que pueda dormir.

—¡No! —protesté—. ¡No quiero dormir!

La mente hace cosas raras cuando el cuerpo está destrozado. En ese momento para mí dormir significaba la muerte, estaba seguro de ello. Nada de morfina, nada de dormir. Necesitaba estar despierto, sentir el dolor, permanecer consciente.

—Está bien. No vamos a operarlo en este momento, pero necesitamos hacer algunos escaneos para asegurarnos de que no tiene hemorragia interna. Será más fácil si está dormido.

—No —repetí—. Estoy bien.

Ojos azules sacudió la cabeza y se alejó, pero alcancé a escuchar que hablaba con Gould. Momentos después volvió y me dijo.

—Muy bien, señor. Vamos a mantenerlo despierto, pero si se pone muy irritable o siente que no resiste el dolor, tendremos que dormirlo.

—Lo entiendo.

La imponente cara del doctor Gould volvió a aparecer.

—Vas a hacer que crean que todos los SEAL son unos malditos superhumanos.

—No doc, no lo somos, solo que tenemos miedo de perder el control.

—Muy bien, comodoro. Vamos a ir de paseo.

Durante la siguiente hora me tomaron rayos X, me hicieron escaneos, sondeos y finalmente me devolvieron a la unidad de cuidados intensivos. Ojos azules me quitó el collarín y pude ver más de lo que me rodeaba.

Reunidos frente a la ventana de cristal estaban Georgeann, mi hijo John, que entonces estaba en primer año en la universidad, y Joe Maguire, mi buen amigo y compañero SEAL, quienes aguardaban noticias del médico que me atendía. Algunos minutos después, Joe entró al cuarto.

Joe y yo nos habíamos conocido desde hacía veinte años, durante nuestros primeros días en las Filipinas. Él, su esposa, Kathy, y sus dos hijos, Daniel y Catherine, eran nuestros amigos más cercanos. Joe se había roto la espalda en un accidente durante un descenso rápido muchos años antes. Georgeann y yo habíamos sido los primeros en llegar al hospital en ese entonces. Eso es lo que hacen los buenos amigos.

Joe siempre estaba animado y nunca le faltaba un chiste o una buena historia que contar para que uno se sintiera mejor.

—Vaya ¡lo que hacen algunos tipos para no ir a trabajar!

—Sí, me estaba cansando un poco de las reuniones diarias de oficiales.

—¿Te sientes bien?

—No lo sé ¿qué te dijo el doctor?

—No estoy seguro de que deba decírtelo. —Joe miró alrededor de la sala y entonces susurró—: Estás bastante jodido, pero las buenas noticias son que no hay daño interno y que tu columna está bien.

—¿Cuáles son las malas noticias?

—Tu pelvis se separó unos doce centímetros. Todos los músculos de tu abdomen y tus piernas se separaron de los huesos y tu espalda se fracturó un poco.

—Ah, entonces no es gran cosa —me reí.

—Nah, estarás bien —dijo Joe sin convicción.

Vi que afuera los doctores estaban hablando con Georgeann. Ella asentía estoicamente mientras le daban las noticias. «Desde luego», leí en los labios del doctor cuando Georgeann preguntó si podía verme.

Georgeann y John entraron al cuarto y se acercaron a la camilla. John, un hombre joven, alto y de hombros anchos, quien más tarde obtendría su doctorado en física teórica, era nuestro brillante hijo. Pero también tenía un lado muy sensible y me di cuenta de que, si bien quería abordar mi accidente como algo que estudiar —de forma lógica y científica—, era difícil cuando quien yacía en la sala de emergencias era su padre.

—Hola, papá. ¿Cómo te sientes?

—Estoy bien. —Sonreí—. De verdad, no es la gran cosa. Mira, puedo mover los dedos de los pies.

John inclinó la cabeza y frunció el ceño mientras pensaba en lo que le dije. De inmediato entendió la conexión entre mis dedos y mi bienestar. Forzó una sonrisa y me tocó el hombro.

Georgeann se puso a mi lado y tomó mi mano. Sus dedos se ajustaban entre los míos a la perfección. Para mí no había nada más reconfortante en el mundo que sujetar su mano. Me besó la frente.

—¿Te duele mucho? —preguntó.

—No, no. Estoy bien —mentí.

—Bueno, los doctores dicen que intentarán operarte mañana.

—Claro, claro. Me arreglarán y saldremos de aquí muy pronto.

Ella asintió, intentando mantener la compostura.

Ser la esposa de un miembro de los Equipos nunca era fácil. Se requería ser cierta clase de mujer para decir «acepto». Los SEAL con frecuencia viajan al extranjero y en cada ocasión permanecen allí durante meses. Todos los días están llenos de momentos de ansiedad, las esposas se pasan la vida preguntándose cuándo volverán sus hombres a casa, o si volverán. Cada SEAL que ha estado casado por un tiempo sabe quién es el miembro más fuerte de la familia, y no somos nosotros.

Joe permaneció de pie en silencio mientras John, Georgeann y yo charlamos de trivialidades para convencernos de que, en efecto, todo estaría bien. Más tarde esa noche aparecieron junto a mi cama mis otros dos hijos, Bill, el mayor, y Kelly, quien entonces tenía diez años. Bill, quien siempre había sido un hermano mayor cariñoso, se aseguró de que Kelly no se sintiera mal y, con buena intención, me molestó diciéndome en broma que el accidente tendría consecuencias en mi forma de jugar basquetbol. A Kelly le rodaron lágrimas por las mejillas porque no quería dejarme cuando me llevaron a otra sala.

Algunas horas después el doctor Gould vino para discutir mis opciones.

—Tengo un amigo en Los Ángeles que es el mejor doctor de espaldas del país. Él piensa que tendremos que colocarte una placa al frente y atravesar tu espalda con un tornillo largo para estabilizar la pelvis.

—Bien —dije. A mí me sonaba bien, pero ¿qué carajos iba a saber yo?

—Ahora… —hizo una pausa—. Hay ciertos riesgos. —El doctor se quedó pensando por un segundo, como si dudara entre describir o no todo el procedimiento—. Ese tornillo se colocará muy cerca de tu columna, así que si el doctor comete un error mientras lo inserta, existe el riesgo de que haya complicaciones serias.

Respiré profundamente.

—Pero —continuó el doctor— este tipo es el mejor, y si logramos colocar ese tornillo, las posibilidades de una recuperación completa son mucho mayores.

¿Una recuperación completa? No había pensado en ello hasta ese momento. ¿Y si ya no pudiera ser un SEAL? ¿Qué pasaría si el daño era tan grande que ya no pudiera correr o saltar desde un avión o bucear? ¿Qué pasaría si mi carrera estaba terminada y yo era el único que no se había dado cuenta de ello?

No ¡eso no iba a suceder! Mientras pudiera mover los dedos de los pies (otra vez esa idea fija) seguiría siendo un SEAL.

—Hagámoslo, doc.

—¿Está seguro?

—Lo estoy.

Esa noche llegó el doctor desde Los Ángeles. Mi confianza decayó momentáneamente cuando vi que no parecía tener más de veinticinco años de edad. Resultó que se trataba de un erudito de la cirugía y a la mañana siguiente logró repararme con el tornillo y la placa con gran éxito.

Luego de la recuperación el primer visitante que tuve fue Moki Martin, un SEAL de la era de Vietnam y uno de mis instructores SEAL, que había estado en un accidente de bicicleta algunos años antes. La colisión frontal con otro ciclista lo dejó paralizado de la cintura para abajo y con dificultad para mover sus brazos. Estaba postrado en una silla de ruedas y aun así era uno de los hombres más inspiradores que conocía.

Se acercó a mi cama y extendió su mano para tomar la mía.

—Bueno, salta a la vista que tengo que darte algunas lecciones de paracaidismo.

—Claramente —respondí riendo.

—Hablé con Gould. Dijo que estarás bien pero será una recuperación larga.

—No hay problema, no había nada en mi agenda durante el próximo año.

Acercó su silla de ruedas para poder verme a los ojos.

—Bill, nunca olvides que eres un SEAL. Llegaste hasta este punto en tu vida porque eres duro. Te vi pasar por el entrenamiento. Eras duro entonces y eres duro ahora. Saldrás bien de esta. Sin importar lo que pase… —Hizo una pausa—. No toques la campana.

«No toques la campana. No toques la campana». Era la voz para continuar sin importar qué obstáculos me esperaran adelante. Ningún hombre que portara el Tridente de los SEAL había tocado nunca la campana. Tocar la campana era para aquellos que no podían lograrlo, para aquellos que no eran aptos para los retos del entrenamiento SEAL. Tocar la campana era admitir la derrota. Moki Martin nunca la tocó y yo tampoco lo haría.

Durante la semana posterior a la operación tuve problemas con el «síndrome del ocaso»; alucinaba constantemente, gritaba por las noches, peleaba con las enfermeras y no podía mantener la cordura. Terminé por pedir a mis médicos militares que me dejaran irme del hospital. De verdad temí por mi salud mental a largo plazo.

Después de una acalorada discusión con el personal del hospital, aunque con renuencia, aceptaron dejarme ir con la condición de que los doctores militares me echaran un vistazo durante el día. Esa noche la ambulancia me llevó de vuelta a mi casa en la Base Anfibia Naval. Mi cirujano del comando había equipado la estancia con una cama de hospital.

Durante la primera semana los doctores militares revisaban mi estado a determinadas horas. A medida que mi salud mejoró y mi cordura volvió, Georgeann se encargó de hacer las tareas de enfermería. Todos los días me inyectaba para evitar que mi sangre se coagulara. Cambiaba mi orinal, limpiaba las cicatrices de la cirugía, revisaba mis signos vitales, me alimentaba y, lo más importante, me decía que todo estaría bien. Yo le creía, incluso aunque ella misma no estaba muy segura de que así sería.

Con el paso de los días empezaron a visitarme personas de todas partes para ver cómo me sentía y darme buenos deseos. En menos de tres semanas fui capaz de sentarme en una silla de ruedas y hasta de asistir a un evento de gala tradicional de los SEAL, para consternación de mi doctor, quien no había sido invitado y, por lo tanto, no podía evitar que yo bebiera.

A mí me seguía preocupando que, a pesar de mi rápida recuperación, luego de varias semanas del accidente aún tenía que estar en silla de ruedas. En ocasiones yo mismo me movía en mi silla para ir a mi oficina, la cual se encuentra a pocos minutos de mi casa. Un día el almirante Eric Olson, el comandante del Comando de Tácticas Navales Especiales y mi jefe, vino a hablar conmigo sobre mi futuro.

Olson se había graduado de la Academia Naval y era uno de los SEAL más duros que había conocido. Recibió la Estrella de Plata por sus acciones en Mogadiscio durante el famoso incidente de la caída del Halcón Negro. Era un hombre serio, difícil de leer, pero universalmente respetado y admirado por toda la comunidad SEAL. Olson se convertiría en el primer SEAL de tres estrellas y el primero de cuatro estrellas en la historia de la Marina, pero en ese momento era un almirante de una estrella. Y mi destino estaba en sus manos.

Los reglamentos de la Marina requieren que un oficial que ha sufrido un accidente serio se realice un examen médico completo, después del cual se reúne un consejo médico de la Marina para determinar si el oficial está en condiciones de continuar su servicio. Sabía que en esos momentos el consejo nunca me consideraría apto para continuar como SEAL de la Marina, apenas era apto para salir de la cama.

—¿Cómo te sientes? —preguntó Olson.

—¡Genial, señor! ¡Simplemente genial! —mentí. Estaba adquiriendo ese mal hábito.

—Bill. —Dudó—. Sabes que estoy obligado a entregar tu registro a un consejo médico para que lo revise.

—Sí, señor. Estoy consciente de ello.

Olson continuó.

—Llamé al mando de la Marina y estuvieron de acuerdo con retrasar por unas semanas tu llegada al Pentágono.

Olson acordó en persona que mi siguiente asignación fuera con el mando de la Marina. Me estaba posicionando para convertirme en almirante y sabía que un trabajo en el Pentágono me daría el reconocimiento que necesitaba con los líderes de la Marina.

—El problema es que si el consejo médico no aprueba que continúes tu servicio, es poco probable que la Marina te acepte para una posición en el Pentágono.

—Sí, señor. Lo entiendo —dije resignado hasta cierto punto—. Señor, Bob Harward y yo tenemos programado nuestro cambio de comando la próxima semana. Después de eso tengo algunas semanas de descanso antes de tener que reportarme al Pentágono. Si puedo levantarme de la silla de ruedas y hacer el cambio de comando en muletas ¿hay algún modo de que podamos pasar por alto los requerimientos del consejo médico?

Estaba poniendo a Olson en una posición difícil. Había reglas que seguir. Personas a las cuales notificar. Formatos que llenar.

Olson asintió.

—Está bien, si puedes hacer tu cambio de comando en muletas, veré qué puedo hacer.

Una semana después, vestido en mi mejor uniforme blanco de cuello alto, salí del sedán militar, tomé mis muletas y cojeé hasta la tarima en el exterior. Mientras una banda tocaba, las banderas ondeaban y las campanas sonaban, pasé el comando de los SEAL de la costa oeste al capitán Bob Harward. De acuerdo con la tradición, ambos giramos y saludamos al oficial en jefe, el almirante Eric Olson. Para entonces sabía que el papeleo nunca había llegado a Washington. Rara vez se ha saludado a un oficial en jefe con tanto aprecio.

Esa noche volví a mi casa y colapsé en mi cama. Sabía que me esperaba un camino largo y doloroso. Necesitaría mucho descanso para recuperar mis fuerzas. El almirante Olson había tenido la amabilidad de otorgarme un descanso de treinta días para darme tiempo de rehabilitarme. El descanso adicional retrasó mi llegada al Pentágono por unas semanas, pero el mando de la Marina nunca se quejó ni cuestionó el motivo.

Treinta días después, mientras yacía en mi estancia, Georgeann y yo vimos con horror cómo el Vuelo 11 de American Airlines y el vuelo 175 de United Airlines se estrellaban contra las torres del World Trade Center. Momentos después aparecieron en la pantalla imágenes del Pentágono, con humo saliendo a borbotones del anillo E. Georgeann me miró, pero ni ella ni yo pronunciamos ni una palabra, solo rezamos en silencio por las familias que habían perdido a sus seres queridos en Nueva York, Pensilvania y Washington.

En unos cuantos días mis órdenes para el Pentágono cambiaron. Ahora me uniría al general jubilado Wayne A. Downing en la Oficina de Combate contra el Terrorismo, una dirección de formación reciente en el mando del Consejo de Seguridad Nacional. Nuestro trabajo era coordinar las actividades de contraterrorismo de la nación. Durante los dos años siguientes logré recuperarme por completo y, para octubre de 2003, ya estaba en combate en Irak y Afganistán.

Las muertes se acumulaban y mi rutina diaria involucraba visitas a los hospitales de combate, por lo que nunca olvidé la generosidad de quienes me ayudaron en los tiempos difíciles que pasé después de mi accidente. No pasó una sola semana sin que algún soldado herido me rogara que lo mantuviera en las operaciones especiales. No necesitaban una segunda pierna. Podían ver bien solo con un ojo. Disparaban mejor con una mano protésica.

Pero como comandante tenía un trabajo que hacer. Había reglas que seguir. Personas a las cuales notificar. Formatos que llenar. Tenía que seguir los reglamentos. Pero, por alguna razón mi maldito personal no dejaba de perder el papeleo.

Uno de estos días averiguaré el motivo...

CAPÍTULO ONCE

1600 DE LA AVENIDA PENSILVANIA

La Casa Blanca
Octubre de 2001

¿El papa?

—Sí, el papa.

—¿Quiere que redacte una carta para el papa, de parte del presidente, justificando la guerra en Afganistán?

—Así es.

—¿Sabe que los estudiosos, filósofos y teólogos han intentado justificar la guerra desde… eh… desde el inicio de la humanidad?

—Bueno, tiene una semana.

—Ah, qué bien. Una semana… debería ser tiempo suficiente.

La voz al otro lado de la línea no pareció apreciar mi sarcasmo.

—¿Puede hacerlo o no?

—Sí, señor. Por supuesto. La tendré lista en una semana.

Colgó abruptamente.

Había llegado a la Casa Blanca apenas cinco días antes de tener que presentarme a mi nuevo puesto de director de estrategia y asuntos militares en la Oficina de Combate contra el Terrorismo. Mi jefe, el general jubilado de cuatro estrellas Wayne Downing, había persuadido al almirante Olson de que mis servicios, que consistían en ayudar a orquestar la guerra contra el terrorismo, se podrían aprovechar mejor en la Casa Blanca que en el mando de la Marina en el Pentágono. Georgeann y yo nos habíamos mudado al otro lado del país y junto con Kelly, mi hija de diez años, estábamos viviendo temporalmente en Fort Belvoir, al norte de Virginia.

Los días tenían un sentido de propósito. Estados Unidos acababa de sufrir el peor ataque en su suelo desde Pearl Harbor. La nación se estaba movilizando y por todas partes había banderas. El patriotismo era palpable. Se podía sentir el miedo. Los soldados jóvenes se estaban preparando para la guerra. Las noticias eran un tamborileo constante de urgencia. Un espíritu de venganza llenó el corazón de Estados Unidos y se sentía que era justificado. Nada parecía ordinario, estábamos viviendo una etapa histórica.

Downing miró su teléfono.

—Lamento no poder estar aquí, congresista, pero surgió algo y tengo que salir. Lo atenderá mi director de asuntos militares, el capitán Bill McRaven, quien estará en la oficina. Es un SEAL de la marina, él puede ayudarlo.

«¡Yo!». Me señalé a mí mismo.

Ahora Downing dirigió su mirada hacia mí.

—No, señor. Dudo poder volver. —Downing me miró y giró los ojos—. Sí, señor. A la una en punto. Bill estará listo.

Downing colgó el teléfono y sacudió la cabeza.

—Va a venir Rohrabacher —dijo, refiriéndose al congresista de California—. Quiere que lo ayudemos con un cacique llamado Dostum. Debo irme, encárgate tú.

—¿A dónde va, señor?

—Tengo una reunión con Condi. —Sonrió, porque él sabía que yo sabía.

—Rohrabacher es un congresista muy influyente —indicó Downing—. Tiene los números telefónicos de cada líder muyahidín en Afganistán y piensa que es la autoridad que dirige la guerra desde el Congreso. Solo escúchalo y no prometas nada. —Se rio—. Bueno ¿así es como imaginabas que sería la Casa Blanca?

—No sé qué esperaba, señor. Pero si no puedo estar en el terreno en Afganistán, supongo que la Casa Blanca es lo siguiente mejor.

Downing se levantó de su escritorio, sonrió, me dio una palmada en la espalda y salió por la puerta.

El general Wayne A. Downing, a quien los oficiales de menor rango le decían «el WAD», me caía muy bien, era una leyenda en las operaciones especiales. Se había graduado de West Point en 1962, había servido en la guerra de Vietnam y en la Tormenta del Desierto, recibió dos Estrellas de Plata al valor y un Corazón Púrpura, y era el soldado más duro que el ejército hubiera visto. Había comandado al afamado Regimiento de Rangers, al Comando Conjunto de Operaciones Especiales, al Comando de Operaciones Especiales del Ejército de Estados Unidos y, por último, había estado al mando de todas las operaciones especiales de Estados Unidos. Ahora era el hombre en punta del presidente en la guerra contra el terrorismo. Tenía el cabello rubio cano, de baja estatura pero de complexión ancha y fuerte; era una máquina en buena condición física. A pesar de estar en sus sesentas podía correr más rápido y superar en ejercicios físicos a la mayoría de los hombres más jóvenes. Tenía un sentido del humor seco y, cuando estaba en el ejército, le encantaba poner a prueba la entereza de los oficiales a su cargo. ¿Le podían seguir el paso en carreras de larga distancia? ¿Entendían a Clausewitz, Sun Tzu y Lidell Hart? ¿Les daba miedo saltar en paracaídas a nueve mil metros durante la noche? ¿Se pondrían al frente para dirigir los combates y los entrenamientos? Parecía verlo todo y juzgar la habilidad de cada hombre para comandar.

En algún punto del camino yo había dado la talla.

Eran la una y cuarto y empecé a albergar esperanzas de que el congresista no se presentara. Sentado en la oficina de Downing, miré por la ventana hacia el patio sur. Nuestro espacio en el antiguo edificio del Poder Ejecutivo era pequeño, pero todo lo que importa es la ubicación, y estábamos a dos minutos a pie de la Oficina Oval. Las oficinas en el tercer piso alguna vez habían sido hogar del teniente coronel marine Oliver North, quien había cometido la infamia de involucrarse en el escándalo Irán-Contra, y de usar su posición en la Casa Blanca para enviar armas a los Contras. Aunque habían pasado quince años, el espectro de Ollie North aún pendía sobre todo lo que hacíamos. Se suponía que la Casa Blanca se encargaba de la política, no de las operaciones. Con las llamas aún encendidas en la ciudad de Nueva York, en Washington y en un campo en Pensilvania, me di cuenta de que eso estaba por cambiar.

Alguien tocó la puerta. La abrí y el congresista Dana Rohrabacher y su asistente Al Santoli irrumpieron en el cuarto.

—¿Dónde está el general? —demandó Rohrabacher, caminando a toda velocidad de un cuarto al otro.

—Señor, el general Downing no está en la oficina. Soy Bill McRaven —dije, extendiendo la mano—. Él me pidió que lo ayudara si era posible.

—¿Usted es el SEAL?

—Sí, señor.

—¡Maldita sea! De verdad necesito hablar con Downing.

«No me ofende», pensé.

Caminé por la pequeña oficina y le ofrecí a Rohrabacher la única silla adicional que teníamos. Bien vestido con un traje azul y una corbata marrón, se le podía confundir con un general jubilado. Estaba totalmente afeitado y con el cabello bien peinado, y se comportaba con la confianza y arrogancia que acompañan a alguien que ha estado en una posición de autoridad durante años.

Santoli se apoyó en una pared y Rohrabacher comenzó a hablar rápido.

—Mire, el general Dostum me llamó para decirme que es urgente que se le envíen suministros, y también ataques aéreos, muchos ataques aéreos. Sus hombres están siendo atacados y no van a sobrevivir si no los ayudamos.

Rohrabacher se levantó de la silla y comenzó a caminar de un lado al otro.

—Debe llamar a George Tenet ahora mismo para que las aves de la Agencia comiencen a llevar los suministros. O llame al Pentágono. ¡Llame a alguien para que esos afganos reciban ayuda!

Un teléfono sonó de pronto. Giré para contestar pero me di cuenta de que no era el teléfono de Downing.

—Señor, es Dostum —dijo Santoli mientras sacaba un teléfono satelital de su maletín.

Rohrabacher tomó el enorme teléfono negro marca Iridium.

—¡Sí! ¡Sí! ¡Lo sé! ¡Lo sé! —gritó al aparato—. Estoy tratando de resolverlo tan rápido como puedo. ¿Puede darme algunas coordenadas para el lanzamiento? —Pidió un trozo de papel con un ademán—. Bien. Lo tengo. Lo llamaré tan pronto como lo confirme.

Santoli me miró con una expresión que parecía implicar que esto era algo rutinario para el congresista de California.

—Muy bien, SEAL. Aquí están las coordenadas para el envío. Llame a Tenet y asegúrese de que esto se resuelva.

Miré al número de ocho dígitos en el papel. Por algún motivo pensé que llamar al director de la CIA y pedirle que enviara suministros a un cacique afgano estaba por encima de lo que me pagaban.

—Señor, sé que esto es urgente.

—Claro que lo es, maldita sea. Nuestros aliados van a morir si no reciben suministros pronto.

—Sí, señor, pero no creo que el director Tenet me crea así como así. Tan pronto como vuelva el general Downing le entregaré esto y le diré que le llame.

—¡Llamarme! ¡Llamarme! Hijo, necesito que esto se haga ya. ¿Puedes hacerlo o no?

Miré de nuevo los números en el papel. ¿Así es como dirigiríamos la guerra contra el terrorismo? ¿Con congresistas llamando directamente a las líneas del frente? ¿Había yo sido demasiado ingenuo sobre cómo creía que ocurrían las cosas en Washington?

—No, señor —dije un poco renuente—. Será el general Downing quien se encargue de esto.

—¡Lo sabía! —Se enfureció—. Solo perdí mi tiempo. Dígale a Downing que me llame en cuanto regrese.

Rohrabacher sacudió la cabeza de nuevo para hacer énfasis y tanto él como Santoli salieron de la oficina apresurados.

Downing volvió una hora después y le transmití los detalles de la visita, agregando comentarios coloridos cuando lo consideré apropiado. Él murmuró algo, llamó a Tenet y, un día después, los suministros fueron entregados por vía aérea en las montañas de Afganistán. Tres días después de eso terminé mi carta para el papa y, en una reunión que se realizó la semana siguiente, el presidente Bush se la presentó al nuncio papal para que se la entregara a Su Santidad.

Era evidente que este trabajo no sería lo que esperaba.

El documento en mi escritorio estaba marcado como SECRETO. Se leía como una novela de acción.

—Disparos con arma de fuego estallaron a primeras horas de la mañana del 27 de mayo de 2001, en el hotel Dos Palmas, en la isla de Palawan en el archipiélago de Filipinas. Fanáticos de Abu Sayyaf, la filial de Al Qaeda, gritaron *Allahu akbar, Allahu akbar* y entraron por la fuerza al pacífico complejo hotelero; en cuestión de minutos capturaron a veinte rehenes y los obligaron a abordar una lancha de motor de diez metros. Entre los rehenes se encontraban dos misioneros estadounidenses, Martin y Gracia Burnham. Los Burnham son miembros de la Misión Nuevas Tribus, una organización cristiana evangélica que ofrece servicios a personas de todo el mundo. Martin es un piloto calificado que transporta suministros a quienes los necesiten en las islas filipinas y Gracia brinda apoyo con todo, desde el monitoreo de sus rutas de vuelo hasta la enseñanza de inglés a los locales. Habían llegado a Dos Palmas para celebrar su aniversario de bodas.

Leí el documento otra vez:

—27 de mayo de 2001…

En ese momento era 27 de noviembre de 2001.

—Qué carajos —dije—. ¿Quieren decirme que ambos estadounidenses han sido prisioneros durante seis meses y nadie ha hecho nada?

Los miembros del Grupo de Coordinación Interagencia para Rehenes parecían incómodos. El representante en jefe del FBI habló.

—Bueno, no hemos recibido el respaldo del Departamento de Defensa, y con todo lo que ocurre en Afganistán, la agencia simplemente no tiene los recursos. El Buró tiene poco personal y el gobierno filipino no tiene la capacidad para rescatarlos.

—¡Eso es mierda! —dije—. Estas personas son compatriotas. No podemos dejar que se pudran en la jungla. ¿Cuál es el proceso para hacer que alguien emprenda las acciones?

Miré a los otros miembros alrededor de la sala. El Grupo de Coordinación Interagencia para Rehenes era un comité de representantes de todo D. C. Incluía a todas las agencias de tres letras —CIA, FBI, DOD, NSA—, así como a los departamentos del Tesoro y de Estado. Todos éramos buenas personas, pero solo éramos gerentes de nivel medio, sin autoridad real.

El responsable del Departamento de Estado, dijo:

—Tendríamos que desarrollar un plan y llevarlo a los delegados y a los directores, y esperar a recibir la aprobación del presidente.

—¡Bien! ¿Qué nos detiene entonces?

Un montón de ojos bailaron por la sala. Como el nuevo líder del Grupo de Coordinación para Rehenes (HCG), mi responsabilidad era rastrear a ciudadanos estadounidenses en problemas en todo el mundo y coordinar las actividades de la interagencia para ayudarlos a volver a casa sanos y salvos. El HCG tenía algún tiempo de existencia, pero la realidad era que el gobierno rara vez le ayudaba. Estados Unidos tenía una política de «no negociación» y, en consecuencia, negociar la liberación de rehenes invariablemente recaía en compañías privadas o en la familia de las víctimas. Si bien el FBI y el Departamento de Estado ofrecían asesoramiento y asistencia, no se permitía que el gobierno de Estados Unidos interviniera de forma directa en la entrega de los rescates.

Pero para mí esto era diferente. Abu Sayaff era una organización terrorista y Khadaffy Janjalani, su líder, era un extremista certificado. Aby Sayyaf y Janjalani habían proclamado su obediencia a Osama bin Laden mucho antes del 11 de septiembre. Se ocultaban en las junglas del sur de Filipinas y eran famosos por sus secuestros, decapitaciones y asesinatos políticos. El ejército filipino los había estado cazando durante años sin mucho éxito. Yo estaba convencido de que, con apenas un poco de esfuerzo de Estados Unidos, podíamos rescatar a los Burnham y destruir a Abu Sayyaf. No todos compartían mi optimismo, pero algunos de ellos sí lo hacían.

El representante de la CIA, un agente de campo con experiencia llamado Tom, sonrió por mi entusiasmo de «chico nuevo».

—Sabe… —Hizo una pausa—. Quizá pueda conseguir algún material de reconocimiento aéreo para ver si podemos ubicarlos desde arriba.

—Genial. —Asentí—. ¿Alguien más puede colaborar de alguna manera?

El Departamento de Estado respiró hondo y después ofreció.

—Bien… permítame contactar a la embajada en Manila para ver qué información tienen. Sé que le han seguido el rastro a esto desde el principio.

El tipo del Buró levantó un poco las manos de la mesa para llamar mi atención.

—Sí. Yo también llamaré al agregado legal en Manila para ver si hay alguna negociación entre la Misión Nuevas Tribus y los secuestradores.

—El Tesoro verá qué podemos averiguar sobre los bienes de Abu Sayyaf. Quizá consigamos algo con qué presionarlos.

Miré alrededor de la mesa y sonreí.

—Gracias. Tenemos trabajo que hacer. Reuniré algunas ideas y se las enviaré para que me den sus comentarios. Podemos reunirnos la próxima semana para planear un curso de acción.

Cuando la reunión terminó, Tom, el representante de la CIA, se me acercó y me dijo.

—Me gusta su estilo, yo lo apoyo.

—Bueno, ten cuidado con lo que aceptas. —Sonreí—. Los SEAL no somos conocidos por nuestros métodos tímidos y distantes, ya me he metido en problemas por ello.

—Bien. —Se rio—. Entonces nos vamos a llevar muy bien.

Martin lucía delgado, Gracia estaba pálida y demacrada. Los tres terroristas detrás de ellos, con los rostros cubiertos y armados con rifles AK-47, tenían la clásica pose amenazadora. La prueba de vida fotográfica no sirvió para calmar las preocupaciones sobre el bienestar de los Burnham.

Tanto ellos como los otros rehenes habían estado en movimiento constantemente desde el momento de su captura, avanzaban junto con los terroristas, que para evitar ser capturados caminaban kilómetros todos los días hasta llegar a un nuevo escondite en la jungla para pasar la noche. Yo sabía cómo era aquello por el tiempo que pasé en Filipinas cuando era un SEAL joven. No había nada sencillo cuando se trataba de sobrevivir en la selva.

Las Fuerzas Armadas de Filipinas (AFP), si bien se mostraban entusiastas, no ayudaban mucho. Habían perseguido de forma agresiva y torpe al grupo de Janjalani, se habían involucrado en una serie de tiroteos y habían arrojado bombas sobre la pequeña banda de secuestradores. No sabía por cuánto tiempo los Burnham sobrevivirían a la selva o a los asaltos de las AFP.

Downing me tomó del brazo y nos dirigimos a la Oficina Oval.

—Solo sé breve —susurró—. Dale los puntos importantes de tu plan y tratemos de sacarle una decisión.

Asentí sin decir una palabra.

El presidente charlaba de pie con Dick Cheney cuando entramos. En la sala también estaba el secretario de Estado, el general Colin Powell, y la asesora de seguridad nacional, la doctora Condoleezza Rice. Downing me acercó al presidente e hizo una breve presentación.

Bush me recorrió con la vista, me dio un fuerte apretón de manos y, con su acento texano, me dijo:

—Así que ¿usted es SEAL de la Marina?

—Sí, señor —respondí, y adopté una posición de descanso en mi traje Brooks Brothers.

El presidente me miró de nuevo.

—¿Puede hacer la carrera de la milla en seis minutos?

—Bueno, señor. —Hice una pausa al darme cuenta de que él no sabía nada sobre mi accidente en paracaídas—. Antes podía.

—Diablos, Bill —rio Powell—. Todos podíamos.

El presidente mostró una amplia sonrisa y todos en el cuarto rieron junto con Powell.

—Señor presidente, Bill quisiera darle un informe rápido sobre nuestro plan para rescatar a los Burnham —dijo Rice—. Recién terminamos una reunión con el Comité Directivo y debo decirle que Don Rumsfeld no nos dio todo su apoyo, dijo que el DOD está demasiado ocupado con todo lo que está ocurriendo en Afganistán. Sin embargo, Colin, George Tenet y Bob Muller piensan que la operación tiene mérito.

Powell intervino.

—Señor presidente, no creo que podamos simplemente quedarnos sin hacer nada cuando un aliado de Al Qaeda tiene a compatriotas como rehenes.

—Estoy de acuerdo —comentó Cheney.

—Muy bien, entonces ¿qué tiene? —preguntó Bush.

Downing me indicó con la mirada que procediera.

—Señor, el Grupo de Coordinación para Rehenes ha desarrollado un enfoque triple. Primero, creemos que el ejército filipino necesita mucha ayuda con sus tácticas, logística y equipo, por lo que proponemos enviar alrededor de cien Boinas Verdes para darles entrenamiento y, de ser necesario, acompañar las misiones para ayudar a los filipinos.

—¿Qué más?

—Señor, la Agencia está dispuesta a proporcionar bienes aéreos clandestinos para ayudar a ubicar a los Burnham y proporcionar inteligencia a los filipinos.

Bush caminaba de un lado al otro frente a la chimenea mientras yo explicaba mis recomendaciones.

—Por último, el director Muller aceptó proporcionar un negociador del FBI para trabajar con la Misión Nuevas Tribus y con la embajada para intentar que Abu Sayyaf libere a los rehenes.

—No vamos a hacer ningún trato con los terroristas ¿o sí? —preguntó el presidente.

—No, señor, en lo absoluto. Pero tampoco vamos a ser del todo sinceros con Abu Sayyaf. Tenemos la esperanza de poder engañarlos con el fin de reunir algo de inteligencia que nos pueda ser útil para guiar a la fuerza de rescate filipina.

Rice habló.

—Señor presidente, la presidenta Gloria Arroyo llegará para una visita breve en unas semanas. Podemos aprovechar la oportunidad para alentarla, a ella y al gobierno de Filipinas, a aceptar nuestra ayuda y a atacar a Abu Sayyaf de manera más agresiva.

Bush miró alrededor de la sala. Todos parecían estar de acuerdo con la propuesta.

—Bien. Hagámoslo.

«Esto es todo lo que necesitamos», pensé. Llevó meses conseguir el apoyo de la interagencia, pero en solo unos minutos el presidente de Estados Unidos tomó una decisión. Por esto había venido a la Casa Blanca.

Le agradecí y salí de la sala yo solo. Downing se quedó para hablar con Rice y el presidente. Sabía que aún tendrían que negociarse algunas concesiones entre el Departamento de Defensa, el de Estado y el Buró, pero luego de tres meses de regateos con la interagencia, por fin había avances. Los Burnham estaban en el radar de la Casa Blanca.

Acerqué el teléfono a mi oído. Nuestra oficina en el Antiguo Edificio del Poder Ejecutivo era una Instalación de Inteligencia Compartimentada Sensible (SCIF), lo cual significaba que la acústica era terrible.

—La jungla es espesa y difícil de penetrar. Tenemos imágenes de algunos vistazos de ellos, pero no hay tiempo suficiente para procesar la inteligencia y hacerla llegar a los filipinos —dijo Tom, el de la CIA.

—¿Qué hay de tus fuentes? —pregunté—. ¿Nos dicen algo?

—Creemos que Martin tiene malaria. Algunos de los rehenes filipinos liberados el mes pasado dicen que ha perdido mucho peso y está muy débil. Con franqueza, Bill, no sé cuánto tiempo más van a sobrevivir él y Gracia en la selva. Como las AFP los van persiguiendo, los terroristas se mueven todos los días junto con los rehenes, quienes probablemente solo comen una vez al día. —Hizo una pausa—. Son misioneros, por amor de Dios, no SEAL de la marina.

—Puede que no sean SEAL, pero lo que sé es que su fe es fuerte.

—Lo entiendo —dijo Tom enojado—. Sé que la gente no vive solo de pan, pero esto se va al extremo.

Alguien golpeó la ventana de mi cubículo. Era Nick Rasmussen, mi amigo más cercano en la Casa Blanca y el tipo más inteligente de nuestro personal.

—Bill, llamada desde la Sitroom. Nos necesitan de inmediato.

—¿Es sobre los Burnham?

—No lo sé. Pero lucen muy ansiosos.

Terminé de conversar con Tom y me dirigí a la Sala de Crisis de la Casa Blanca.

La Sala de Crisis, o Sitroom, como se le llamaba comúnmente, era decepcionante. Entrabas a ella por una puerta a través del comedor de la Casa Blanca. En el interior había un banco de teléfonos atendidos por seis o siete oficiales jóvenes del ejército, el Departamento de Estado o la CIA. Un coronel de la Fuerza Aérea y un servidor público de alto rango supervisaban la Sitroom para asegurarse de que todo el tráfico entrante telefónico y por fax fuera gestionado de manera apropiada. El manejo de cualquier crisis que el gobierno de Estados Unidos tuviera que enfrentar comenzaba en la Sitroom. A un costado había una pequeña sala de conferencias. Lo único que la distinguía de las otras miles de salas de conferencias pequeñas dispersas por Washington D. C., era la silla que estaba en el extremo de la mesa, la cual tenía grabada en la parte trasera del cuero la leyenda PRESIDENTE DE ESTADOS UNIDOS.

Mostré mi gafete y entré al cuarto.

—Hola, señor. Me alegra que esté aquí. ¡Tenemos un problema! —El mayor del ejército, vestido con su uniforme clase «A» con listones completos, me entregó una hoja de papel.

—Acabo de recibir una llamada del centro de operaciones de la FAA[6] y después me enviaron esto por fax.

Observé el fax mientras el mayor continuaba.

—Nos reportan que un loco a bordo de un vuelo de American Airlines que va de París a Miami intentó hacer estallar el avión activando una bomba que trae en su zapato.

—¿En su zapato?

—Sí, señor. El nombre del sujeto es Richard Reid. Estamos revisando su información en este mismo momento. Supongo que tenía una mecha que sobresalía de alguna especie de explosivo plástico en su zapato y, cuando intentó encenderla, los pasajeros lo atacaron.

—Sí, no sabía que se podía poner suficiente explosivo plástico en un zapato para hacer una bomba. Además, es muy difícil encender el C-4 o el PETN con un cerillo —dije.

—Señor, la FAA envió este esquema de cómo creen que luce la bomba.

Miré el burdo dibujo. Con base en mi experiencia, podía decir que no lucía como una bomba funcional, pero pensé que debía

---

6. Siglas de la Federal Aviation Administration, Administración Federal de Aviación. [*N. del T.*]

llamar para confirmar mis sospechas. Levanté el teléfono y contacté al centro de operaciones de la FAA.

—Ed Kittel —respondió la voz al otro lado de la línea.

—No puede ser. ¡Ed Kittel! —dije, arrastrando el apellido.

Kittel y yo habíamos trabajado juntos en el Pentágono casi quince años antes. Ed solía ser un oficial de Destrucción de Dispositivos Explosivos de la Marina y de verdad sabía sobre demoliciones.

—Ed, habla Bill McRaven desde la Casa Blanca. Nos pondremos al tanto más tarde, por ahora necesito saber si crees que este zapato bomba es una amenaza real.

—Lo es —dijo sin dudar.

—¿De verdad?

—¡De verdad!

Ed me explicó su valoración y, si bien tenía algunas reservas sobre sus conclusiones, tuve que admitir que él era el experto.

—Si Al Qaeda puede poner explosivos en un zapato ¿con qué más se podrían hacer bombas? —pregunté, pensando en voz alta.

—Bueno, si no están usando un detonador cronometrado, necesitarían un impulso eléctrico para formar un detonador de algún tipo —supuso Ed.

Mi corazón comenzó a acelerarse.

—Si tuvieran un rollo delgado de explosivo plástico dentro de una laptop y usaran la energía de la batería ¿podrían iniciar la secuencia de explosión? —pregunté.

Casi podía escuchar el movimiento de los engranes en el cerebro enciclopédico de Ed.

—¡Mierda! —dijo—. Sí. Es posible. Pero debo hacer algunas pruebas para comprobarlo.

—Está bien, pero no creo que tengamos tiempo para hacer pruebas ahora —respondí—. Downing está con el presidente en el Fuerza Aérea Uno. Necesito llamarlo lo más pronto posible para ponerlo al tanto. Resuélvelo por mí, Ed, y me devuelves la llamada.

Le agradecí su ayuda y colgué, y de inmediato pedí que la Sitroom me comunicara con el general Downing en el Fuerza Aérea Uno.

—Sí, señor. La FAA cree que la amenaza es real —dije, gritando por encima de la estática de las comunicaciones tierra-aire.

Escuché a Downing gritando groserías al otro lado de la línea. ¿Y si este intento de derribar un avión de pasajeros era un ataque coordinado de Al Qaeda? ¿Y si había más de un Richard Reid en el aire en ese mismo momento? ¿Y si los demás Richard Reid se estaban preparando para abordar otros aviones alrededor del mundo en ese mismo momento?

Entonces le dije las palabras de las que, como viajero, me arrepentiría por el resto de mis días:

—Señor —hice una pausa—. Creo que debemos hacer que todos los que aborden un avión con rumbo a Estados Unidos se quiten los zapatos para inspeccionarlos. También necesitaremos seguridad para revisar cada laptop. Pueden usar la batería para iniciar una bomba.

Downing no dudó.

—¡Sí! ¡Sí! —gritó, era evidente que tenía algunas dificultades con las comunicaciones aire-tierra—. Hablaré con el presidente para que dé la orden de inmediato.

En mi defensa puedo decir que pensé que la orden solo sería efectiva por unas semanas. Disculpen...

Downing colgó y en cuestión de minutos la FAA recibió la orden de mejorar sus protocolos de seguridad. Una hora más tarde, cuando el avión aterrizó en el Aeropuerto Logan de Boston, aprehendieron a Richard Reid; y en cuestión de días el mundo de los viajes en aviones de pasajeros cambió para siempre.

Volví a mis intentos de rescatar a los Burnham.

A principios del siguiente año, el plan que habíamos informado al presidente comenzaba a tomar forma. Las fuerzas de operaciones especiales de Estados Unidos se habían desplegado en Filipinas y habían establecido una base de operaciones en la isla sureña de Zamboanga. La cobertura mediática de la difícil situación en la que estaban los Burnham había atraído la atención de la gente. El esfuerzo para eliminar a Abu Sayyaf y a Janjalani ahora era llamado «el Segundo frente». El Departamento de Estado, el FBI y la comunidad de inteligencia comenzaron a intentar ubicar y rescatar a los Burnham a toda prisa.

Pero, por desgracia, todas las acciones de guerra siempre tienen consecuencias. En febrero un helicóptero Chinook del ejército, que estaba volando de regreso después de entregar suministros a las Fuerzas Especiales de Estados Unidos en Basilán, se estrelló a las afueras de la costa en Zamboanga. En el accidente murieron ocho tripulantes y dos rescatistas de la Fuerza Aérea.

A lo largo de la historia siempre ha habido guerreros que entienden los riesgos que corren en su servicio. Saben que existe la posibilidad de perder la vida en la búsqueda de un bien mayor. Entienden que pueden perecer mientras intentan proteger a otros. A quienes no pertenecen al ejército esta idea les puede parecer patriotismo ingenuo, lealtad equívoca o un entusiasmo torpe; pero estas son las razones que quienes están en el poder les dan a los hombres y mujeres jóvenes para que se arriesguen, aunque su verdadera motivación es su propia necesidad de emprender aventuras o construir imperios. Pero he aprendido que en muchas ocasiones quienes sirven lo hacen con los ojos bien abiertos. Los soldados, tanto jóvenes como viejos, no se dejan engañar por la retórica política. En vez de eso se cuestionan la causa todos los días, pero superan sus dudas y preocupaciones porque los inspiran sus compañeros soldados, quienes sirven noblemente y no por alguna oculta intención política. Quienes sirven lo hacen por su ciudad natal, por el equipo de futbol de su secundaria, por sus novias o sus novios. Dan su servicio y se sacrifican porque creen en el país en el que crecieron. Saben que el país y las personas que viven en sus grandes ciudades y pequeños pueblos valen el sacrificio, que en ocasiones es el sacrificio máximo. Puedo garantizarles que los hombres a bordo de ese helicóptero no dudaron ni una vez de la causa por la que servían.

A finales de febrero la inteligencia indicó que Martin estaba más delgado que nunca. Esposado durante el día, sufría de diarrea, deshidratación y brotes de malaria. Tenía dificultades para seguir el paso de los jóvenes combatientes que huían del ejército de Filipinas. Gracia también luchaba contra la diarrea severa y también debía soportar el trato indigno que implicaba estar enferma y no tener privacidad. Las bombas de la Fuerza Aérea Filipina caían de manera rutinaria e indiscriminada sobre la pequeña banda de Abu Sayyaf, lo cual los obligaba, a ellos y a sus rehenes, a continuar huyendo sin cesar. Habían pasado nueve meses desde que habían capturado a los Burnham. Nueve largos y atroces meses.

En marzo un donador anónimo pagó $300 000 con la esperanza de que los liberaran. Si bien no se logró el objetivo, el efectivo que se dispersó contribuyó a reunir algo de inteligencia, pero aunque se obtuvo más información, el grupo de secuestradores siguió logrando escapar de sus perseguidores en las selvas de Basilán.

Más adelante ese mes, Bob Mueller, el director del FBI, voló a Filipinas para asegurarse de que el Buró hiciera todo lo posible para liberar a los Burnham. De vuelta en Langley, la CIA continuaba coordinando las actividades de inteligencia en Filipinas y asesorando a la Casa Blanca y al Grupo de Coordinación para Rehenes. Desde mi cubículo en el tercer piso del Antiguo Edificio del Poder Ejecutivo, seguía presionando para que Estados Unidos se involucrara más y dependiera menos de las fuerzas filipinas.

—Mira, Bill —dijo Tom, el de la CIA—, los filipinos están haciendo todo lo que pueden, pero no son SEAL y nunca van a permitir que las Fuerzas Especiales estadounidenses tomen el mando. Es su país y lo ven como problema suyo. Lo único que podemos hacer en este momento es darles algo de entrenamiento, proporcionarles la mejor inteligencia posible y, después, guiarlos directamente hacia los Burnham. Esperemos tener suerte.

Sabía que tenía razón, pero eso no lo hacía menos frustrante. Mientras Tom hablaba, yo no podía evitar pensar en un viejo adagio militar: «La esperanza no es una estrategia». Pero sabía que no necesitaba darle un sermón a Tom. Él y la CIA hacían todo lo que podían para ayudar.

Marzo dio paso a abril, abril se volvió mayo y mayo se convirtió en junio. El 7 de junio logré escaparme de la Casa Blanca por veinticuatro horas para ir a dar una charla en West Point. Esa noche, después de mi charla, volví al hotel Thayer en el campus. Era una noche hermosa, desde mi ventana podía ver la luna salir por encima del río Hudson.

En la isla de Basilán, al sur de Filipinas, comenzaba a llover. El sargento filipino que echaba un vistazo por la densa jungla apenas podía discernir el contorno de una pequeña banda de hombres armados y sus rehenes. Las Fuerzas Especiales de Filipinas habían rastreado al grupo insurgente durante toda la noche y solo estaban esperando la oportunidad para atacar. El grupo de Janjalani se preparó para la noche acampando sobre una ladera empinada con la esperanza de que la lluvia cubriera su rastro.

En cuanto los comandos se dispersaron desde el borde de la jungla, el capitán a cargo ordenó a sus hombres que se colocaran en posición de tiro.

En la colina, Martin y Gracia Burnham apenas estaban desenrollando sus hamacas.

—Te amo —susurró ella.

Martin sonrió.

De pronto, el límite de la selva estalló con el sonido de armas automáticas.

—¡Fuego! ¡Fuego! ¡Fuego! —gritó el capitán filipino.

Gracia cayó de su hamaca y se tambaleó por la colina, había recibido el impacto de una bala de gran calibre en la pierna. Luego de rodar hasta detenerse, el cuerpo de Martin Burnham yacía a su lado; había muerto debido a la primera descarga. Por todas partes a su alrededor, soldados y captores disparaban salvajemente, mientras algunos hombres gritaban por el dolor de sus heridas y por temor a perder la vida.

Las balas siguieron volando desde ambos bandos, mataron a otro rehén e hirieron a muchos soldados filipinos. En cuestión de minutos los soldados filipinos barrieron el campamento y persiguieron a los miembros restantes de Abu Sayyaf por la selva.

En el hotel Thayer sonó mi teléfono. Era la Sitroom. La voz del joven oficial al otro lado de la línea se oía tensa. Su voz y respiración sonaban agitadas. Estaban llegando los reportes del «rescate». Martin había muerto, pero Gracia estaba viva. De inmediato me conectaron con Downing y Rice. Se nos informó que los filipinos transportarían a Gracia a Zamboanga para brindarle atención médica y después la enviarían a Manila. El embajador de Estados Unidos, Frank Ricciardone, se encontraría con Gracia junto a un avión y después llamaría a los padres de Martin para informarles de su muerte. Debido al caos de la lucha los filipinos tuvieron que dejar el cuerpo de Martin en la selva, pero juraron recuperarlo a primera luz y así lo hicieron.

Durante el curso de los siguientes días Gracia se comunicó por teléfono con sus hijos y, mientras estaba en un hospital en Manila, recibió la visita de la presidenta Arroyo. El 17 de junio, luego de un largo vuelo desde Filipinas, volvió a Kansas City.

Pasadas unas semanas volví a mi labor diaria. Downing me había puesto a cargo del desarrollo de la estrategia nacional para combatir el terrorismo. Esta sería la primera estrategia comprehensiva, interagencia y dirigida desde la presidencia para luchar contra los terroristas de todo el mundo. Me puse a trabajar con un sentido de propósito, con la esperanza de hacer una diferencia en la guerra contra el terrorismo, una diferencia que hasta ese momento parecía haberme eludido.

Estaba sentado en mi cubículo, golpeteando el teclado de la computadora, cuando sonó el teléfono.

—McRaven —respondí de inmediato.

—¿Habla Bill McRaven? —preguntó una voz de hombre desde el otro extremo de la línea.

—Sí, señor —dije, reconociendo el acento distintivo del acaudalado donador que había intentado conseguir la liberación de los Burnham.

—Hay alguien que quisiera hablar con usted.

El teléfono quedó en silencio por un momento y, entonces, una voz suave, casi angelical, habló:

—Capitán McRaven. Habla Gracia Burnham.

Respiré profundamente. Era la voz que creí que nunca escucharía.

—Sí, señora.

—Señor McRaven, solo quería agradecerle por todo lo que hizo por Martin y por mí.

Mis ojos comenzaron a humedecerse.

—Lamento mucho no haber podido salvar a Martin —dije, tropezándome un poco con mis palabras.

—Está bien —dijo con dulzura—. Sé que hizo todo lo que pudo. Dios tiene un plan para todos nosotros y rezo porque algo bueno resulte de la muerte de Martin.

Hablamos por un rato más y después colgamos.

Un año después yo dejaría la Casa Blanca. Durante el curso de la siguiente década, mientras tomaba el mando de las fuerzas de rescate de rehenes y contraterrorismo de la nación, hice todo lo que pude para asegurar que algo bueno resultara de la muerte de Martin. Me prometí a mí mismo que, mientras tuviera la autoridad para actuar, intentaría rescatar a cada rehén, y mientras tuviera las fuerzas para atacar, ningún terrorista quedaría impune.

En su libro titulado *En presencia de mis enemigos*, Gracia escribió que la única forma de superar el odio en el mundo es tener «amor genuino en nuestros corazones».

Pero debo confesar que, mientras cazaba a los malvados del mundo, no siempre tenía amor en mi corazón. Dios le da talentos especiales a cada hombre. Los míos parecían más apropiados para hacer justicia que para ofrecer misericordia. Espero que Martin lo entienda.

CAPÍTULO DOCE

EL AS DE PICAS

Bagdad, Irak
Diciembre de 2003

Entrecerré los ojos para ver mejor la pantalla de video. Dos helicópteros Chinook MH-47 estaban sobrevolando el oeste del desierto iraquí con rumbo a un pequeño complejo árabe ubicado al norte de Faluya. En el interior de los aparatos había veinticuatro soldados de operaciones especiales del ejército de nuestra Fuerza de Tareas de Operaciones Especiales. Su objetivo: Sadam Huseín.

Las imágenes granuladas en blanco y negro se transmitían desde un helicóptero Black Hawk que volaba sobre los Chinook.

—Dos minutos —llegó el aviso del suboficial del Centro de Operaciones Conjuntas (JOC).

—Recibido. Dos minutos —respondí.

Alrededor del JOC había cincuenta hombres, todos con audífonos y los ojos fijos en la pantalla, hablaban en voz baja por sus micrófonos y ayudaban a coordinar la misión.

— Little Bird sobre el objetivo, señor.

Unas sombras negras y pequeñas atravesaron la pantalla mientras los helicópteros de ataque AH-6 Little Bird, que fungían como apoyo de fuego y a los que nos referíamos como «pajaritos», tomaban sus posiciones en los extremos norte y sur del complejo.

—Nos están disparando desde el complejo, señor.

—Recibido —dije, mientras ajustaba mis audífonos y me inclinaba al frente para ver mejor.

Una corriente estable de disparos estalló desde el interior de una de las estructuras pequeñas y se dirigió a los pajaritos. Las miniametralladoras que iban en estos giraron en respuesta y enviaron una ráfaga de balas calibre 7.62 hacia el interior del edificio y silenciaron al atacante.

—Aves en tierra.

El polvo envolvió a los dos Chinook en cuanto aterrizaron, uno junto al otro, justo a las afueras del complejo amurallado. Los operativos de las SOF bajaron corriendo por la rampa de los helicópteros y se dirigieron a toda velocidad hacia la reja de metal en el exterior del muro.

—Señor, tenemos actividad en el interior del complejo.

Vi en la pantalla que había muchos hombres iraquíes en el patio. Los operativos habían atravesado la reja exterior y estaban ingresando al primer edificio.

—Hay disparos. Hay disparos.

El suboficial hizo una pequeña pausa.

—Dos Tangos EKIA.[7]

---

7. Siglas de Enemy Killed In Action: enemigo muerto en acción [*N. del T.*]

—Recibido. —Respiré un poco más tranquilo. «*Dos enemigos muertos en acción*».

Miré mientras los operativos despejaban cada edificio de manera sistemática.

Alineados desde el exterior de la entrada al edificio, el primer hombre de la fila lanzaba una granada aturdidora para desorientar a los ocupantes al interior y a continuación comenzaba la embestida de soldados armados. En menos de diez minutos la lucha había terminado.

Mi radio chirrió. El comandante de escuadrón habló por la línea.

—Raven Cero Uno. Habla Noviembre Cero Uno.

—Recibido, Bill —respondí.

—Señor, no hay nada en el pozo —dijo con voz un tanto exasperada.

—No hay problema, Bill. ¿Todos están bien?

—Sí, señor. Todos están bien. Tenemos un par de EKIA, pero no nos sacamos la lotería. Al parecer estos sujetos construían coches bomba.

«Coches bomba», es decir, Dispositivos Explosivos improvisados Transportados por Vehículo (VBIED), una de las armas más letales y efectivas en el arsenal de Al Qaeda, y con las cuales habían matado a cientos de personas en los mercados de Bagdad.

—Bueno, alguien vivirá gracias a tus chicos. Buen trabajo.

—Señor, nos queda todavía una hora o más para explorar el sitio. Quién sabe, tal vez alguien hable o encontremos algunos registros, pero dudo que alguien de aquí sepa dónde está Sadam.

—De acuerdo, Bill. Agradece a los muchachos. Volveremos a empezar y lo intentaremos mañana con otro objetivo.

—Recibido, señor. Cambio y fuera.

Otra noche. Otro pozo vacío. Comenzaba a volverse cansado.

Tenía tres meses de haber llegado a Bagdad, los cuales empezaron en octubre de 2003, para reemplazar a Lyle Koenig, el general brigadier de la Fuerza Aérea, que era el comandante en turno de la Fuerza de Tareas 714. Nuestra fuerza de tareas de operaciones especiales estaba acuartelada en un pequeño campamento a las afueras del aeropuerto internacional de Bagdad (BIAP). Cuando la Fuerza de Tareas 714 llegó a Bagdad en marzo de 2003, el general mayor Dell Dailey, que en ese entonces era el comandante, nombró al pequeño campamento de la guarnición como AMAT, por «Área Militar Asquerosa como Trasero». Si bien no era tan malo como algunos lugares en los que había dormido, el campamento AMAT tampoco era el palacio Al-Faw de Sadam. La mayoría vivíamos en tiendas o edificios desperdigados donde el olor a basura quemada y la peste de tuberías de drenaje rotas flotaba por todo el campamento. Pero no me importaba, por fin había salido de la Casa Blanca y estaba ayudando en la lucha.

Establecimos nuestro centro de operaciones conjuntas en uno de los pocos edificios que no fueron destruidos durante la invasión estadounidense. El campamento alojaba a unos ochocientos soldados, incluyendo una compañía de rangers del ejército, una compañía de la 1ª División de Caballería, la cual nos proporcionaba los tanques Abrams, los vehículos de combate Bradley y los M113; una compañía de soporte, el elemento de los cuarteles de la fuerza de tareas y un elemento de inteligencia de doce hombres que dirigía nuestra pequeña cárcel. Esta última contenía entre cinco y doce detenidos que eran retenidos con base en los estrictos lineamientos del Departamento de Defensa. La inteligencia que recibíamos de estos detenidos nos proporcionaba pistas invaluables sobre otros líderes del partido Baaz.

A modo de motivación para las tropas estadounidenses, a un joven y emprendedor oficial de relaciones públicas se le ocurrió la idea de crear barajas que tuvieran estampados los nombres y rostros de los iraquíes más buscados. Sadam era el as de picas.

Nuestra unidad de operaciones especiales del ejército recibió la encomienda de cazar a los cincuenta objetivos de más alto valor. Uno a uno, durante el curso de los últimos ocho meses, los operativos de la fuerza de tareas habían capturado o eliminado a algunos de los miembros más notorios del régimen Baaz. Lo más resaltable fue que, apenas unos meses antes de mi llegada a Bagdad, el escuadrón A del teniente coronel Mark Erwin localizó a los hijos de Sadam, Uday y Qusay, en un escondite atrincherado cerca de Mosul. Los dos hijos eran bien conocidos por sus aborrecibles comportamientos. Uday mantenía a mujeres como esclavas sexuales en su chalet junto al río Éufrates; y a Qusay, cuyo chalet estaba al lado del de su hermano, le encantaba torturar a iraquíes inocentes por su deslealtad a Sadam. Cuando luego de la caída de Bagdad, finalmente los capturamos, los chalets apestaban a sangre, orina y miedo. Detrás de las barricadas en Mosul, Uday y Qusay lucharon hasta la muerte, hirieron a varios miembros del escuadrón A en la pelea y mataron a un perro de servicio militar. Se requirió un misil antitanque de una unidad de la 101ª División Aerotransportada para sellar el destino de esos bastardos para siempre.

Pero, mientras la localización de los baazistas de mayor rango fue rápida, Sadam nos seguía eludiendo hasta nueve meses después de la caída de Irak.

Tenía de nuevo una de esas sensaciones inexplicables, poderosas y espeluznantes. No me la podía quitar de encima y, ciertamente, tampoco podía racionalizarla. Pero no era la primera vez que tenía una «premonición» y, como descubriría más tarde, tampoco sería la última.

—¡Den vuelta al avión! —grité por encima del sonido de los motores del C-130.

—¿Qué?

—Dije que avisen al piloto que haga virar el avión y vuelva a Bagdad.

Mi auxiliar militar, el capitán del ejército «Hank» Henry, se quitó sus auriculares Bose y caminó por el pasillo para sentarse junto a mí.

—¿Qué dijo, señor?

—Hank, tenemos que volver a Bagdad. Esta noche vamos a capturar a Sadam Huseín.

Hank miró alrededor del avión escasamente lleno y preguntó con extrañeza:

—¿Alguien lo llamó?

—No —seguí gritando por encima del ruido—. Solo debemos volver a Bagdad ¡ahora!

Hank era un oficial de las Fuerzas Especiales, un Boina Verde. Solía jugar como liniero defensivo, era grande y fuerte, y tenía un gran sentido del humor y una sonrisa contagiosa. Habíamos hecho conexión desde el primer día. Me era leal y yo también le era leal a él.

—Recibido, señor. Iré a hablar con el piloto.

Momentos después, Hank volvió para decirme que no podíamos desviar el avión en el espacio aéreo iraquí. Tendríamos que esperar hasta llegar a tierra en Al Udeid, Qatar, antes de poder viajar de vuelta al campamento de la fuerza de tareas en el aeropuerto internacional de Bagdad. Esto retrasaría dos horas nuestro regreso, pero era la única opción disponible.

Una vez en tierra en Al Udeid, Hank logró convencer casi a la fuerza a un piloto de la Fuerza Aérea para que nos llevara de vuelta a Bagdad en el siguiente avión. Aunque yo no lo sabía, Hank también había llamado a nuestro Centro de Operaciones Conjuntas y ellos le aseguraron que no pasaba nada, que estaban seguros de que no había pistas sobre el paradero de Sadam Huseín.

—Odio esta parte —dijo Hank mientras el piloto del C-130 comenzaba su espiral de combate hacia el aeropuerto internacional de Bagdad, cayendo de manera precipitada para evitar posibles misiles insurgentes. El aterrizaje ocurrió sin incidentes, pero los pasajeros, una mezcla de soldados, contratistas y otros tipos de proveedores de servicios extranjeros, parecían aliviados de estar en tierra.

En el asfalto aguardaba Ed Certain, mi sargento mayor.

—Jefe, ¿por qué regresó?

Hank le lanzó al sargento mayor una mirada con la que le rogaba no alentar mi excentricidad.

—Esta noche es la noche —dije—. ¿Qué está rastreando el JOC?

El sargento mayor sonrió y miró a Hank.

—Bueno, almirante, qué curioso que lo pregunte. El escuadrón C sacó a al-Muslit de la cárcel hace un par de horas y creen que puede llevarlos hasta el chofer de Sadam y, posiblemente, a Sadam en persona.

Mohammad Ibrahim Omar al-Muslit, a quien el escuadrón C había cazado durante dos meses, acababa de ser capturado temprano por la mañana. Era el socio más cercano de Sadam que teníamos en custodia.

Saltamos a una Toyota Hilux que nos estaba esperando para hacer el corto viaje de vuelta al Campamento AMAT.

—Señor, hasta donde sabemos, al-Muslit podría ser otro Chico de la baliza. No le apostaría mucho a esta pista —dijo Certain.

«Chico de la baliza». Era todo lo que había escuchado desde que llegué a Irak. Se suponía que el Chico de la Baliza sería la fuente dorada, el tipo que nos llevaría hasta Sadam. Se le llamaba así porque los técnicos le habían dado un dispositivo de rastreo, una baliza, que él iniciaría si se encontraba con Sadam. La fuerza de tareas de operaciones especiales del ejército siempre estaba a la espera para reaccionar de inmediato si el Chico de la baliza activaba la señal, la cual nunca llegó, pero por alguna razón permanecimos esperando, desesperados por conseguir cualquier cosa que nos llevara a Sadam. Todos sabíamos que el Chico de la baliza era deshonesto, pero siempre nos daba inteligencia suficiente para mantenernos interesados. Nos estaba estafando, lo sabíamos, pero no teníamos otra opción. Hasta ese momento era la única pista con la que contábamos.

—Pienso que esta vez será diferente —le dije al sargento mayor.

—¿Qué lo hace diferente?

—Digamos que es una corazonada —dije sonriendo.

—Muy bien, señor —respondió el sargento mayor sacudiendo la cabeza—. Pero ¿no tenía una reunión importante con el general Abizaid en Al Udeid?

—Bueno, si tengo razón sobre esta noche, a Abizaid no le importará que haya faltado.

—¿Y si se equivoca? —preguntó Certain.

—Si me equivoco… estoy seguro de que lo entenderá.

Durante el tiempo que pasé como comandante de la fuerza de tareas en Irak, le reportaba al general John Abizaid, quien estaba a cargo del Comando Central. Abizaid era un líder excepcional. Tenía una voluntad férrea, una mente táctica, entendía la cultura árabe y su sentido del humor seco salía a la superficie en los momentos más difíciles. Como un nuevo almirante que vivía en el mundo del ejército, aprender de oficiales como John Abizaid me prepararía para el éxito más tarde en mi carrera.

Nos detuvimos en el JOC y descargamos nuestro equipo. Cuando entré eran las 19:30 de la hora local, y de inmediato levanté la vista para ver la enorme pantalla que mostraba la transmisión del helicóptero de vigilancia propiedad de la fuerza de tareas. En la pantalla se veía un pequeño cuarto construido con lodo, del tipo que prevalecía por todo Irak. Había algunas palmeras a su alrededor, pero no había otras casas que fueran visibles en el área. Al fondo de la imagen, el jefe del JOC superpuso las palabras «Objetivo Wolverine Uno». Era la misión de esa noche.

Lee Snell, el capitán de los SEAL de la Marina, mi comandante adjunto, estaba hablando por la radio con alguien en el campo. Me senté junto a él y de inmediato se puso de pie para ofrecerme el asiento de comando. Con un ademán le indiqué que se sentara.

—Encárgate tú, Lee. ¿Qué está pasando?

—Señor, el escuadrón C piensa que tienen una pista sobre la ubicación de Qais, el cocinero de Sadam. Trasladamos a al-Muslit de la cárcel a Tikrit al medio día y él dice que los llevará a Qais, quien, supuestamente, está ocultando a Sadam. Estamos monitoreando su casa, Objetivo Wolverine Uno.

La imagen del sensor óptico Westcam en el helicóptero era granulada y, en ocasiones, el sensor abría la toma y pasaba de una vista cercana a una de unos mil quinientos metros.

Me coloqué los auriculares y escuché las comunicaciones por radio en la frecuencia táctica del escuadrón C.

Cuando la charla en la red incrementó, fue evidente que habíamos capturado a Qais, pero como es usual con los detenidos, negaba saber algo sobre el paradero de Sadam. Aunque yo no lo sabía, por insistencia de al-Muslit, quien se encontraba con la segunda tropa de las SOF, el teniente coronel Bill Coultrup, comandante del escuadrón C, y el coronel Jim Hickey, de la 1ª Brigada, 4ª División de Infantería, habían subido por el camino de terracería que conducía a otra pequeña casa, más allá de Wolverine Uno, designada Wolverine Dos.

Yo estaba viendo la imagen en la Westcam, que estaba enviando la señal a la pantalla de ISR,[8] y también estaba escuchando las conversaciones en los radios, y no coincidían unas con las otras. Wolverine Uno parecía relativamente en calma, pero las señales de radio de Coultrup sonaban como si se estuvieran moviendo hacia un objetivo con rapidez.

—Parece que tienen un objetivo, pero no veo movimiento fuera de la casa.

Hice un ademán al suboficial del JOC, quien estaba sentado al final de la larga mesa de madera con forma de herradura que rodeaba la pantalla de ISR. Él también tenía auriculares y estaba viendo lo msmo que yo; es decir, nada. Levanté las manos con la señal universal de «¿qué carajos?» y él, encogiéndose de hombros, respondió:

—El ISR está sobre el objetivo, pero no sé dónde está el escuadrón, señor.

Odiaba llamar a un escuadrón a mitad de una operación. Es lo último que quiere recibir un individuo táctico en tierra, una llamada de su jefe cómoda y cálidamente sentado en un JOC a cincuenta kilómetros de distancia de la acción. Aun así, era nuestra responsabilidad gestionar a la Fuerza de Reacción Rápida y a la evacuación médica en caso de que algo saliera mal en el objetivo. Eso era algo difícil de hacer sin estar al tanto del estado en que estaba la misión. Y la verdad era que sentía curiosidad por saber si esta nueva pista estaba dando resultados.

Un poco renuente, presioné el botón de comunicación y contacté a Coultrup.

—¿Bill, tienes al objetivo?

—Sí, señor —respondió Coultrup con una voz que denotaba emoción.

---

8. Siglas de Intelligence, Surveillance and Reconnaissance; Inteligencia, vigilancia y reconocimiento. [*N. del T.*]

—No los vemos en la pantalla de ISR.

Coultrup hizo una pausa.

—Señor, estamos en Wolverine Dos por el camino que se aleja del blanco original y nos sacamos la lotería.

—¿La lotería? ¿La lotería?

La lotería era la palabra clave que significaba que habían capturado al objetivo. Al principio pensé que Coultrup se refería a Qais, pero, de pronto, se me ocurrió que su tono de voz indicaba algo más importante.

—¿La lotería? ¿Te refieres a la lotería *pequeña*... o a la lotería *grande*?

—¡La grande! —respondió Coultrup.

Alrededor de la planta del JOC, donde todos estaban escuchando, se sintió una especie de tranquilidad, como si nadie creyera lo que estaba escuchando. No quería parecer demasiado ansioso. Durante el curso de los últimos meses los operativos en tierra varias veces habían catalogado como lotería a otros blancos, solo para después descubrir que se habían equivocado. Como muchos nombres y rostros iraquíes se parecían, era fácil cometer errores. Pero este era Sadam Huseín, uno de los hombres más reconocibles en el mundo. Ciertamente, en esta ocasión no podían estar equivocados.

—Llámenme por la línea telefónica cuando vuelvan a Tikrit —indiqué a Coultrup. Si era Sadam, Coultrup no necesitaba que le hiciera montones de preguntas mientras aún estaba en el objetivo. Ya hablaríamos cuando volviera a la base del escuadrón en Tikrit.

En el JOC detrás de mí percibí cómo iba aumentando el entusiasmo. Miré a Snell y le ordené que asegurara todas las líneas al exterior. Ninguna comunicación debía salir del campamento NAMA sin mi aprobación. Hasta que yo verificara que la lotería era en realidad Sadam Huseín, nadie le diría al mundo exterior las noticias sin haberlo pensado bien. Esto ocurriría estrictamente como lo indica el reglamento.

Treinta minutos después, Bill Coultrup me llamó desde Tikrit.

—Bueno ¿qué piensas, Bill? ¿Es él?

—Sí, señor. Creo que es él.

—Bill, antes de llamar a Abizaid, a McChrystal y a Sánchez, debo saberlo con certeza. ¿Qué tan seguro estás?

Por el teléfono podía escuchar a los demás operativos de las SOF hablando en voz alta y quitándose el equipo, el estrépito que siempre se escucha cuando regresan después de culminar con éxito una misión.

—Señor, estoy noventa y ocho por ciento seguro —respondió Coultrup. Al fondo, un operativo de las SOF gritó:

—¡Patrañas! Es cien por ciento seguro.

Coultrup se carcajeó.

—Señor, es él. Lo sacamos de un agujero de araña en Wolverine Dos y lo primero que dijo fue: «Soy Sadam Huseín, presidente de Irak, y estoy dispuesto a negociar».

Resultó que al-Muslit realmente había llevado a la fuerza de asalto al objetivo correcto. En Wolverine Dos estaba el hermano de Qais, quien también negó saber dónde se encontraba Sadam. Mientras estaban en el objetivo, al-Muslit, intentando no ser demasiado obvio, golpeó con el zapato las tablas del piso de la pequeña casa, con lo cual indicó que podía haber algo debajo. Luego de unos minutos, y con la ayuda de un K-9 de la tropa, los soldados de la SOF descubrieron el agujero de araña. Sadam, quien tenía un arma a su lado, por poco no sale vivo de ahí, pero la fuerza de asalto lo desarmó rápidamente y lo arrastró hasta el exterior. Después de que dijo ser Sadam Huseín, presidente de Irak, uno de los operativos le respondió: «¡El presidente Bush le envía saludos!».

Lee Snell estaba escuchando por encima de mi hombro. Le sonreí y asentí.

—Coultrup dice que sí es él.

Le ordené a Coultrup que pusiera a Sadam en el primer helicóptero disponible y lo llevara al campamento AMAT. Después llamé a Abizaid y a McChrystal, mi nuevo jefe en Fort Bragg. Durante las llamadas ambos hombres querían que les asegurara de alguna manera que se trataba de Sadam, lo cual no podía hacer en ese momento. Les informé que, según el plan, en menos de una hora tendría a la lotería frente a mí y podría verificar con mis propios ojos si era Sadam. Sin embargo, para despejar las dudas sacaríamos muestras de sangre y las enviaríamos para cotejar el ADN.

Cuando estaba terminando de hacer mis llamadas, un joven sargento se me acercó y me dijo que el teniente general Sánchez estaba en el lobby.

Rick Sánchez era el comandante militar en Irak. Solo habíamos coincidido brevemente en la oficina del general Abizaid unos meses antes, pero el sujeto me agradaba. Su liderazgo en Irak había estado bajo mucho escrutinio, la mayoría de las veces por gente que no estaba en la lucha. Durante el tiempo que trabajé con él descubrí que era competente, trabajaba duro y era alguien ecuánime y accesible. Aun así, su llegada me tomó por sorpresa. Su cuartel en el palacio Al-Faw estaba a unos treinta minutos en coche del campamento AMAT. ¿Había recibido noticias de la misión de esta noche? Aún estaba al teléfono coordinando la llegada del detenido a Bagdad cuando Sánchez y el general mayor Barb Fast, el oficial de inteligencia de mayor rango en Irak, se acercaron a mi mesa.

Sánchez sacó una silla plegable y se sentó junto a mí.

—Bueno, entiendo que atrapó a Sadam —dijo con naturalidad.

—Señor, aún no lo sé. El hombre que capturamos va a llegar a tierra en diez minutos, puede verlo usted mismo cuando aterrice.

—Bueno, recibí una llamada de la CIA. Ellos creen que lo tiene y se me informó que George Tenet ya ha notificado al presidente Bush.

Sacudí la cabeza con exasperación. Alguien en la comunidad de inteligencia había llamado a Buzzy Krongard, el director ejecutivo de la CIA, quien había notificado a Tenet, y este a su vez había llamado a Bush; todo en cuestión de minutos luego de la captura.

—Bueno, espero que tengan razón —dije, con algo de frustración.

Quince minutos más tarde llamaron de la cárcel para avisarle al capitán Snell que el detenido había llegado. Yo seguía trabajando con el personal del Centcom en el desarrollo de un plan de seguimiento para el traslado de Sadam, si es que era él. Además, me estaba coordinando con la instalación de retención militar al otro lado de la calle para esa noche transferir a mi ubicación a Alí, el Químico. Lo necesitaba para tener a otro testigo que verificara la identidad de nuestro detenido. Sabía que millones de iraquíes y estadounidenses también necesitarían una prueba positiva antes de aceptar que Sadam estaba vivo y bajo custodia.

Sánchez, Fast y Snell fueron a la cárcel para verificar la identidad de nuestro detenido, mientras yo continuaba mi coordinación. Minutos más tarde, Snell me llamó para confirmar que habíamos capturado a Sadam Huseín, el presidente de Irak.

Snell volvió de la cárcel y entonces fui yo para ver a nuestro prisionero más nuevo. La cárcel era un edificio de concreto de una planta y ocho cuartos, el cual habíamos convertido en una instalación de retención temporal. Los pasillos eran cortos y estrechos. El olor a sudor y polvo permeaba el edificio. El aire acondicionado del cuarto arrojaba aire tibio, lo que aumentaba la sensación de estar respirando humedad y moho. En el interior había un pequeño equipo de inteligencia conformado por oficiales, policías militares, interrogadores y médicos cuya prioridad era obtener inteligencia de los detenidos iraquíes.

Cuando llegué, había más personal de lo usual deambulando por ahí, todos querían ayudar y todos tenían la esperanza de echarle un vistazo a nuestro prisionero. Me abrí paso con gentileza por la multitud y encontré a Sánchez hablando con Bill Coultrup.

—Este es un momento histórico —dijo Sánchez.

Coultrup tenía una sonrisa de oreja a oreja, y con todo derecho. Él había sido un operativo de las Fuerzas Especiales del Ejército durante la mayoría de su vida adulta. Estuvo en Mogadiscio durante la caída del Halcón Negro, luchó en Bosnia, Kosovo y participó en la invasión inicial de Irak. Era un poco excéntrico, pero era un guerrero de pies a cabeza. Durante los años siguientes trabajé muchas veces con él y puedo decir que pocos hombres eran tan profesionalmente agresivos y talentosos.

Coultrup me miró y, con una sonrisa en los labios, me dijo:

—Muy bien, jefe. Yo ya hice mi trabajo. Ahora es todo suyo.

Le agradecí por la buena noche de trabajo, después Sánchez y yo discutimos los siguientes pasos. Redacté un comunicado de prensa, pero aún necesitaba hacerle algunos ajustes. Anticipando este día, también habíamos desarrollado un interrogatorio para ver si podíamos saber la verdad sobre las armas de destrucción masiva y el paradero del capitán de la Marina Scott Speicher, un piloto que había sido derribado durante la Tormenta del Desierto en 1991. Pero Abizaid aún debía aprobarlo. El nuevo liderazgo iraquí en Bagdad también querría tener voz respecto a la disposición final de Sadam.

Pero, antes que nada, debíamos mostrar a los iraquíes y al mundo que realmente habíamos capturado a Sadam Huseín. Al momento de su captura, Sadam tenía una barba larga y tupida que ocultaba algunos de sus rasgos. Si bien para mí era obvio que detrás de los bigotes estaba Sadam Huseín, consideré necesario afeitarlo para que en la mente del iraquí promedio no hubiera dudas de que este era su antiguo presidente.

Miré a Sánchez y le dije:

—Señor, haré que uno de mis médicos afeite a Sadam para tener una buena foto para la prensa.

—¿Afeitarlo?

—Sí, señor. Arreglarlo para la foto.

—¿Tenemos la autoridad para hacer eso? —preguntó Sánchez con seriedad.

—Señor —me reí—, teníamos la autoridad para dispararle si era una amenaza, así que me imagino que la tenemos para afeitarlo.

Sánchez sonrió.

—Supongo que sí.

Obtuvimos una buena fotografía del antes y el después. Sánchez y yo escribimos personalmente el comunicado de prensa y a primera hora de la mañana siguiente todo se había tranquilizado.

A las 10:00 horas del 14 de diciembre de 2003, con las cámaras filmando, el embajador Paul Bremer, con Sanchez a su lado, se paró frente a los medios y anunció:

—¡Lo capturamos!

La prensa se volvió loca. Todos los canales de televisión transmitieron a todo el mundo nuestras fotos del antes y el después de Sadam. En el comunicado de prensa dimos todo el crédito de la captura a la 4ª División de Infantería, pues había sido una parte invaluable en la persecución y, en un intento por proteger la identidad de nuestros operativos especiales, le dimos forma al relato de acuerdo con eso.

Más tarde ese mismo día, Bremer y Sánchez volaron al aeropuerto internacional de Bagdad con Ahmed Chalabi, el líder del Congreso Nacional iraquí, y con otros tres líderes de la resistencia iraquí. Me reuní con el grupo de Bremer en el aeropuerto y los escolté hasta nuestras instalaciones de retención. Junto a Bremer y Sánchez había muchos oficiales de Servicios Extranjeros de la embajada y algunos sujetos de la prensa.

Al llegar a la instalación de retención, me aseguré de que cada hombre fuera inspeccionado y dejé claro que no se podrían tomar fotografías. Una vez dentro, caminamos por el pasillo hasta el cuarto donde Sadam estaba retenido. Bremer avanzó con la satisfacción que le daba el haber cumplido con su deber e ignorando selectivamente la peste y la crudeza que acompañan a una cárcel en un campo de batalla. Sánchez lucía algo molesto por la atmósfera de circo que rodeaba a Bremer. Era evidente que hubiera preferido no estar ahí. Conforme nos acercamos al cuarto, vi que los rostros de los líderes de la resistencia expresaban nerviosismo. Le temían tanto a Sadam que incluso capturado creían que era una amenaza para sus vidas.

A una señal mía el guardia que estaba afuera del cuarto abrió la puerta. Dentro, Sadam, vestido con un overol anaranjado, estaba sentado en una litera militar con la actitud de quien aún tiene el control. Bremer y Sánchez entraron al cuarto, pero Sadam permaneció sentado, su arrogancia no disminuyó al ser capturado. Chalabi y los otros iraquíes se abrieron paso frente a Sánchez y de inmediato comenzaron a insultar a gritos al prisionero.

Él sonrió como un jefe de la mafia que, aunque había sido atrapado por la policía, sabía que de algún modo sería él quien riera al último. Los iraquíes gritaron, agitaron los puños y escupieron en su dirección, parecían estar liberando décadas de odio en un arrebato de emoción.

Sadam les indicó con un ademán que se callaran. Aún era el presidente de Irak y ellos eran sus súbditos. Luego de purgar su ira, se colocaron en la parte trasera del cuarto como si el prisionero en el overol anaranjado tuviera algún poder místico con el que podría matarlos. Solo Chalabi lucía imperturbable ante la demostración de autoridad de Sadam. En lo que claramente se trataba de una oportunidad fotográfica furtiva preplaneada, avanzó desde el fondo del cuarto y se sentó frente a Sadam. En ese momento vi el flash, pero no pude identificar quién tomó la fotografía. La mañana siguiente apareció en la prensa una imagen de Chalabi, con apariencia confiada, «sermoneando» a un Sadam Huseín capturado.

La reunión duró unos treinta minutos, después Bremer y su grupo salieron del campamento AMAT. Cuando las noticias sobre la reunión se filtraron, los noticieros se dedicaron a parlotear especulaciones respecto al paradero de Sadam, la forma en que se le había tratado y lo que sucedería con él al final.

Un comentarista de noticias sugirió que seguramente lo estábamos torturando y le estábamos dando drogas para sacarle información vital sobre la ubicación de las armas de destrucción masiva. El revuelo llegó a un punto en el que las cosas se salieron tanto de control que el general Doug Brown, el comandante del Comando de Operaciones Especiales de Estados Unidos, me llamó directamente para confirmar que no estábamos usando drogas para obtener información. Le aseguré que no lo estábamos haciendo y que, de hecho, Sadam estaba viviendo mejor que la mayoría de los soldados en el Campamento AMAT. Permanecía aislado en un pequeño cuarto y tenía asignado un doctor y un ranger del ejército para vigilarlo a todas horas. Se le sometía a una revisión médica todos los días y recibía alimento de la instalación respectiva para cada comida. Al principio esperaba retenerlo por un día o dos antes de trasladarlo a Basora y después a aguas internacionales en un barco de la Marina, pero mi plan fue frustrado rápidamente por el general Abizaid, quien me ordenó retenerlo hasta nuevo aviso.

Había tres cosas que me preocupaban con respecto a la detención y protección de Sadam. ¿Intentaría suicidarse? ¿Alguno de nuestros colegas iraquíes trataría de matarlo (el escenario de Jack Ruby)? ¿Los insurgentes iraquíes intentarían invadir la instalación para liberarlo? El campamento AMAT se encontraba a pocos metros de la ruta principal, la cual utilizaban cientos de camiones iraquíes todos los días en sus traslados para suministrar a las tropas de Estados Unidos. Si bien pensaba que a la mayoría de los estadounidenses no les importaría si Sadam era asesinado o se suicidaba, él era mi prisionero y, por lo tanto, tenía la obligación moral y legal de mantenerlo a salvo hasta que la cadena de mando de los iraquíes decidiera su destino.

En un esfuerzo por garantizar su seguridad, ordené que se prohibiera a todos los iraquíes ingresar a la cárcel. Esto fue difícil de aceptar para muchos de nuestros acérrimos aliados iraquíes, pues vieron mi orden como una afrenta a su lealtad. Y lo era, pero no hacerlo podría tener consecuencias más graves que herir sus sensibilidades. Además, reforcé nuestra pequeña instalación carcelaria estableciendo posiciones de combate exteriores y colocando a algunos rangers y a algunos de nuestros grandes soldados de la 1ª división de Caballería a lo largo de las avenidas de aproximación principales. En menos de 48 horas había tomado todas las medidas de precaución correctas para garantizar la seguridad de Sadam.

Al tercer día de la encarcelación de Huseín, Abizaid llamó para decirme que «otra agencia del gobierno» se encargaría de interrogar a nuestro prisionero. Yo no estaba feliz, pero el tema no estaba abierto a discusión. Le pedí que me enviara por escrito la orden en donde se me indicaba entregar al prisionero, lo cual le pareció comprensible y tuvo la amabilidad de hacerlo.

Pensé que la otra agencia del gobierno se lo llevaría a una ubicación secreta para interrogarlo, pero resultó que querían mantenerlo en el campamento AMAT y continuar con el diálogo en nuestra ubicación. Además, sabían que nuestro traductor, un oficial de inteligencia que trabajaba para mí en el campamento AMAT, había desarrollado una relación con Sadam que les podía ayudar a lograr su objetivo.

Cuando llegó el equipo de la otra agencia gubernamental, le dejé claro que la salud y bienestar de Sadam seguían siendo mi responsabilidad. Me preocupaba que sus técnicas fueran más agresivas que los procedimientos militares establecidos y quería asegurarme de que tenía un voto respecto a todo lo que ocurriera en el campamento AMAT. Resultó que mis temores sobre el equipo recién llegado estaban completamente infundados. Eran profesionales, amables, actuaban de acuerdo con la ley y atendían cada una de mis solicitudes.

Las preguntas eran más una entrevista que un interrogatorio. El equipo pasaba de cuatro a seis horas al día hablando con él, intentando construir una conexión con la esperanza de averiguar sobre las armas de destrucción masiva o el paradero del capitán Speicher. Para mi sorpresa, Sadam hablaba mucho y parecía disfrutar las provocaciones a modo de broma que iban y venían entre él y el equipo. Fue obvio desde el principio que no tenía ni idea de la ubicación del capitán Speicher. Si bien el tema del MIA[9] de la Marina era preocupante para Estados Unidos, para Sadam solo era otro piloto perdido durante la primera Guerra del Golfo. Lo que sea que hubiera ocurrido con Speicher, estaba muy por debajo de su nivel de supervisión.

Tampoco había armas de destrucción masiva y, sin importar cuántas veces retomara el tema, el equipo siempre recibía la misma respuesta de Sadam. Irak no tenía armas nucleares de destrucción masiva. No era la respuesta que esperábamos.

Cuando se le preguntó por el genocidio kurdo y el gas sarín que mató a decenas de miles de kurdos al norte de Irak, Sadam fue elusivo y respondió encogiéndose de hombros.

—Eso no lo hice yo, fue Alí.

Alí, el Químico, su amigo más cercano, había estado a cargo de la situación kurda al norte y recurrió a atrocidades inenarrables para eliminar a la población. No lo logró gracias a que Estados Unidos impuso una zona de exclusión aérea en 1992.

---

9. Siglas de Missing in Action; Perdido en acción. [*N. del T.*]

Cuando se le preguntó sobre la muerte de sus dos yernos, quienes volaron a Jordania con las hijas de Sadam y después volvieron ingenuamente creyendo que todo estaba perdonado, Sadam respondió como un jefe de la mafia:

—Ese es un asunto familiar.

Durante el curso de los siguientes diez días el equipo continuó con su interrogatorio, pero era cada vez más evidente que la interacción le estaba dando a Sadam una fuente de orgullo que no era útil. Desde su punto de vista, tenía la ventaja en las discusiones y, por ende, se sentía empoderado. El equipo estaba al tanto de la dinámica y, finalmente, decidieron suspender el diálogo cuando se dieron cuenta de que ya no obtendrían nada más de él. Después de dos semanas se fueron sin haber conseguido que respondiera las preguntas críticas que nos interesaban.

Durante su estadía visité el pequeño cuarto una vez al día para hablar con el doctor y el guardia, y para asegurarme de que todo estuviera bien. Cada vez que ingresaba, Sadam se ponía de pie e intentaba iniciar una conversación conmigo. Yo le indicaba con un ademán que se sentara y nunca me dirigía a él directamente. Había dado la orden de que nadie hablara con él a menos que yo lo aprobara. Conforme pasaron los días, la soberbia y confianza de Sadam comenzaron a menguar, y con cada visita que yo le hacía, y con cada conversación que no tenía con él, su frustración crecía y su sensación de poder disminuía. Con el tiempo su personalidad cambió de manera dramática.

Unas tres semanas después de que Sadam fue capturado, el general Abizaid llegó a la instalación de retención para reunirse con el equipo de inteligencia militar y agradecerles por sus esfuerzos en la captura. En algún punto le pregunté si quería reunirse con Sadam. Sin dudarlo, me respondió:

—¿Por qué razón querría reunirme con ese megalómano?

De una forma extraña, la crudeza de su respuesta nos sorprendió a todos. El Sadam que veíamos todos los días era un viejo destruido, enfundado en un overol anaranjado, que se sentaba en silencio en su litera con la esperanza de poder hablar con quienquiera que quisiera escucharlo. Pero el verdadero Sadam era, ciertamente, un megalómano. Tenía las manos manchadas con la sangre de decenas de miles de sus propios ciudadanos. Había arrojado gas sobre otros diez mil iraníes durante los diez años de la guerra Irán-Irak. Sus hijos y sus amigos más cercanos eran seres humanos trastornados que sentían un placer perverso al hacer sufrir a los demás. Su policía secreta lo protegía usando un grado de crueldad que no se había visto desde la era de Stalin. Él se veía a sí mismo como una figura árabe histórica que había gobernado como los faraones de la antigüedad, con autoridad divina sobre las vidas de sus súbditos, pero en realidad solo era un malvado.

Luego de retener a Sadam, el antiguo presidente de Irak, durante treinta días en el campamento AMAT, recibí la orden de trasladarlo a una instalación de la policía militar donde sería internado hasta su juicio. A principios de enero de 2004 estábamos en medio de una creciente insurgencia. Al Qaeda se había convertido en una verdadera amenaza para la estabilidad de Irak. Los coches bomba y los mártires con bombas eran algo común. El ascenso de Abu Musab al-Zarqaui y sus extremistas suníes estaban creando problemas nunca antes vistos por un ejército estadounidense que había llegado para expulsar al ejército de Sadam, pero que ahora estaba teniendo que luchar contra una fuerza sombría de insurgentes iraquíes.

En el último día que Sadam pasaría en el campamento AMAT, decidí jugármela y pedirle que se presentara en televisión y ordenara a los insurgentes que se rindieran. Junto con mi traductor desarrollé un plan y ensayamos mis observaciones para que supiera con exactitud lo que quería que le pidiera a Sadam decir ante las cámaras y cómo debía decírselo. Si bien no me hacía ilusiones sobre las posibilidades de éxito de mi plan, también consideré que no tenía nada que perder.

Cuando entré al pequeño cuarto, Sadam se puso de pie, sonrió y me abordó para conversar. Permanecí estoico y le pedí que se sentara. Intentó llevarme a la litera mientras él se sentaba en una silla cercana. Lo tomé por los hombros y, de manera gentil pero firme, lo puse de vuelta en la litera. Su comportamiento cambió de inmediato. No le gustaba que le dijeran qué hacer.

Comencé mi planteamiento diciéndole que la guerra había terminado y que las fuerzas de Estados Unidos tenían el control total. Si bien ese hecho hubiera parecido obvio nueve meses después de la invasión, durante los interrogatorios quedó claro que Sadam no estaba al tanto de la situación actual de la lucha. Una pequeña sonrisa de satisfacción apareció en su rostro, sabía que había algo más que no le estaba diciendo.

Entonces le dije que estábamos matando a un gran número de ciudadanos iraquíes solo porque aún no habían depuesto las armas, pero que no tenían por qué morir, pues la guerra ya había terminado. Permaneció en silencio esperando mi oferta, sabía que le haría una.

Entonces le ofrecí que, para evitar la angustia de su pueblo y ayudar a reconstruir Irak como la gran nación que podía ser, le daría la oportunidad para que, mediante un video, les dijera a quienes seguían luchando que depusieran las armas y comenzaran la reconstrucción.

Me miró directamente a los ojos y me dijo en árabe:

—¿Usted les pediría a sus hombres que se rindieran?

Esperaba que me hiciera esa pregunta.

—Si hacerlo significara salvar a mis compatriotas, sí, lo haría. Les pediría que se rindieran.

Estaba mintiendo y Sadam lo sabía, así que su respuesta a mi afirmación fue:

—No lo creo.

—No hay duda de que van a sentenciarlo a la horca por sus crímenes —continué—. ¿Quiere que lo recuerden como un dictador mezquino como Mussolini o como un patriota iraquí que intentó salvar a su país?

—Ya veremos si me cuelgan por mis crímenes —respondió volviéndose a mostrar arrogante.

—Entonces esta es la última vez que nos veremos. Esta noche lo transferiré a otra instalación.

Mi comentario final pareció perturbarlo. Me puse de pie y de inmediato dejé el cuarto.

Más tarde esa noche, en condiciones de mucha seguridad, entregué a mi prisionero al oficial al mando de la instalación de detención militar en el aeropuerto de Bagdad. Nunca lo volví a ver aunque seguí luchando en Irak durante otros seis años, hasta que las fuerzas estadounidenses partieron en diciembre de 2010.

El 30 de diciembre de 2006, luego de un largo juicio, Sadam Huseín fue sentenciado a morir en la horca por sus crímenes contra el pueblo iraquí. Trece años después Irak continúa siendo una nación con problemas, es acechada por el Estado islámico y por Al Qaeda, y con frecuencia está al borde de una guerra sectaria, por lo que hay quienes se siguen preguntando si valió la pena el esfuerzo que hizo Estados Unidos al intervenir. No había armas de destrucción masiva y la fractura de la sociedad iraquí causó la muerte de miles de personas inocentes y la pérdida de más de tres mil vidas de estadounidenses y sus aliados. No sé cómo responder a eso, pero tengo la esperanza de que algún día, de las cenizas de esta guerra, surja un gobierno iraquí más fuerte, más representativo y más inclusivo. Espero que de las piezas rotas, de la pérdida de incontables vidas iraquíes, surja un hombre o una mujer que cambie el curso de la historia: que desarrolle una cura para el cáncer, que lleve la paz a Oriente Medio o que ilumine la oscuridad. Espero que las familias de los guerreros caídos encuentren paz en saber que sus seres queridos murieron sirviendo con valor, protegiendo a sus compañeros y evitando que se extendiera el mal de Sadam.

Solo me queda eso, la esperanza.

CAPÍTULO TRECE

SE BUSCA VIVO O MUERTO

Bagdad, Irak
2008

¡*Allahu akbar! ¡Allahu akbar!* —gritó el joven argelino. Las mujeres que estaban en el mercado abarrotado tomaron a sus hijos y comenzaron a correr, pero ya era demasiado tarde. El muchacho, con los ojos bien abiertos, bajó la vista a su chaleco suicida, y con el rostro pálido y cubierto de sudor, tomó la manija para hacer estallar los bloques de explosivos que llevaba atados a su cintura. De acuerdo con reportes posteriores, no lo dudó: su recompensa lo esperaba en el cielo y, cuanto más pronto se volviera un mártir, más pronto estaría con Alá. Y, en su mente, los veintiún hombres, mujeres y niños que murieron ese día serían sacrificios para la causa del Islam. Era el décimo octavo ataque suicida de ese año. Más de doscientos civiles iraquíes habían muerto hasta el momento y un hombre, un hombre, que permanecía intocable, era el responsable de toda la carnicería.

Estaba cansado hasta los huesos, sintiendo ese tipo de cansancio que te deja tan exhausto que te cuesta hasta respirar. El tipo de cansancio que hace que te preguntes si algún día recobrarás tus fuerzas. El tipo de cansancio que te hace darte cuenta de que ya no tienes diecinueve años.

Eran los primeros días de octubre de 2008 y acababa de volver de una misión de combate en Bagdad con los rangers del ejército. A los cincuenta y tres años ya es muy duro para el cuerpo moverse cargando un rifle M-4, una armadura corporal frontal y posterior, un casco de Kevlar y trescientas rondas de munición. Pero nada me daba más satisfacción que pasar tiempo en el campo con los soldados.

Sin embargo, no había planeado tener cincuenta y tres cuando por fin llegó la oportunidad de hacerlo. Entonces, como solía decir Stan McChrystal, solo era un «turista del campo de batalla», un almirante de tres estrellas quien en ocasiones acompañaba a las misiones de combate, pero en mi defensa puedo decir que al acompañarlas tenía la oportunidad de entender mejor aquello con lo que mis tropas tenían que lidiar todas las noches.

La misión terminó a las 02:00. Volví a mi cuartel en la base aérea de Balad, me quité el equipo y caí sobre mi litera completamente extenuado. En el exterior la temperatura era de unos 37 grados, pero al interior de mi cruda unidad de aluminio blanco, la temperatura era más baja gracias a los pequeños aires acondicionados para un cuarto que bombeaban un aire maravillosamente frío, lo cual permitía dormir. Mastiqué media pastilla para dormir y muy pronto caí en un sueño profundo.

—Señor, despierte.

—¿Qué?

—Señor ¡despierte! El coronel Erwin está al teléfono. Necesita hablar con usted de inmediato.

Me senté sobre la cama y miré el reloj. Eran las tres en punto de la madrugada.

—Lo sé, señor —susurró mi auxiliar, el mayor Pat Lange, con apenas un poco de arrepentimiento—. Pero dijo que es muy importante.

El coronel Mark Erwin era el comandante de las fuerzas de tareas de las operaciones especiales del ejército. Era un oficial magnífico y habíamos trabajado juntos de forma intermitente durante los últimos cinco años. Mark era alto y delgado, y tenía la complexión de un jugador profesional de soccer, de hecho lo fue para Wake Forest. Años atrás, cuando Erwin era comandante de escuadrón y yo era apenas un almirante de una estrella, nos hicimos amigos. Como cualquier tipo de la Marina en el mundo del ejército, apreciaba la amistad, y Mark me enseñó mucho sobre cómo funcionaba su fuerza de tareas. Era un disciplinario duro y, como comandante de las fuerzas de tareas del ejército, esperaba mucho de sus hombres. Su fuerza de tareas tenía, sin lugar a dudas, a algunos de los mejores soldados del mundo.

Tomé el teléfono, despejé mi garganta e intenté sacudirme los efectos del somnífero.

—Mark ¿qué pasa? —dije, intentando sonar como que estaba bien despierto.

—Señor —respondió, con un matiz de pánico en su voz—, mis chicos cruzaron la frontera iraquí y entraron a Siria.

—Disculpa —devolví—, repite eso.

Podía escuchar la exasperación al otro lado de la línea.

—Señor, el sargento mayor y otros cinco muchachos están en Siria.

—Cuando dices «en Siria» ¿a qué te refieres con exactitud?

—Señor, avanzaron quince kilómetros hacia el interior de Siria y se dirigen al escondite de Abu Ghadiya.

«Abu Ghadiya. Maldición...».

Abu Ghadiya era el hombre más buscado fuera de Irak. Nadie había facilitado más ataques suicidas ni era responsable de más muertes estadounidenses e iraquíes que él. Durante años había operado al otro lado de la frontera con Siria y había facilitado que cientos de terroristas, jóvenes radicales de todo Oriente Medio y el norte de África, transitaran hacia Irak.

En ese momento técnicamente Siria era nuestro aliado. Teníamos una embajada en Damasco y de manera rutinaria compartíamos inteligencia sobre los blancos de gran valor de Al Qaeda. Pero por alguna razón los sirios parecían hacerse de la vista gorda con respecto a Ghadiya. Se reportaba que un oficial de inteligencia sirio lo apoyaba desde hacía años y lo ayudaba a ocultarse de los estadounidenses y de otros oficiales sirios.

Ghadiya siempre operaba cerca de la frontera iraquí, pero no tanto como para simplemente cruzar y atraparlo. Con frecuencia visitaba un pueblo llamado Abu Kamal, pero rara vez permanecía ahí más de veinticuatro horas.

Luego de tomar el mando de la Fuerza de Tareas 714, revisé el plan existente para capturar o asesinar a Ghadiya, y por lo que vi no estaba seguro de que alguien lo aprobara. El plan indicaba un asalto a gran escala por helicóptero, con una fuerza de cincuenta rangers del ejército y veinte operativos de la fuerza de tareas. Cinco helicópteros transportarían a las fuerzas de asalto desde Irak, cruzarían la frontera, evitarían las fuerzas aéreas sirias, aterrizarían en masa, rodearían el complejo, capturarían o acabarían con Ghadiya, y volverían a Irak. El plan también requería del sobrevuelo de una patrulla área de combate e incluso de un ataque de artillería. Desde mi punto de vista el plan era demasiado convencional y dejaría una huella demasiado grande como para que alguien lo respaldara. Sin embargo, poco después de tomar el mando, se lo presenté tímidamente al general Dave Petraeus con la esperanza de obtener algo de apoyo para intentar atrapar a Ghadiya. Como esperaba, Petraeus lo rechazó y volvimos a la mesa de planeación.

Luego de presentarle el informe a Petraeus, llamé a Mark Erwin a mi oficina y le propuse el reto de pensar en algo con un paquete pequeño, algo poco convencional, algo digno de su fuerza de tareas. En menos de dos semanas volvió con un plan. Pero tenía una solicitud extraña… quería conseguir bicicletas de montaña de alta gama para que sus hombres pudieran avanzar más rápido en el desierto y atravesarlo sin ser detectados. Pienso que asumió que lo sacaría de la oficina en medio de carcajadas, pero me encantó la idea… hasta ese momento.

—Muy bien, Mark —dije, intentando sonar tranquilo—. Trae a tus hombres de vuelta a Irak tan pronto como sea posible.

—Sí, señor. Ya les indiqué que regresen, pero volver a cruzar la frontera les tomará algunas horas.

—Bueno, me reuniré con Petraeus a las 07:00 ¿estarán de vuelta para entonces?

Hizo una breve pausa.

—Señor, si todo va bien, estarán de vuelta a las 08:00.

—Muy bien, Mark. No te preocupes. Haz lo que debas hacer para que vuelvan sanos y salvos e infórmame de inmediato si algo sale mal.

—Recibido, señor. Lo entiendo.

Sabía que Mark quería decir algo más.

—¿Qué pasa, Mark?

—Señor, lo siento —dijo con pesar—. He estado presionando mucho a los chicos, quizá demasiado. Hemos trabajado durante semanas tratando de encontrar la manera de cruzar la frontera y entrar a Siria sin ser detectados. Esta noche el sargento mayor encontró una ruta y decidió continuar.

Contrario a lo que la mayoría de la gente piensa, la frontera iraquí en esa área no solo es una línea en la arena. Está cubierta de alambres de púas, la patrullan desde ambos lados, y con seguridad está cubierta por radares sirios.

—No te preocupes, Mark. Solo haz que los chicos vuelvan bien y ya veremos qué hacer después.

—Recibido, señor. Así lo haré.

Luego de colgar sabía bien que me esperaba una reprimenda terrible. Para cruzar la frontera siria se requería la autorización del presidente, del Departamento de Estado, de la embajada de Estados Unidos en Siria, de la embajada de Estados Unidos en Irak, del Centcom y la del general Petraeus; y no teníamos ninguna de ellas. Si por alguna razón los operativos se metían en problemas, tendría que ordenar de inmediato y sin la autorización de nadie un ataque aéreo y de artillería para asegurar que volvieran sanos y salvos.

Más tarde esa mañana volé desde Balad hasta el palacio Al-Faw en Bagdad para reunirme con Petraeus. La reunión fue uno de esos momentos en los que te das cuenta de qué es lo que separa a los grandes generales de los que solo son buenos.

Me coloqué en posición de descanso frente a su escritorio y comencé a explicarle la situación.

—Señor, hace unas horas recibí una llamada de Mark Erwin.

Antes de que pudiera continuar, Petraeus me preguntó:

—¿Cómo está Marc?, es un excelente oficial.

—Sí, señor —reconocí—, completamente magnífico.

Petraeus miró su agenda para ver qué actividad seguía.

—Bueno, señor, tenemos un pequeño problema y quería asegurarme de que estuviera al tanto.

—¿De qué se trata?

—Señor, anoche seis de mis operativos cruzaron la frontera hacia Siria, de camino a Abu Kamal para atrapar a Abu Ghadiya.

Petraeus asintió como diciendo «continúa».

—Se suponía que debían hacer reconocimiento, pero decidieron, por cuenta propia, continuar hacia el escondite de Ghadiya. Tan pronto como Mark se enteró, les ordenó volver.

—¿Ya volvieron? —preguntó.

Miré mi reloj.

—No, señor. Se espera que vuelvan a las 08:00.

Petraeus se levantó de su escritorio. Miró por la ventana y preguntó:

—¿Qué tanto se internaron en Siria?

—Señor, estaban quince kilómetros adentro cuando les ordenamos regresar.

Se alejó de la ventana, se me acercó y permaneció de pie frente a mí. Me miró, sonrió y dijo:

—Bueno, quizás debió dejarlos continuar.

No esperaba esa respuesta, pero con el paso de los años me daría cuenta de que la grandeza de Dave Petraeus se debía a su habilidad para asimilar los errores e incluso los fracasos de sus subordinados: construía lealtad mediante su sentido personal de responsabilidad al mando. Él sabía que tanto Erwin como yo hacíamos nuestro mejor esfuerzo. Habíamos cometido un error, uno que él sabía podríamos corregir y del que podríamos aprender, pero ese no era el momento para una reprimenda, sino para ser comprensivo.

Petraeus continuó:

—Llamaré a Ryan para informarle, pero si los chicos vuelven sanos y salvos, creo que podemos dejar esto entre usted y yo.

Con Ryan se refería a Ryan Crocker, el embajador de Estados Unidos en Irak. Otro gran compatriota con quien serviría en muchas ocasiones durante los años siguientes.

—Bill, quiero atrapar a Ghadiya tanto como ustedes. Tráeme un plan, uno que sea factible y que podamos llevarle al presidente. Tendrás mi apoyo.

Le agradecí y salí del palacio. Para las ocho en punto los operativos habían vuelto a Irak y ya estábamos planeando los siguientes pasos.

Aunque trasladar la pequeña fuerza mediante bicicletas de montaña podía ser más rápido que hacerlo a pie, no era lo suficientemente rápido para atravesar el desierto, llegar al objetivo y volver a Irak antes del amanecer. Sin importar qué método de infiltración usáramos, tendríamos que usar helicópteros para volver de la misión. En consecuencia, nos conformamos con un plan muy convencional. Primero, sabíamos que era imposible atacar a Ghadiya en el pequeño pueblo de Abu Kamal porque el lugar estaba atestado de gente y era seguro que morirían civiles inocentes si comenzaba un tiroteo. Así que el único margen de acción era atacar cuando Ghadiya volvía a su complejo, el cual estaba fuera de los límites de la ciudad. Cuando eso ocurriera, si es que ocurría, una pequeña fuerza de operativos volaría en dos helicópteros Black Hawk hasta el objetivo. Tendrían el respaldo de dos helicópteros de ataque MH-60 que, de ser necesario, proporcionarían fuego de apoyo. La parte más difícil del plan sería obtener todas las aprobaciones a tiempo para poder reaccionar cuando Ghadiya estuviera en el blanco. Pero en realidad solo necesitábamos un voto a favor, el de George W. Bush, el presidente de Estados Unidos.

Durante el curso de los siguientes meses la comunidad de inteligencia duplicó sus esfuerzos para ubicar y rastrear a Ghadiya, quien volvió a Abu Kamal en muchas ocasiones, pero en donde seguía siendo imposible el ataque, por lo que seguimos aguardando con la esperanza de que llegara el momento correcto.

Si bien Ghadiya era importante, no era el único chico malo que perseguíamos. En ese momento la fuerza de tareas del ejército, los rangers y los SEAL realizaban unas veinticinco misiones por noche en Irak, todas tenían por objetivo a algún individuo de alto valor.

El 20 de octubre el general mayor Joe Votel, mi general al mando adjunto, llegó a Irak para relevarme por unas semanas. Joe era un oficial maravilloso. Alto, enjuto y fuerte, con cabello negro bien recortado, era un ranger del ejército de pies a cabeza. Había comandado al Regimiento de Rangers como coronel y era un táctico brillante, y trabajaba increíblemente duro. Votel también tenía una extensa experiencia en combate en Irak y Afganistán, y con su seco sentido del humor, tenía las características perfectas para ser mi adjunto. Tenía plena confianza en él.

Justo antes de su llegada, la inteligencia indicó que existía la posibilidad de que Ghadiya se trasladara a su complejo en los siguientes días o semanas. Este tipo de advertencias se habían vuelto rutinarias, aunque casi nunca daban resultados. No obstante, cada vez que se presentaba la oportunidad, trasladábamos a la fuerza de asalto a un puesto de avanzada de combate cerca de la frontera, de modo que pudieran estar listos para atacar al instante.

Siempre me sentí cómodo dejando el mando en manos de Votel. Él podía tomar decisiones tan buenas como las mías, si no es que mejores.

El vuelo de regreso a Estados Unidos desde Bagdad era largo y a menudo lo hacía a bordo del jet militar del comando. Aunque nuestras comunicaciones trasatlánticas a veces eran defectuosas, me resultó claro a partir de los reportes de Votel que se estaba reuniendo cada vez más inteligencia sobre Ghadiya. Con cada hora que pasaba se volvía más evidente que tendríamos la oportunidad para realizar la misión que habíamos estado preparando.

Llegué a Fort Bragg, Carolina del Norte, aproximadamente a las 20:00 horas de la noche del 25 de octubre. El chofer me recogió en el aeropuerto y me entregó la última actualización sobre Ghadiya. La inteligencia humana (Humint) indicaba que Ghadiya se trasladaría a su complejo al día siguiente. Votel ya había dado una orden de advertencia a los operativos y había notificado a Petraeus, al Alto Mando y al Centcom de que estábamos listos para la misión.

La transición de Irak a Fort Bragg siempre era un poco surrealista. Una noche estás en una zona de combate donde la acción no para y las vidas de los soldados están en la línea, y a la mañana siguiente estás rodeado de pinos, en la tranquilidad, la arcilla roja y los cielos azul claro de Carolina del Norte. Volver a casa luego de pasar tiempo en combate o en un despliegue prolongado era algo que todo soldado, marino, miembro de la Fuerza Aérea o marine anhelaba. El hogar significaba estar en un lugar seguro, lejos del estrés, lejos de la soledad, lejos de la gente mala que intentaba matarte. Georgeann siempre hizo especial mi vuelta a casa. En mi primer día de vuelta nunca me agobiaba con los retos de la vida familiar. De algún modo a todos nuestros hijos les iba bien, las finanzas eran fuertes y todo estaba en orden. En los días siguientes volvíamos a lidiar con la vida, pero no en el primer día en casa. Sin embargo, cuando estás al mando, el hogar nunca es un lugar completamente aislado del trabajo. Al llegar, dejé mis maletas, besé a Georgeann y, cuando estaba jugando con el perro, el teléfono seguro en mi oficina en la planta alta comenzó a sonar.

Subí las escaleras a toda prisa y lo tomé.

—¡McRaven! —anuncié respirando con un poco de dificultad.

—Bill, habla Hoss Cartwright.

El general James «Hoss» Cartwright era el vicedirector del Alto Mando Conjunto. Era un oficial marine, tenía el segundo rango más alto en el ejército y era el enlace militar primario con la Casa Blanca.

—¿Está rastreando los movimientos de Ghadiya?

—Sí, señor. Por supuesto.

—Entiendo que quiere tener la aprobación del POTUS si Ghadiya se traslada a su complejo —Antes de que le pudiera responder, siguió hablando—. Solicité una reunión del Consejo de Seguridad Nacional para mañana a las 07:00. ¿Estará listo?

—Sí, señor. Le entregaremos el paquete de informe esta noche.

—Muy bien, lo veo a las siete.

—Cartwright colgó el teléfono abruptamente y llamé a Votel. Tanto él como el coronel Jim Harret, el segundo al mando de Mark Erwin, estaban trabajando en las diapositivas del informe y me las enviarían en unas horas. Todo indicaba que Ghadiya de verdad estaría en el complejo al día siguiente.

A la mañana siguiente, a las 06:00, llegué a mi cuartel en Fort Bragg. Ghadiya había ingresado a su complejo temprano ese mismo día y parecía que se quedaría por un rato. Votel me había entregado las diapositivas del informe y todo lo que necesitábamos ahora era la aprobación del POTUS.

Mi cuartel en Fort Bragg tenía el centro de mando técnicamente más sofisticado del mundo. Desde ahí podía comunicarme con todas las unidades alrededor del mundo, mirar en tiempo real los videos de cada Vehículo Aéreo no Tripulado (UAV) y estar completamente al tanto del estado de cada misión en curso. Pero esa mañana solo quería asegurarme de poder conectarme con la Sitroom de la Casa Blanca.

Tomé una taza de café y me senté en la silla de comandante para recibir la primera actualización. La videoconferencia ya estaba conectada con Votel, Petraeus, el Centcom, la embajada de Estados Unidos en Irak, el Alto Mando y la Casa Blanca. Las diapositivas del informe estaban en mi escritorio. El plan permanecía básicamente sin cambios. Cuatro helicópteros con una pequeña fuerza de asalto cruzarían la frontera iraquí y volarían a pocos metros del suelo para evitar el radar sirio. Una vez que tuvieran el complejo a la vista, los helicópteros de ataque tomarían posiciones sobre las murallas y se prepararían para proporcionar fuego de apoyo a la fuerza de asalto. Los otros dos helicópteros aterrizarían dentro del complejo. Una vez en tierra, la fuerza de asalto saldría de los helicópteros, abordaría al enemigo y capturaría o acabaría a Ghadiya, quien de cualquier modo sería devuelto a Irak para ser interrogado o enterrado.

A las 07:00 en punto la Sitroom de la Casa Blanca apareció en la pantalla. En el extremo de la mesa estaba Steve Hadley, el asesor de Seguridad Nacional. Él y yo habíamos trabajado juntos años atrás, cuando yo era capitán de la Marina en el personal del Consejo de Seguridad Nacional. Siempre nos habíamos llevado bien, pero sabía que él pensaba que yo era un tanto imprudente y que tomaba demasiados riesgos. Tal vez su crítica era válida.

Alrededor de la mesa estaban sentados los otros miembros del Consejo de Seguridad Nacional: Bob Gates, el secretario de Defensa; el almirante Mike Mullen; Hoss Cartwright, el director del Alto Mando; Condoleezza Rice, la secretaria de Estado; Mike Hayden, el director de la CIA y muchos otros actores secundarios. En la pantalla también aparecía Dick Cheney, el vicepresidente, que estaba enlazado desde Wyoming.

—Buenos días, Bill —comenzó Hadley.

—Buenos días, señor. Me da gusto volver a verlo.

Dirigiéndose a todo el grupo reunido, Hadley dijo:

—Espero que el presidente llegue en unos minutos, pero antes de eso, Bob, danos una actualización rápida.

Gates hizo algunos comentarios y luego me devolvió la palabra. Informé al NSC sobre la inteligencia más reciente y después le cedí la palabra a Votel y a Jim Jarrett para que dieran una actualización operativa. Para cuando terminaron de exponer su parte del informe, el presidente ingresó a la sala. Todos se pusieron de pie y Hadley se hizo a un lado para que pudiera tomar su lugar en el extremo de la mesa.

El presidente parecía estar inusualmente de buen humor. Charló un poco sobre trivialidades con Gates y luego fue al grano.

—Entonces, Bob ¿qué tenemos aquí?

—Bueno, señor presidente, tengo en la línea a Bill McRaven, nos va a informar sobre la misión para atrapar a Abu Ghadiya.

—Muy bien, almirante, infórmenos —dijo con ese familiar acento texano.

Vi mis diapositivas y comencé a exponer las observaciones que tenía preparadas. En cierto punto del informe, el presidente me detuvo y preguntó:

—¿Por qué vamos a enviar a los chicos de las SOF? ¿No podemos simplemente arrojar una bomba GBU-31 sobre este tipo?

La pregunta fue reveladora por muchas razones. Este presidente había estado involucrado íntimamente con la lucha de esta guerra durante los últimos siete años. Estaba tan bien versado en las misiones y la nomenclatura de la munición específica que entendía que usar una bomba guiada GBU-31 de doscientos treinta kilos era, de hecho, la munición correcta para el trabajo. De momento la pregunta me tomó por sorpresa.

—Bueno, señor, sí analizamos esa opción. Desafortunadamente, en medio del complejo hay una estructura similar a una tienda. No estamos seguros, pero existe la posibilidad de que esté habitada por la mujer que ayuda con la cocina y la limpieza y algunos niños.

—Muy bien —respondió, pero sabía que no estaba del todo satisfecho con mi respuesta. Continué:

—Además, señor, si bien es poco probable que podamos mantener en secreto esta incursión, tenemos la esperanza de que una entrada y salida rápidas reduzca la reacción negativa de Siria.

El presidente concordó de inmediato.

Terminé el informe y a continuación les pregunté a Votel y a Jarrett si había algo más que agregar desde Irak. No había nada más.

El presidente miró alrededor de la larga mesa y dijo:

—Muy bien, votemos.

Sacó la mano derecha, levantó el pulgar hacia arriba y dijo:

—Este es mi voto. Bob ¿qué hay de ti?

El secretario Gates sonrió y levantó su pulgar. Conforme el presidente pasó de persona en persona, todos extendieron sus brazos y dieron un efusivo pulgar arriba. Por último, miró al vicepresidente Cheney en su remota ubicación en Wyoming.

—Dick ¿cuál es tu voto?

Mi video en Fort Bragg tenía múltiples imágenes en pantalla. En la esquina superior podía ver a Cheney. Su cara llenaba la pantalla. Levantó las manos frente a la cámara y extendió dos pulgares hacia arriba.

—Muy bien —dijo el presidente disfrutando lo que decía. Miró directamente a la cámara y anunció:

—Almirante ¡vaya y atrápelo!

Di un saludo informal y me despedí exclamando:

—Sí, señor. Lo haré.

Después de eso la videollamada de la Casa Blanca se cortó.

Minutos más tarde le informé a Votel que tenía autorización para proceder en el momento que considerara que las condiciones operativas eran correctas. La misión estaba ahora en sus manos.

La fuerza de asalto está en el aire. Hora local, 16:30.

—Recibido —respondió Votel, transmitiendo con su voz la calma de un hombre que ya ha hecho estas misiones muchas veces.

Los helicópteros despegaron del aeródromo al oeste de Irak en medio de una nube de polvo y en cuestión de minutos se colocaron en una formación estrecha, gimiendo a través del desierto a apenas quince metros del suelo.

Dos minutos después, llegó el siguiente aviso:

—Cruzando la frontera.

Un dron que sobrevolaba a gran altitud capturó la escena mientras los cuatro helicópteros superaban el enorme terraplén que separaba a Irak de Siria. Era pleno día y no había modo de ocultarse. Si la defensa aérea siria detectaba a los helicópteros, ya fuera visualmente o por radar, de inmediato abrirían fuego con misiles tierra-aire o con armas antiaéreas. Los sirios eran nuestros aliados, pero no nuestros amigos.

—Un minuto para aterrizaje.

Desde arriba los dos helicópteros Black Hawk de ataque se adelantaron y de inmediato comenzaron a separarse, uno tomó el lado norte del complejo de Ghadiya y el otro tomó el sur. Proporcionarían fuego de apoyo para la fuerza de asalto.

La vista del dron se alejó de los helicópteros y se posó sobre el complejo. En el enorme patio había siete hombres, los cuales escucharon el ruido de los helicópteros aproximándose y corrieron agitados buscando cubrirse, y enseguida tomaron sus armas disponiéndose a luchar.

—¡En pantalla!

—¡Recibido! —respondió Votel, mirando en la pantalla a los helicópteros que estaban entrando.

Apenas a unos metros del muro exterior, el helicóptero líder descendió con la nariz hacia arriba y el rotor de cola hacia abajo mientras se detenía en el aire y aterrizaba con fuerza sobre el terreno al interior del patio.

—Hay disparos. Hay disparos —llegó la frase familiar.

Los operativos saltaron del primer helicóptero y de inmediato fueron atacados por Ghadiya y sus hombres. El otro helicóptero llegó segundos después, ejecutó la misma evolución aérea y aterrizó a unos metros del primer aparato. Los últimos dos helicópteros aterrizaron afuera del muro, los soldados saltaron de la aeronave y tomaron posiciones de seguridad para asegurarse de que ninguno de los hombres de Ghadiya escapara del asalto.

—Hay disparos. Hay disparos.

Los operativos dentro del patio se dispersaron y avanzaron hacia Ghadiya, mientras las balas volaban en ambas direcciones.

No había modo de escapar. Uno a uno los hombres de Ghadiya fueron cayendo y en cuestión de minutos la batalla terminó. En la pequeña tienda a la mitad del complejo, desarmados y atemorizados, estaban muchos niños pequeños y una mujer.

El dron en las alturas observó cómo los operativos iban de hombre muerto en hombre muerto buscando a su objetivo. Minutos después llegó el aviso.

—Lotería. Repito, lotería.

—Recibido —respondió Votel con una sonrisa en el rostro. Esta misión se había tomado su tiempo en llegar.

En el blanco, el caos comenzaba a amainar. El tiroteo había terminado pero el reloj seguía en marcha. Para entonces los sirios estaban al tanto de que los estadounidenses habían cruzado la frontera. Era hora de irse.

Los miembros de la fuerza de asalto tomaron el cuerpo de Abu Ghadiya y salieron del complejo, abordaron los helicópteros y, en menos de tres minutos, estaban de vuelta en Irak. La misión duró en total diecisiete minutos.

Hice mis reportes para la Casa Blanca y para Petraeus, después volví a enfocarme en el resto de la guerra.

Más tarde esa noche, de acuerdo con la tradición islámica, el cuerpo de Ghadiya fue limpiado y envuelto en lino blanco, un imam le rezó y finalmente fue enterrado en dirección a la Meca. La tumba, ubicada en algún lugar en el desierto iraquí, quedó sin marcar para que sus seguidores no pudieran convertir el lugar de entierro en un altar.

Gracias al valor de los operativos de la fuerza de tareas del ejército, y a la firmeza del presidente de Estados Unidos, una de las mayores amenazas para las vidas estadounidenses e iraquíes había sido eliminada. Conforme nos acercábamos a las elecciones presidenciales de 2008, me preguntaba cómo respondería a tal reto el nuevo hombre en la Oficina Oval. ¿Tendría el mismo nivel de compromiso contra nuestros enemigos? ¿Tomaría el mismo nivel de riesgos tácticos y estratégicos? ¿Pondría su reputación y la de su nación en manos de las fuerzas de operaciones especiales? ¿Nos permitiría continuar con nuestra cacería global?

Por fortuna no pasaría mucho tiempo antes de que supiéramos la respuesta.

CAPÍTULO CATORCE

REHÉN EN ALTAMAR

Bagram, Afganistán
8 de abril de 2009

Estaba fuera de lugar en el mundo de las tiendas, refugios prefabricados y chozas de un piso llenas de literas, pero posiblemente se trataba del edificio más importante en la guerra contra el terrorismo. El Palacio contrachapado, construido en 2004 por ingenieros de la Marina, era una estructura de madera de dos pisos en la que estaba el cuartel general de mi fuerza de tareas en Afganistán. El edificio tenía unos veinte cuartos, nada del otro mundo, solo madera contrachapada y marcos, pero con el paso de los años el Palacio contrachapado había sido mejorado con tecnología de punta.

El centro de mando principal en el primer piso, al que se hacía referencia como el Centro de Operaciones Conjuntas, era un enorme cuarto abierto con más de ciento cincuenta personas trabajando detrás de computadoras, controlando aeronaves, solicitando evacuaciones médicas, monitoreando y dirigiendo drones, coordinándose con los comandantes regionales y orquestando las miles de pequeñas decisiones involucradas en una misión exitosa.

El muro en el extremo más alejado del centro de comando tenía nueve metros de alto y estaba completamente cubierto por monitores de pantalla plana. Todas las misiones eran observadas. Se les seguía el rastro a todos los soldados. Cada llamada por radio era monitoreada. Estábamos al tanto de cada bala disparada. No había un solo momento durante cualquier noche en que no se desarrollara un drama de la vida real enfrente de nuestros ojos.

Al centro de un enorme cuarto, el comandante del Regimiento de Rangers, un coronel del ejército, se sentaba en una silla giratoria, con auriculares puestos y café en mano, ordenaba comandos mientras dirigía la lucha táctica de la fuerza de tareas en Afganistán. A su lado se sentaba un pequeño ejército de mayores, capitanes y suboficiales que le ayudaban a asegurar el éxito en el campo de batalla.

Para 2009 realizábamos de cinco a diez misiones por noche, desde las montañas Hindú Kush al noreste de Afganistán, hasta la provincia de Helmand al sur. Como comandante de la fuerza de tareas, yo revisaba y aprobaba todas las misiones diarias en Afganistán, pero mi trabajo principal era mirar la lucha desde una perspectiva global. Teníamos misiones en curso en Irak, Yemen, Somalia, el norte de África y Filipinas. En ese año ya habíamos llevado a cabo la lucha contra Al Qaeda a Yemen y Somalia, y habíamos perseguido a los terroristas a través de Mali y Nigeria.

Mi oficina y un centro de mando más pequeño, al que se hacía referencia como la Sala de Información Situacional (SAR), estaban en el segundo piso del Palacio contrachapado. El nombre era engañoso, no solo nos manteníamos informados de la situación global; desde mi escritorio de madera contrachapada, con un conjunto de señales de video, comunicaciones seguras y un suministro interminable de bebidas energéticas y M&M'S de cacahuate, podía comandar a las fuerzas ubicadas en cualquier parte del mundo. Y así ocurría de manera rutinaria.

—Nunca es demasiado temprano para un Rip It ¿no es cierto?

Abrí la lata de mi burbujeante bebida energética, con sabor a naranja artificial y alta en cafeína, y asentí mirando al suboficial de la SAR, quien recién comenzaba el turno de la mañana.

—Desayuno de campeones —dije luego de pasar el primer trago.

Yo no era un chico madrugador. Cuando me uní a los equipos SEAL me dijeron que trabajaríamos de noche. Me gustan las noches, las mañanas… no tanto. Aunque, a decir verdad, ya nunca era «de mañana» en realidad. El reloj de focos LED color rojo mostraba las 10:00 horas, hora zulú, u hora del meridiano de Greenwich. Todos en la fuerza de tareas trabajábamos con un huso horario común: la hora zulú. De ese modo, sin importar en qué parte del mundo estuvieras, desde Somalia hasta Washington D. C., todos teníamos el mismo punto de referencia en cuanto al reloj.

La noche anterior había sido bastante rutinaria. Los rangers y los SEAL habían atacado cinco blancos diferentes a lo largo de Afganistán, desde un complejo Talibán en Kandahar, hasta un supuesto escondite de Al Qaeda en Konar, pasando por un ataque de drones en Vardak. En Irak nuestros elementos de la fuerza de tareas del ejército y nuestros colegas británicos continuaban sus incursiones nocturnas contra las fuerzas de Al Qaeda, desde Bagdad hasta Basora. Muchos de los chicos habían sido heridos, pero ninguno de gravedad.

Salí de la SAR alrededor de las 23:00. Algunas misiones seguían en proceso, pero como era usual, a menos que ocurriera algo crítico —un rescate de rehenes, muertes en masa, un ataque con misiles o un asalto contra un objetivo políticamente delicado—, solía dejar la lucha táctica a los coroneles. Sabía que el comandante de regimiento de rangers, quien era tan buen combatiente como cualquiera en la fuerza de tareas, tomaría todas las decisiones correctas. Lo mismo era verdad para el comandante de la fuerza de tareas del ejército que dirigía la guerra en Irak.

Para media noche ya estaba en mi litera. A las 06:00 salí de la cama y fui al gimnasio. Incluso a esa hora el enorme refugio prefabricado, lleno de pesas y equipo para ejercicio cardiovascular, estaba repleto. Luego de darme una ducha rápida y desayunar, fui a mi oficina, revisé mis correos y me dirigí a la SAR.

Los resultados de las misiones de la noche anterior estaban en las pantallas. Revisé los reportes de muertes y recibí una actualización sobre los heridos. Parecía ser un día más en la zona de guerra.

—Buenos días, señor —llegó la voz familiar de mi jefe de personal.

—Buenos días, Randy —respondí mientras terminaba el último trago de mi Rip It—. ¿Cómo les fue a tus Medias Rojas anoche?

—Bien, señor. Vencieron a los Rayas 5 a 3. Sus bateos fueron fuertes y la zona de calentamiento lucía bien, pero será una temporada larga.

Como mi jefe de personal, el coronel Randy Copeland estaba a cargo de dirigir el campo en Afganistán. Él gestionaba todos los asuntos administrativos y logísticos involucrados en el manejo del despliegue de una fuerza de gran tamaño. Copeland había sido oficial de infantería, era mayor que la mayoría de mis coroneles y era un tanto rechoncho. Tenía un sentido del humor seco y lo usaba muy bien para mantener alta la moral durante los tiempos difíciles. Amaba molestar a todos en la SAR, incluyéndome a mí.

Copeland tomó una silla y se sentó junto a mí, me miró a los ojos y no dijo una palabra, solo me miró fijamente durante varios segundos.

—¿Qué pasa? —pregunté.

Copeland dejó caer la cabeza contra el pecho.

—Señor, son los guardias de la reja otra vez.

—¡Tienes que estar bromeando!

—Detuvieron al general Khan y a sus hombres en la reja. No los dejan entrar.

Alí Khan era un general del ejército de Afganistán y mi enlace con el alto mando afgano. Todos los días viajaba una hora desde Kabul hasta nuestro centro de mando. Él y sus oficiales ayudaban a coordinar nuestras misiones de combate con los afganos en diferentes distritos. Eran indispensables para la batalla, sin embargo, los guardias estadounidenses en la reja principal de la base aérea de Bagram siempre lo detenían y lo interrogaban durante horas.

—¡Comunícame por teléfono con el comandante! Ya me estoy cansando de esta mierda —indiqué.

—Señor, ya envié al sargento mayor para que traiga al general Khan. Llegarán en unos minutos.

—No podemos seguir haciendo esto todos los días, Randy. Resuelve este maldito asunto.

—Sí, señor —respondió Copeland—. Reuniré a todos los guardias, prepararé al escuadrón de fusilamiento y haré que los ejecuten al amanecer. Asumo que está de acuerdo con eso.

—¡Absolutamente! —dije—. Y solo para que quede claro el punto, ¡no les cubras los ojos!

Copeland se levantó de la silla, me dio un saludo animado y una sonrisa irónica, y salió de la SAR. Sabía que resolvería el problema sin ejecutar a nadie.

En cuanto Copeland salió, el suboficial de la SAR se asomó desde la fila posterior para llamar mi atención.

—Señor, llamó el Alto Mando. Solicitan una videoconferencia dentro de una hora.

—¿Cuál es el asunto? —inquirí.

—Al parecer, unos piratas abordaron un navío estadounidense a las afueras de la costa de Somalia. Aún no tienen muchos detalles.

—Recibido. Reunamos a los sospechosos comunes y veamos si Fort Bragg tiene más información.

—Recibido, señor. Lo haré.

Durante años Somalia había sido un criadero de piratas. Miles de barcos cruzaban el golfo de Adén cada año y un volumen alto de tránsito mercante atravesaba el Mar Rojo. Tan solo ese año los piratas somalíes habían atacado a más de doscientos barcos y habían tomado como rehenes a 263 tripulantes. La mayoría de las naves y sus tripulaciones eran llevadas a un punto de anclaje a las afueras de la costa somalí, donde esperaban, a veces durante años, a que las compañías navieras negociaran su liberación. Nunca entendí por qué las compañías navieras no contrataban a un montón de «buenos muchachos» con rifles de cacería para alejar a los piratas, o por qué no navegaban más lejos de la costa. Cuando hice la pregunta obvia, me dijeron que no se les permitía entrar al puerto si portaban armas de fuego y que era más barato pagar el rescate que navegar varios cientos de kilómetros fuera de la ruta planeada. Aun así, su actuación seguía sin tener sentido para mí.

En menos de una hora todo mi personal estaba reunido en la SAR para la videoconferencia.

—Buenas tardes, señor —llegó la voz desde la pantalla de video.

—Scotty ¿cómo estás?

—Solo es otro día en el paraíso, señor.

El coronel Scott Miller había sido comandante del elemento de la fuerza de tareas del ejército hasta que Stan McChrystal se convirtió en director de Operaciones del Alto Mando y lo llevó al Pentágono como director adjunto de Operaciones Especiales. Miller era excepcionalmente talentoso. Era un operativo veterano, cuando era un joven oficial estuvo en el campo durante la batalla de Mogadiscio en 1993 y desde entonces había estado constantemente en combate en todos los puntos calientes alrededor del mundo. En 2004 le puse un Corazón Púrpura en el pecho luego de que lo hirieran durante una emboscada en Irak. Era uno de los mejores.

—¿Qué tenemos, Scotty?

—Señor, esto es lo que sabemos. —Miller hizo una pausa y bajó la vista para mirar las notas de su informe—. Temprano por la mañana un enorme buque de carga con bandera de Estados Unidos, el *Maersk Alabama*, fue abordado por piratas somalíes.

En la pantalla a la izquierda de la imagen de Miller, mi suboficial de la SAR mostró una fotografía reciente del *Maersk Alabama*.

—Por lo que entendemos la tripulación intentó resistir, pero los piratas lograron abordar de todos modos. No tenemos los detalles exactos, pero el capitán, un tipo llamado Richard Phillips, fue tomado como rehén.

—¿Lo hicieron prisionero a bordo de la nave? —pregunté.

—No, señor. Los piratas bajaron del *Maersk Alabama* en un bote salvavidas y se lo llevaron.

—¿Qué tipo de bote salvavidas?

Intervino el suboficial de la SAR.

—Señor, aquí tengo una imagen.

En la pantalla apareció una pequeña barca con techo color naranja de ocho metros y medio. Era el tipo de bote salvavidas que se encuentra en la mayoría de los navíos mercantes.

—¿Cuántos piratas creemos que hay?

—Señor, la tripulación reporta que en el bote salvavidas se encuentran cuatro piratas y el capitán —respondió Miller.

—¿A qué distancia se encuentra el navío estadounidense más cercano?

—Señor, el *Bainbridge*, el *Halyburton* y el *Boxer* están en el golfo. El director les indicó avanzar hacia la costa de Somalia.

—¿En cuánto tiempo calculan que va a llegar?

—Les tomará unas veinticuatro horas estar en posición.

Miré al suboficial de la SAR.

—¿Tenemos al capitán Moore en la línea?

El suboficial asintió.

—Scott, ¿dónde estás? —pregunté hacia el espacio virtual.

—Señor, aquí estoy —respondió Moore mientras su cara aparecía en la pantalla.

El capitán Scott Moore era el oficial al mando de nuestra fuerza de tareas SEAL de la Marina. Se le conocía como «Ve a la Guerra Moore», era profesionalmente agresivo y amaba estar en la lucha. Era un alpinista de clase mundial, su condición física era increíble y sus tácticas eran sólidas. Tenía poco de haber entregado la posición de mando de la fuerza de tareas de Afganistán a un coronel ranger, luego de dos años de lucha larga y dura. Los SEAL y rangers que estuvieron bajo su mando se deshicieron de cientos de enemigos del campo de batalla, pero también perdieron a diez de sus hombres. Había sido una batalla salvaje contra un enemigo determinado y ahora estaba de vuelta en su trabajo diario como oficial al mando de un grupo SEAL.

—Scott, ¿a quién tenemos cerca que pueda llegar rápido a la escena?

—Señor, tenemos a Jonas Kelsall en Nairobi. Tiene un equipo de unos siete SEAL que puede enlazarse con el *Bainbridge* en menos de seis horas.

Conocía a Kelsall, era un teniente comandante SEAL, un joven fabuloso que sirvió por un tiempo y después volvió a la Universidad de Texas para obtener su licenciatura y su comisión en la Marina.

—Bill, habla Shortney.

Escuché la voz familiar del vicealmirante Bill «Shortney» Gortney, comandante de la 5ª Flota, la cual estaba estacionada en Baréin.

—Shortney, no sabía que estabas con nosotros.

—Los he estado escuchando —mencionó mientras aparecía su imagen desde una sala de conferencias en Baréin—. Solo quería informarles que cualquier cosa que necesiten, pueden pedirla.

Gortney se había convertido en un buen amigo y en un aliado muy confiable en la guerra contra el terrorismo. Su ego no se interponía cuando se trataba de cumplir con el trabajo.

—Gracias, Shortney. Todavía no estoy seguro de lo que necesitamos, pero no te preocupes, no dudaré en pedirlo.

Volví a hablar con Scotty Miller:

—Scotty, solo para entender la cadena de mando ¿estoy a cargo de esta misión?

—Sí, señor —respondió Miller a sabiendas de que ponerme a cargo me daría acceso a todos los recursos militares que necesitara.

—Señor, al director le gustaría tener un Concepto de Operaciones dentro de una hora, pero tanto él como el secretario me han autorizado a trasladar las fuerzas que considere apropiadas en este momento para preparar la coordinación del rescate.

—Recibido, Scotty. Me pondré a trabajar con mi personal y con Scott Moore, y me comunicaré contigo en una hora. Mientras tanto, mantengamos abierta la videoconferencia.

—Me parece bien, señor. Le entregaré todo al general McChrystal. Asumo que el director también estará presente para el próximo informe.

—No hay problema. Te veré en una hora.

Había más o menos una docena de estaciones en la videoconferencia, desde el Alto Mando, pasando por el Departamento de Estado, la CIA, el FBI, NGA, DIA, Fort Bragg, hasta cierto número de comandantes combatientes del ejército; demasiada gente para tener una conversación franca.

Me dirigí al suboficial de la SAR.

—Establece una línea directa entre mi oficina y el capitán Moore.

—Sí, señor.

Me dirigí a mi oficina acompañado por algunos de los miembros clave de mi personal. La oficina era grande, de madera contrachapada, desde luego, y tenía espacio para que diez personas se reunieran en torno a una pantalla de video para conferencias. A menudo tenía videoconferencias con la Casa Blanca y el Alto Mando desde mi oficina para evitar que pareciera que todo mi personal estaba escuchando.

En cuanto Moore apareció en pantalla, comenzó a hablar.

—Señor, contactamos a Jonas. Él y sus chicos tienen todo su equipo, incluyendo paracaídas, y pueden estar listos para actuar en menos de una hora.

Siempre quedaba maravillado por nuestra organización. El teniente comandante Kelsall y su equipo estaban en Nairobi como parte de nuestro elemento de enlace de operaciones especiales. Se encontraban en Kenia para coordinar nuestras operaciones contra la organización terrorista somalí Al Shabaab. Pero, sin importar a dónde fueran, los SEAL siempre llevaban sus paracaídas para contingencias como esta. En raras ocasiones se necesitaban, pero ahora dicha política estaba por rendir frutos.

—Muy bien, Scott. Trabajemos con nuestro enlace en la 5ª Flota para coordinar un punto de encuentro entre el Equipo Nairobi y el *Bainbridge* tan pronto como la nave llegue a su posición.

—Almirante, también me gustaría ejecutar todo el paquete de rescate del rehén desde Norfolk. Podemos estar en nuestras estaciones dentro de veintidós horas.

—¿De cuántos hombres estamos hablando?

—Bueno, señor —dijo Moore con timidez—, unos sesenta operativos y cuatro lanchas de asalto de alta velocidad.

—¿Sesenta? ¿Qué rayos piensas hacer con sesenta operativos? Son cinco tipos dentro de un bote salvavidas.

—Bueno, señor, lo he estado pensando.

—Oh, probablemente eso no sea bueno —dije con sarcasmo inexpresivo.

—Señor, mi preocupación es que si los piratas cruzan la playa con Phillips lo perderemos por meses, tal vez para siempre.

—Continúa.

—Bueno, señor, con los SEAL adicionales y el respaldo de los helicópteros Cobra en la MEU podemos asegurarnos de que no haya piratas en la costa para recibirlos. —Moore sacó una imagen de la costa somalí y la mostró en nuestra pantalla compartida—. Casi todos los piratas operan desde Eyl. Hay unos seis o siete campamentos diferentes dispersos a lo largo de la costa. Nuestras fuentes indican que todos estos sujetos le reportan a un pirata en jefe llamado Alam. Estamos trabajando con el FBI y la Agencia para rastrear la ubicación exacta del líder, pero creemos que vive tierra adentro y podemos alcanzarlo.

Sabía que Moore tenía razón, pero también pensé que el Alto Mando y la Casa Blanca nunca aprobarían una fuerza tan grande para rescatar a un hombre de un bote salvavidas.

—Muy bien, Scott. Ve y prepara el paquete grande, alístense para el traslado. Tendremos otra videoconferencia con el director en una hora. Podemos sacarlo a colación con él.

Moore sonrió. Sabía que me había gustado el concepto y que presionaría bastante al Alto Mando para aceptarlo.

—Mientras tanto, tenemos que desarrollar un concepto de operaciones. Quiero algo simple, como siempre: una diapositiva sobre la situación que muestre la ubicación del bote salvavidas y la posición del *Halyburton* y el *Bainbridge*, una diapositiva sobre la inteligencia respecto a los piratas y su cadena de mando, una diapositiva sobre el tamaño de la fuerza de rescate y el plan que tienes para el traslado desde el suelo estadounidense contiguo.

Mis oficiales de operaciones intervinieron desde detrás de mí.

—Señor, es probable que necesitemos avisar al director que el Equipo Nairobi se vinculará con el *Bainbridge*.

—Recibido. Scott, ¿recibiste eso?

—Sí, señor. Incluir información sobre el Equipo Nairobi.

—Después haremos que el cuerpo jurídico realice la diapositiva sobre las normas para entablar combate. —Miré a mi personal alrededor de la sala—. ¿Algo más?

Nadie habló.

—Muy bien, una hora. Te veré entonces, Scott.

La pantalla se apagó.

Cada pantalla de la SAR brillaba con actividad. Kelsall y los del Equipo Nairobi eran rastreados en la pantalla en el extremo izquierdo. Un mapa mostraba el progreso de su pequeño avión en el GPS mientras avanzaba desde Nairobi hacia la costa de Somalia. Estaban a dos horas del punto de reunión con el *Bainbridge*. La siguiente pantalla mostraba una señal en vivo con la ubicación de todos los navíos estadounidenses en el área. Marcados con pequeños íconos en una casilla de designación, se presentaban el nombre de la nave, la latitud y longitud actuales, y la velocidad estimada. El *Bainbridge* y el *Halyburton* avanzaban a veinte nudos en dirección al bote salvavidas. En la pantalla central había una sala de conferencias del Pentágono. Podía ver a Scotty Miller y a otros miembros del Alto Mando preparándose para la llegada del director. A la derecha de la pantalla central se encontraba la primera diapositiva del informe del concepto de operaciones, en tanto que en el extremo derecho se encontraba una imagen de control de tráfico aéreo de todos los drones que operaban en el Cuerno de África. Aunque teníamos misiones en curso en Yemen, no teníamos ningún dron Predator o Reaper disponible en las cercanías inmediatas. Todos los videos en vivo tendrían que llegar directamente desde el dron ScanEagle del *Bainbridge*.

En la pantalla central vi a Miller y a los otros oficiales ponerse en posición de atención. El director había ingresado a la sala. Era un hombre alto, distinguido, con cabello negro azabache, vestido con su uniforme color caqui y las cuatro estrellas de un almirante completo adornando cada lado del cuello de su camisa. Mullen siempre me recordaba a los grandes almirantes de flota de la Segunda Guerra Mundial. Podía verlo en la cubierta de un acorazado dirigiéndose a Midway.

—Buenas tardes, William.

—Buenas tardes, señor.

—¿Quién más está en la videoconferencia?

Mencioné rápidamente a todos los presentes, pero hice hincapié en el general Petraeus, comandante del Centcom. Aunque técnicamente yo estaba a cargo en ese momento, tan pronto como terminara la misión volvería a trabajar para él, por lo cual tuve el cuidado de asegurarme de involucrarlo en cada paso.

Luego de algunas formalidades, pasé directo al informe.

—Señor, el Equipo Nairobi se dirige a un punto de reunión en el mar con el *Bainbridge*. Deberían llegar a bordo de la nave en las próximas dos horas. La inteligencia indica que los piratas intentan regresar a su campamento base. Sin embargo, el bote salvavidas solo alcanza dos o tres nudos de velocidad, por lo que no tendremos problemas para interceptarlos mucho antes de que lleguen a tierra.

Podía ver que Miller le mostraba al director una diapositiva de PowerPoint sobre la posición actual del bote salvavidas y el punto estimado de intercepción del *Bainbridge*.

—Señor, también sabemos que los piratas se están comunicando con un hombre llamado Mohammed, quien se encuentra en

Somalilandia. Solicitaron un bote de alta velocidad para poder sacar al capitán Phillips del bote salvavidas y llevarlo a la costa antes de que llegue la Marina de Estados Unidos.

—¿Qué necesita, Bill?

—Bueno, señor, he hablado con Scott Moore y quisiéramos trasladar a todo el paquete de rescate de rehenes desde Estados Unidos.

Miller se inclinó y le susurró algo al director.

—Así que ¿serían sesenta operativos y cuatro lanchas?

—Sí, señor. Y con un paquete tan grande necesitaríamos tanto al *Boxer* como al *Bainbridge* y al *Halyburton*. El *Boxer* podría alojar a los sesenta operativos y tener las seis lanchas de asalto de alta velocidad en la cubierta de vuelo.

—¿Qué planean hacer con todos esos SEAL? —preguntó el director, entrecerrando un poco los ojos.

—Señor, hay más de doscientos rehenes atrapados en la costa somalí. La mayoría están cerca del punto de anclaje en Eyl.

Miller apuntó a algo en una de las pantallas en la sala de informe del Pentágono, asumí que era la ubicación de Eyl.

—Además, hay media docena de enclaves piratas a lo largo de la costa somalí.

El director continuó mirando la pantalla en el Pentágono.

—Señor, es hora de resolver este problema de una vez por todas. Si seguimos permitiendo que estos piratas dicten el flujo del tráfico mercante alrededor del Cuerno serán una distracción para nuestros esfuerzos en Irak y Afganistán, y otros cientos de compatriotas estarán en riesgo de ser capturados.

Me percaté de que el director estaba considerando la idea, pero sabía que sería difícil que el nuevo presidente autorizara una operación tan agresiva. Sin importar lo bien que saliera, la posibilidad de que soldados estadounidenses murieran o resultaran heridos era demasiado alta. No obstante… la idea tenía méritos y creo que el director lo sabía.

—Muy bien, Bill. Preparemos el informe para la Casa Blanca y veremos qué dicen.

—Recibido, señor —respondí, y momentos después me desconecté de la videoconferencia.

9 de abril de 2009

—¡Los paracaidistas salieron! —llegó el aviso del suboficial de la SAR.

A mil quinientos metros por encima del azul profundo del océano Índico, Jonas Kelsall y sus hombres salieron de la pequeña aeronave. Ligeramente inclinados hacia adelante mientras salían de la rampa del avión, de inmediato jalaron sus cordones de apertura y desplegaron sus paracaídas principales. Reunidos en el aire bajo sus telas cuadradas, los SEAL descendieron flotando en formación y aterrizaron juntos en un mar picado. Mecido erráticamente por el agua, un pequeño bote del USS *Bainbridge* estaba listo para recogerlos. En menos de una hora, Kelsall y el comandante Frank Castellano, el oficial al mando del *Bainbridge*, habían desarrollado un plan para reunir inteligencia en caso de que un rescate fuera necesario. Castellano era un oficial de tácticas terrestres excepcional y estaría involucrado en cada aspecto del rescate.

—Señor, el *Bainbridge* tiene comunicación con los piratas.

Asentí y miré fijamente la pantalla mientras el pequeño Zodiac que transportaba a Kelsall y a otros SEAL se aproximaba al bote salvavidas.

—El líder está de acuerdo con que se les transfiera comida y agua.

Recibíamos una señal de video gracias al dron ScanEagle del *Bainbridge*. Incluso luego de atravesar los miles de kilómetros desde Somalia hasta la SAR en Afganistán, la imagen era bastante clara.

A bordo del *Bainbridge*, un intérprete somalí hablaba con Abduwali Muse, el líder de los piratas. La voz de Muse sonaba tensa y era evidente que el calor opresivo dentro del pequeño bote salvavidas estaba comenzando a pasarles factura tanto a los piratas como a Phillips. El intérprete convenció de inmediato a Muse de que debían aceptar la oferta de comida y agua de la Marina para mantener vivo al rehén.

—Despacio, despacio —susurré para mí mismo mientras el Zodiac se acercaba al bote salvavidas. La escotilla de la lancha salvavidas se abrió y uno de los piratas se asomó, apuntando el cañón de su AK-47 hacia los marines estadounidenses. Pude ver que la proa del Zodiac se acercaba poco a poco, que rebotó la popa del bote salvavidas y que los SEAL conversaban con los piratas. La comida y el agua fueron transferidas con prontitud y el Zodiac se retiró. En cuestión de minutos estábamos recibiendo reportes de Kelsall.

—Señor, los SEAL reportan que Phillips está bien, pero los piratas tienen la intención de alcanzar la costa de Somalia.

Mi oficial de inteligencia intervino.

—Almirante, interceptamos comunicaciones de los piratas, están pidiendo refuerzos desde Eyl. Saben que no pueden llegar a la costa en el bote. Al parecer otro esquife de alta velocidad avanza en su dirección.

Parte de mí tenía la esperanza de que aparecieran los refuerzos. Al disparador de la calibre .50 sobre la cubierta del *Bainbridge* le encantaría la oportunidad de mostrar sus habilidades. Eso no acabaría bien para los piratas.

A lo largo del día el *Bainbridge* estaba en contacto constante con Abduwali Muse, el líder pirata. Si bien parecía que nuestro intérprete y Muse estaban empezando a llevarse bien, este último aún amenazaba con asesinar a Phillips si intentábamos rescatarlo. Conforme el calor del día aumentaba, sabía que las tensiones dentro del pequeño bote crecían. Con temperaturas por encima de los treinta y siete grados, los piratas saltaban ocasionalmente al agua para refrescarse, pero no había señal del capitán Phillips.

Me enderecé en mi silla mientras el almirante Mullen se enlazaba a la videoconferencia.

—William, el presidente autorizó el despliegue de los SEAL —dijo—. Pero también quiere un plan de acción deliberado sobre cómo planean rescatar a Phillips.

Miré en mi pantalla de video al pequeño bote salvavidas de ocho metros y medio avanzando gentilmente a través de las olas del océano. Apenas tenía suficiente espacio para los cinco hombres en su interior. No se trataba de un crucero donde los SEAL pudieran descender por cuerda rápida desde un helicóptero ni realizar un asalto desde el mar.

—Señor —repliqué con un tono de frustración no intencional—, es un bote salvavidas.

—Lo entiendo, Bill, pero la Casa Blanca quiere un plan de acción deliberado y, William… —hizo una pausa—, eso es lo que les dará usted.

Como siempre, Mullen tenía esa sonrisa furtiva que significaba que entendía mi predicamento.

—Sí, señor —dije con algo de renuencia—. Le daremos un plan de acción deliberado.

—Para mañana.

—Sí, señor. Para mañana.

Mullen se retiró y hablé con Scott Miller y el Alto Mando sobre los siguientes pasos. Scott Moore y sus SEAL llegarían a la mañana siguiente, el 10 de abril. Los sesenta SEAL y sus cuatro lanchas de asalto de alta velocidad caerían en paracaídas desde cuatro aviones de carga C-17, aterrizarían en el agua cerca del USS *Boxer* y serían subidos a bordo.

El vicealmirante Bill Gortney había cambiado el control operativo de la pequeña flota de naves a mi control. Alrededor del bote salvavidas se encontraba el barco anfibio USS *Boxer* con su enorme cubierta, el destructor de misiles guiados USS *Bainbridge* y la fragata rápida USS *Halyburton*. Juntos formaban la Fuerza de Tareas Combinadas 151 (CTF 151), comandada por la contraalmirante Michelle Howard. La almirante Howard era una comandante excepcionalmente capaz y su liderazgo durante el rescate del rehén sería esencial para nuestro éxito.

Mientras terminaba el día a las afueras de la costa de Somalia, solo observamos y aguardamos con la esperanza de tener una oportunidad para darle fin a este punto muerto.

Tomé otra bebida energética del pequeño refrigerador en el SAR y le di un trago rápido. Habían pasado casi cuarenta y ocho horas desde el inicio de la crisis y no me había retirado de mi escritorio excepto para usar el baño. Eran casi las 03:30 en Afganistán, de modo que a las afueras de la costa de Somalia serían las dos de la madrugada en punto. A esa hora de la noche la imagen infrarroja del pequeño bote que avanzaba con lentitud por el vasto océano arrullaba a todos.

—¡Almirante! ¡Almirante! ¡Algo está ocurriendo!

En la pantalla apareció una figura en el agua, su señal de calor contrastaba contra la temperatura más fría del océano. ¿Era otro pirata refrescándose debido al calor nocturno?

—¿Qué dice el *Bainbridge*? —inquirí.

—Señor, ven lo mismo que nosotros, pero no saben quién está en el agua.

—El bote está girando.

Ahora era claro que algo ocurría. Los piratas se movían por el borde del pequeño bote salvavidas agitando las manos de manera frenética.

—¡Hay disparos! ¡Hay disparos! —llegó el aviso del suboficial de la SAR.

En la imagen infrarroja se podía ver que el agua alrededor del pequeño bote cambiaba a color verde por el movimiento del propulsor, que estaba girando con fuerza para hacerlo virar de forma abrupta.

—Almirante, el *Bainbridge* reporta que el capitán Phillips está en el agua.

—Recibido —confirmé, mirando cómo la figura en el océano luchaba para distanciarse de la proa del bote. Rara vez me había sentido tan impotente. El *Bainbridge* estaba demasiado lejos para brindarle apoyo y en ese momento no había una Fuerza de Reacción Rápida SEAL que lo salvara.

En cuestión de minutos el escape fue frustrado. Phillips fue arrastrado de vuelta al bote y cualquier oportunidad de ser liberado esa noche se perdió. Sabía que sus captores no serían indulgentes.

En el *Bainbridge*, el intérprete somalí hizo contacto con Muse para decirle que pagarían muy caro si herían al capitán Phillips, lo que el pirata líder pareció no entender. Este era un asunto de negocios para los piratas, por lo que no querían que muriera Phillips tanto como no querían morir ellos mismos, pero un error de cálculo de parte de cualquiera podía resultar en una tragedia. Continuamos jugando a la segura, esperando la oportunidad de actuar, que se abriera una ventana, tan pequeña como fuera.

—¿Ese es su plan deliberado? —preguntó Mullen.

—Sí, señor. Ese es —respondí.

Durante la noche había llamado al vicealmirante Mike Miller, de la Academia Naval y le había pedido que me proporcionara a su mejor arquitecto naval, alguien que pudiera decirme si embestir al bote con la proa de nuestra lancha de asalto de alta velocidad (HSAC) podría romper el casco y hundir al bote salvavidas. Miller despertó a uno de los miembros de la facultad, a quien llevó en secreto a una ubicación desconocida para que pudiera hacer sus cálculos. A primera hora de la mañana me dio la respuesta. Embestir el bote salvavidas con la HSAC no haría que se hundiera.

—Entonces, déjeme ver si entendí esto, William. Su plan de acción deliberado es embestir el bote salvavidas con la HSAC, con lo cual todos en el interior saldrían dando tumbos, momento que los SEAL aprovecharían para saltar, disparar a los piratas y rescatar a Phillips. ¿Lo entendí bien?

Por alguna razón, cuando Mullen lo dijo no sonó tan brillante.

—Señor, es un bote salvavidas —dije respetuosamente—. La verdad es que no habrá una oportunidad para una acción deliberada.

—Entonces ¿cómo se desarrollará esto?

—Señor, tarde o temprano se le terminará el combustible al bote, lo que es posible que ocurra mañana. Entonces seremos dueños del tiempo de la operación. Los piratas necesitarán comida y agua, lo cual nos dará una oportunidad para enfrentarlos y, posiblemente, convencerlos de que nos entreguen a Phillips. Si eso no funciona, una vez que los SEAL lleguen a la escena, tendremos francotiradores preparados para eliminar a los piratas si es necesario. Pero como sea que esto se desarrolle, señor, seremos pacientes y no fallaremos por apresurarnos.

Mullen asintió. Sabía que haríamos lo correcto y no pondríamos en riesgo la vida de Phillips.

—Señor, hablé con Scott Moore y él dice que este es el problema táctico más difícil que ha visto en su carrera. De hecho, cree que sería más fácil tomar el *Maersk Alabama* que al pequeño bote. El bote salvavidas solo tiene un punto de entrada principal, e intentar ganar el elemento sorpresa es muy difícil.

Mullen asintió.

—Bill, informaré al secretario y a la Casa Blanca más tarde. Mantén informado al coronel Miller.

Cuando Mullen se levantó y salió de la sala, supe que esta crisis terminaría tarde o temprano. A los piratas se les estaban terminando las opciones y eso nos daría la oportunidad que necesitábamos.

A lo largo de todo el viernes 10 de abril los estuvimos presionando. Jugamos un poco al policía bueno y policía malo: usamos los helicópteros del *Bainbridge* y del *Halyburton* para sobrevolar el bote salvavidas, y al mismo tiempo les ofrecíamos comida y agua mientras reuníamos más inteligencia sobre la situación. Quería acorralar a los piratas poco a poco, sin presionarlos demasiado.

A las 18:00 del viernes volvimos a confirmar que Phillips estaba bien, aunque cansado por el calor y el acoso constante. El sol se ponía sobre Somalia y la luna ya había salido.

—¡Hay disparos! ¡Hay disparos!

Miré al bote, pero nada parecía ocurrir. Nadie estaba en el agua y no había mucha conmoción. En cuestión de minutos el *Bainbridge* reportó que Phillips estaba bien. Al parecer a uno de los piratas se le disparó su arma por accidente. La noche terminó y el bote continuó avanzando lentamente hacia la costa.

Sábado, 11 de abril

—Salieron los paracaidistas. Salieron los paracaidistas.

Era una vista hermosa. Catapultada desde la rampa del C-17, caía una lancha de asalto de alta velocidad de doce metros y, detrás de ella, docenas de mantos azul claro que seguían a la lancha hacia el agua. Los dos aviones gigantes de carga que habían transportado a los SEAL desde Estados Unidos viraban ahora lentamente hacia la izquierda, inclinando las alas en señal de respeto para después dirigirse de vuelta a Dover. En menos de una hora el capitán Scott Moore y su equipo de sesenta hombres estaban a bordo del USS *Boxer*, con las cuatro HSAC atadas a un lado.

—Almirante, qué gusto verlo —llegó la voz de la almirante Michelle Howard por la videoconferencia.

—También me da gusto verte, Michelle —respondí—. Gracias por cuidar de Scott y los chicos.

—Con gusto —dijo—. Tengo a todo mi personal clave aquí y estamos listos para asistirlo en cualquier forma que podamos.

En la sala a bordo del *Boxer* había unas cuarenta personas; los miembros clave de la Fuerza de Tareas 151 bajo el mando de la almirante Howard, Scott Moore y la mayoría de sus oficiales y soldados.

La videoconferencia se estaba transmitiendo desde el centro de mando en las profundidades del casco de la nave. El marco de acero del navío interfería con las comunicaciones, por lo que la imagen se congeló periódicamente durante la conversación.

Moore comenzó:

—Señor, trasladaré una tropa SEAL de quince hombres al *Bainbridge*. Nos colocaremos en la cubierta de vuelo y estaremos preparados para disparar si se presenta la oportunidad.

Tanto Moore como yo sabíamos que incluso para los mejores francotiradores sería difícil darle a un blanco en movimiento que se mecía en el océano, pero teníamos que estar preparados para toda contingencia.

—También prepararé las HSAC en la parte trasera del *Boxer*, donde los piratas no las puedan ver, de ese modo, si tenemos que ejecutar un plan deliberado, también estarán listas.

Howard intervino:

—Almirante, si le parece bien, me gustaría continuar con los sobrevuelos de helicópteros y el tratamiento ocasional con las mangueras contra incendios.

Sobrevolar con helicópteros y rociar el bote había sido útil hasta el momento. Los helicópteros y las mangueras irritaban a los piratas, pero no eran demasiado amenazantes, y las mangueras tenían el efecto positivo de mantener un poco más fresco al bote.

—Suena bien, Michelle. Solo avísame si los piratas comienzan a alterarse, no quiero presionarlos demasiado.

—Recibido, señor. Lo entiendo —respondió.

En la pantalla vi a Moore charlando con su personal, les estaba preguntando si había algo más que necesitaran informarme. Todos negaron con la cabeza.

—Bueno, jefe, creo que es todo lo que tenemos por ahora. ¿Hay algo más que quiera que hagamos?

Aunque no creía que fuera necesario, reforcé lo obvio:

—Scott, como siempre, muévanse despacio y de forma deliberada. No queremos que nada comprometa al rehén. Mantengan la presión, dominen los tiempos y busquen oportunidades. Sé que los chicos harán lo correcto cuando llegue el momento.

—Sí, señor. Lo entiendo.

Sabía que así era.

Cortamos la videoconferencia y volví a la SAR. Un nuevo equipo de soldados había llegado para cubrir su turno operando las computadoras y pantallas de video, pero todo mi personal clave seguía en sus asientos.

—Ey —comencé a hablar con un tono autoritario—, ustedes necesitan descansar, chicos. Esto puede tardar mucho y quiero que todos estén bien despiertos.

Nadie se movió. De hecho, nadie quitó la vista de las computadoras.

—¿Alguien me escucha? —pregunté.

—Sí, señor. Escuché cada palabra —dijo Copeland sin dejar de teclear.

Nadie se movió.

—Jódanse, chicos —dije—. Espero que todos mueran de sobredosis de Red Bull.

Copeland se rio y me entregó otra lata de Rip It de naranja.

—Para que no muramos solos —dijo sin dejar de sonreír.

—Señor, se les acabó el combustible, tienen poca comida y agua, y comienzan a agitarse mucho. No sé cuánto más podamos presionarlos —indicó Moore.

—¿Hay señales de que quieran negociar? —inquirí.

—Creo que el sujeto a cargo podría estar dispuesto a hablar en este punto, pero los otros piratas se están poniendo muy hostiles. Todos esperaban refuerzos desde Eyl, y supongo que ya saben que no llegarán. Están atrapados y buscando el modo de salir, pero en esta situación los hombres tienden a actuar de manera irracional. Tendremos que avanzar con cautela.

—Scott tiene razón —intervino Howard—. Anoche amenazaron con matar a Phillips y comenzaron a dispararle al *Bainbridge*. Solo estaban de mal humor, logramos aplacarlos, pero por un rato el ambiente se puso tenso.

—Entonces, pensemos bien esto —dije—. ¿Qué se necesita para convencerlos de que nos entreguen a Phillips?

—Dinero —dijo el oficial de inteligencia sin dudar—. Esa es su misión. Si vuelven a Somalia sin un rehén y sin dinero, ellos y sus familias lo van a pagar caro. En este momento sus vidas están al filo de la navaja, no pueden echarse para atrás.

—Bien. Entonces hagámosles creer que estamos dispuestos a negociar.

—Saben que el gobierno de Estados Unidos no negociará —dijo Moore.

—Sí, pero tal vez crean que Maersk sí lo hará.

—Almirante —habló el sujeto de inteligencia—, Muse parece razonable. Pienso que podemos convencerlo de subir a bordo del *Bainbridge* para proponerle un trato.

—Desafortunadamente, puede que sea el único pirata razonable en el bote, y odiaría dejar a Phillips con los otros tres psicópatas —dije—. Michelle, Scott ¿ustedes qué opinan?

—Vale la pena intentarlo —ofreció Howard.

—Estoy de acuerdo —agregó Moore—. Y si hay modo de acercar el bote salvavidas al *Bainbridge*, podríamos tener una oportunidad para disparar.

—Bien, atraigámoslos ofreciéndoles dinero y veamos si Muse está dispuesto a hablar.

—Recibido, señor —respondió Moore—. Nos comunicaremos de puente a puente e intentaremos lograr que Muse se interese en la oferta.

La enorme pantalla plana en la SAR pareció brillar con intensidad mientras la luz del sol se reflejaba en las aguas azules del océano Índico. A mitad de la pantalla un pequeño Zodiac negro, con unos cuantos SEAL a bordo, se acercó al bote salvavidas. Una colección de rifles M-4 y subfusiles MP5 estaba oculta debajo de unas mantas, para protección en el momento justo en caso necesario.

Desde hacía tiempo en este punto muerto yo había dado a los SEAL la autoridad para actuar si consideraban que era necesario para el rescate. Tienes que confiar en los chicos en tierra o, en este caso, en el agua. Como comandante, te gusta tener el control final de todas las decisiones, pero la realidad es que no puede ser así. En una situación de crisis de rehenes se pueden presentar demasiados factores imprevistos y no hay tiempo para detenerse a preguntar «¿puedo, mamá?». Se establecen las condiciones lo mejor posible, así que le das la autoridad al comandante de las fuerzas en tierra y esperas que al final del día gane la experiencia y la madurez de los operadores, y la mayoría de las veces así sucede.

En la pantalla vi al SEAL en el Zodiac hablando con Muse. Luego de que el Zodiac se encontró con la proa del bote salvavidas, los SEAL comenzaron a transferir comida y agua por la escotilla abierta. La conversación duró varios minutos. Muse se asomaba por la escotilla para hablar con los SEAL y luego se volteaba para informar de la conversación a los otros piratas.

—Señor, el *Bainbridge* reporta que Muse está dispuesto a subir a bordo y hablar.

Asentí sin responder. Me incliné hacia la pantalla de video, entrecerré los ojos y vi cómo los SEAL tomaban la mano de Muse y lo sujetaban mientras saltaba del bote salvavidas al Zodiac. Hubo un intercambio final de palabras entre Muse y sus hombres y, después de eso, el Zodiac se alejó lentamente, comenzando su breve tránsito de vuelta al *Bainbridge*.

Durante la siguiente hora Muse se sentó en el helipuerto del *Bainbridge*, bebió algunas Coca-Colas y, mediante un intérprete somalí, habló con los SEAL. Por medio de algunas conversaciones preparadas con sumo cuidado, el negociador lo convenció de que les convenía permitir que el *Bainbridge* enganchara una línea de arrastre al bote salvavidas. Exhausto por tantos días en el mar, y consciente de que su pequeña embarcación y sus hombres iban a la deriva, cada vez más lejos de la costa, inexplicablemente, Muse aceptó. Ese era el avance que habíamos estado tratando de lograr.

A bordo del bote salvavidas la situación era cada vez más tensa. Los demás piratas veían a Muse pasar el rato en la cubierta de helicópteros, bebiendo refrescos, cenando y, al parecer, disfrutándolo. Poco después el *Bainbridge* enganchó la línea de arrastre y comenzaron a llevar al bote por el oleaje tras el paso del navío, lo que hizo la vida de los piratas aún más miserable.

En la pantalla, Moore transmitía su plan.

—Señor, como lo esperamos, los piratas se están mareando debido al arrastre de la línea, por lo que les ofrecimos acercarlos al interior del oleaje para reducir el movimiento.

—¿Y estuvieron de acuerdo? —dije con algo de asombro.

—Sí, señor. Estuvieron de acuerdo —respondió Moore tan asombrado como yo.

—¿Podemos acercarlos lo suficiente para disparar?

—Bueno, jefe… —Hizo una pausa como si pensara su respuesta—. Tengo a tres de mis mejores francotiradores posicionados en el extremo de popa del *Bainbridge*. Si se presenta la oportunidad, dispararemos. Pero…

—Pero ¿qué?

—Va a ser difícil. El sol se está ocultando, el bote se mueve de lado a lado y de arriba abajo, y solo podemos disparar a través de las ventanillas.

—Sí, pero, si no fuera por eso sería fácil ¿no?

Moore sonrió.

—Sí, señor. Si no fuera por eso, sería fácil.

—Muy bien, Scott. Lo dejo en tus manos.

Cerré la comunicación. No había nada que pudiera hacer en ese punto sino confiar en Scott Moore y en los SEAL a bordo del *Bainbridge*.

Mi oficial ejecutivo y mano derecha, el teniente coronel Pat Ellis, se me acercó.

—Señor, podría ser una noche muy larga. ¿Por qué no va al gimnasio y se ejercita un poco? Eso le ayudará a recargarse. Iré por usted si ocurre algo.

—Es una buena idea, Pat. Pero a la primera señal de acción, corre a avisarme.

—Lo haré, señor.

Cerré mi computadora, bajé el tramo de escaleras, pasé frente a un soldado de guardia y volví a mi choza-B, mi refugio. Una choza-B no era más que un cuarto apenas más grande que un armario amplio, con las cuatro paredes hechas de madera contrachapada, pero era un hogar. Era tranquilo y limpio. Dentro de sus muros nadie gritaba nada sobre balas disparadas o enemigos eliminados, o civiles muertos o soldados muriendo. Dentro de sus muros nadie buscaba guía, nadie esperaba una decisión, nadie pedía direcciones. Dentro de los muros de la choza-B el mundo era diferente; pero como yo pertenecía el mundo que estaba afuera, nunca podía permanecer mucho tiempo ahí.

Me puse mi equipo para ejercitarme y salí al aire fresco de la noche. Cuando no te estaban cayendo encima los cohetes de algún talibán loco, las noches en Afganistán eran hermosas. Las estrellas llenaban el cielo, los picos montañosos eran visibles bajo la luz de la luna y la calma te hacía olvidar que había una guerra a tu alrededor.

El gigantesco refugio prefabricado que alojaba al gimnasio estaba repleto las veinticuatro horas del día. Siempre olía a tapetes de plástico, sudor y un toque de soledad. Acababa de entrar cuando Ellis llegó corriendo.

—¡Almirante! ¡Almirante! Tiene que venir. ¡Ahora!

Crucé la puerta, atravesé corriendo la banqueta de madera que conectaba a las chozas-B y subí las escaleras del Palacio contrachapado. En cuanto entré a la SAR a toda prisa, escuché al suboficial describiendo la acción en voz alta.

—Señor, ¡hay disparos desde el interior del bote salvavidas!

Me senté y miré la pantalla. Sabía que los francotiradores habían estado esperando una oportunidad, solo una, una pequeña ventana para rescatar a Phillips.

En sus posiciones pecho tierra, recostados sobre un tapete de plástico, veían hacia el bote salvavidas, a través de sus miras, intentando obtener un buen ángulo de los piratas y dando aviso cuando tenían un disparo claro. Conforme el bote salvavidas subía y bajaba, las oportunidades de tiro cambiaban de un momento a otro. Para que esto funcionara los tres piratas debían ser visibles al mismo tiempo. Los tres francotiradores debían jalar el gatillo al mismo tiempo. Un error y era seguro que Phillips moriría. Los ejes de la mira del francotirador número uno se alinearon con la frente del pirata más grande. A su lado, el francotirador número dos redujo su respiración, entrecerró el ojo sobre la mira y se preparó para apretar el gatillo. El francotirador número tres se deslizó un poco a su derecha, se apoyó sobre la culata y se posó sobre su blanco.

—Francotirador Uno. Blanco Uno. Verde.

—Francotirador Dos. Blanco Dos. Verde.

—Francotirador Tres. Blanco Tres… ¡Carajo! Rojo.

El pequeño bote anaranjado se mecía de arriba abajo en el oleaje del *Bainbridge* y entraba y salía de la mira, por lo que el perfil del Blanco Tres apenas se podía ver a través del cristal rayado de la ventanilla a estribor del bote salvavidas.

—Francotirador Tres. Blanco Tres… vamos, bebé… vamos… ¡Mierda! Rojo.

—Francotirador Uno. Blanco Uno. Verde.

—Francotirador Dos. Blanco Dos. Verde.

—Francotirador Tres. Blanco Tres… respira profundo, obtén un buen ángulo… ¡Verde!

—¡Ejecuten! ¡Ejecuten! ¡Ejecuten!

—¡Hay disparos! ¡Hay disparos! ¡Hay disparos!

Nadie habló dentro de mi centro de mando. Los minutos pasaron.

—Almirante —apareció la voz de Scott Moore—. ¡Phillips está vivo!

Los muchachos de la SAR comenzaron a celebrar, pero guardaron silencio rápidamente en cuanto la información siguió llegando.

—¿Qué hay de los piratas? —pregunté.

—Todos murieron, señor —respondió Moore.

«Qué buenos tiros», pensé.

—Haremos una valoración rápida del capitán Phillips y después lo trasladaremos al *Boxer* para una evaluación adicional.

—Excelente trabajo, Scott. Por favor, da las gracias de mi parte a los chicos.

Moore intentaba mantener la compostura en pantalla, pero apenas podía ocultar su sonrisa.

Treinta minutos más tarde las pantallas de la SAR se llenaron con los rostros de toda la interagencia. Scott Moore y Michelle Howard dieron un informe rápido. El vicealmirante Bill Gortney sería el rostro público del rescate y, juntos, planeamos algunos puntos a divulgar y una declaración de prensa de la 5ª Flota. El general Petraeus y su personal harían todas las notificaciones apropiadas y comenzarían a trabajar en la transferencia de Muse a las fuerzas de la ley de Estados Unidos.

Pero hubo una videoconferencia final con el Alto Mando.

El almirante Mullen, vestido con su uniforme azul, entró a la sala, tomó su asiento y presionó el botón para comunicarse.

—Bueno, William, buen trabajo.

—Gracias, señor —respondí—. Pero quienes lo hicieron fueron Scott y sus muchachos. Su trabajo fue magnífico como siempre.

—Lo sé. Sus chicos nunca dejan de asombrarme. Creo que el presidente llamará a Scott para felicitarlo.

—Gracias, señor. Sé que Scott lo apreciará.

—Luce cansado, Bill.

Sonreí y asentí.

—Han sido un par de días muy largos.

—Vaya a descansar un poco, William. Uno nunca sabe qué traerá el mañana.

—No, señor —repliqué mientras sonreía por lo que estaba pensando—. Uno nunca sabe.

Agradecí al director y cerré la videoconferencia.

Randy Copeland acercó una silla para sentarse a mi lado.

—Señor, no ha seguido el paso de los días, pero hoy es Día de Pascua.

Miré el calendario.

—Así es… así es.

—Es lo que más me gusta de este trabajo —dijo Copeland—. Todos los días puedes hacer algo bueno. Alguien está vivo hoy porque los muchachos hicieron su trabajo. Alguien tendrá muchas pascuas gracias a que existen hombres duros dispuestos a usar la violencia a su favor.

Aprecié la referencia orwelliana. Copeland tenía razón. Eso somos: hombres duros. Hombres duros que deben usar la violencia para corregir el mundo. En ese Domingo de Pascua deseé que no fuera así, pero incluso dos mil años después de la muerte de Cristo, la naturaleza de la humanidad no ha cambiado. Y se siguen necesitando hombres duros para proteger al inocente.

El capitán Richard Phillips volvió a Norfolk, con su familia y, poco tiempo después se hizo una película muy importante con su historia, la cual fue estelarizada por Tom Hanks. Abduwali Muse fue sentenciado a cadena perpetua por el Distrito Este de Virginia. Un año más tarde el capitán Scott Moore se convertiría en almirante de una estrella y volvería al combate. El coronel Scotty Miller se convirtió en general de cuatro estrellas y en 2018 tomó el mando de las fuerzas de Estados Unidos en Afganistán. El comandante Frank Castellano fue ascendido a capitán y continúa en servicio. Michelle Howard se convertiría en la primera mujer almirante de cuatro estrellas en la historia de la Marina de Estados Unidos. Trágicamente, el teniente comandante Jonas Kelsall murió en Afganistán el 6 de agosto de 2011, cuando combatientes talibanes derribaron el helicóptero en el que viajaba. Una sala en el edificio del Cuerpo de Entrenamiento de Oficiales de la Reserva Naval en la Universidad de Texas lleva su nombre.

CAPÍTULO QUINCE

CACERÍA HUMANA

Washington, D. C.
Septiembre de 2009

N unca dejó de impresionarme cómo una sola persona que opera desde una miseria abyecta, en un país del cuarto mundo, puede causar tantos estragos a sus congéneres, pero lo vi una y otra vez.

Saleh Alí Saleh Nabhan era el número tres en la lista de los más buscados del FBI. En 1998 estuvo involucrado en la planeación y ejecución de los ataques con bombas contra las embajadas de Estados Unidos en Dar es-Salaam, Tanzania, y en Nairobi, Kenia, los cuales causaron la muerte de más de 250 personas. Más tarde, en 2002, Nabhan fue responsable de orquestar los ataques suicidas en el hotel Paradise en Mombasa, los cuales mataron a tres turistas israelíes y a diez trabajadores kenianos, y dejaron heridas a ochenta personas. Durante la misma operación dos de sus hombres intentaron, sin éxito, derribar un jet privado israelí.

La inteligencia de Estados Unidos y sus aliados había estado cazando a Nabhan desde 1998, pero sus técnicas antiespionaje eran excepcionales. Nabhan nunca utilizaba ningún dispositivo técnico, ni teléfonos ni computadoras. Rara vez permanecía en el mismo lugar por más de veinticuatro horas y siempre usaba mensajeros o intermediarios para asegurar cierta separación entre él y una posible amenaza. También le ayudaba el hecho de que, después del 11/S, nuestro foco de inteligencia dejó de rastrear a terroristas como él para rastrear amenazas más notorias, como bin Laden, Ayman al-Zawahiri y Zarqawi.

Sin embargo, para 2009 la amenaza de Al Qaeda había hecho metástasis. Organizaciones terroristas como Al Shabaab en Somalia se habían aliado con bin Laden e intentaban operaciones más globales para expandir su influencia, y Saleh Nabhan volvió a cobrar relevancia.

Hillary Clinton, la secretaria de Estado, parecía no estar muy convencida con lo que le respondí.

—Entonces ¿cuántas operaciones como esta ha realizado? —preguntó.

Lo pensé por un momento, hice una pausa y miré la imagen de video congelada en la pantalla de la Sitroom de la Casa Blanca.

—Miles —respondí con naturalidad.

—¿Miles?

—Así es, señora, miles.

Volví a pensarlo para asegurarme de no estar exagerando. Habíamos estado en guerra durante ocho años. Realizábamos un promedio de diez misiones al día en Irak y un poco menos en Afganistán. Al menos la mitad de esas misiones involucraban incursiones por helicóptero o el uso de helicópteros para un asalto directo. Multiplicar eso por 365 y luego multiplicar eso por seis a ocho años. Síp, «miles» quizá fuera poco.

—Señora, realizamos asaltos con helicópteros todos los días, varias veces al día. De hecho, este tipo de asalto directo es más fácil que los demás.

Minutos antes la pantalla en la Sitroom se había llenado con dos helicópteros «Pajarito» sobrevolando un vehículo iraquí que avanzaba a gran velocidad. Los Pajaritos, o MH-6, eran los helicópteros más pequeños, más ágiles y, posiblemente, los más letales en el inventario de las operaciones especiales. La cabina de estos está rodeada por una burbuja de plexiglás y en su interior solo hay espacio suficiente para un piloto, un copiloto y dos pasajeros. Los Pajaritos están equipados con un tren de aterrizaje tipo patín en vez de ruedas y, en esta misión, un par de operativos de las SOF estaban sentados en cada patín, inclinados hacia afuera y apuntando al motor de la camioneta Toyota Hilux que huía.

La Hilux avanzaba a más de cien kilómetros por hora por un camino de terracería a las afueras de Ramadi. Una nube de polvo se elevaba a cuatro metros y medio en el aire mientras las ruedas giraban con cada giro evasivo. Dentro, se podía ver al conductor, con la cara llena de gotas de sudor mientras intentaba eludir a los helicópteros que lo perseguían. Dos hombres en el asiento trasero se asomaron por las ventanillas y dispararon de forma errática hacia los helicópteros, mientras los Pajaritos se acercaban para la intercepción. Como si se tratara de un ballet aéreo bien sincronizado, los pilotos colocaron sus helicópteros en posición, uno a cada costado del vehículo, e igualaron la velocidad de la Toyota. Desde el tren de aterrizaje los francotiradores hicieron dos disparos cada uno contra el motor de la camioneta. En segundos el vehículo se detuvo. Los aparatos aterrizaron justo frente a la camioneta y los operativos se desengancharon de los patines, saltaron desde la cabina y rodearon a los dos vehículos. Los indefensos iraquíes lanzaron sus armas desde el vehículo y se rindieron de inmediato.

El video, con una duración menor a tres minutos, evidentemente llamó la atención del presidente Obama y de su equipo de seguridad nacional. Para quienes estaban en Washington, la guerra por lo general era vista a seis mil metros de altura. Videos de drones Predator. Imágenes granuladas. Bombas de precisión que estallaban sobre complejos con insurgentes sin identidad eliminados por la tecnología. Para quienes no estaban acostumbrados a la guerra, esta era una vista diferente: una escena de persecución de alto riesgo, con gente real y armas reales. Pero también mostraba el increíble profesionalismo y valor de nuestros pilotos y operativos especiales.

Todos en la Sitroom miraron al presidente, quien colocó sus manos entrelazadas sobre su barbilla, bajó la vista a la larga mesa y, pensativo, dijo lo siguiente:

—Entonces, Bill, según entiendo, tu intención es trasladar dos destructores de la Marina a las afueras de la costa de Somalia. —Asentí mientras él continuaba hablando—. Usarás los destructores como una plataforma de lanzamiento para cuatro Little Bird y algunos SEAL.

—Sí, señor.

Me di cuenta de que el presidente se estaba haciendo una imagen mental de la misión.

Tomé el control remoto y mostré el mapa de la costa somalí en la pantalla.

—Sabemos que Nabhan viaja periódicamente de Barawe a Marka. Él no utiliza ningún dispositivo tecnológico, pero su mensajero, a quien tenemos identificado, siempre lleva un teléfono consigo. Nuestra fuente de inteligencia dice que el martes de la próxima semana Nabhan y el mensajero viajarán en un sedán azul de cuatro puertas.

—¿Por qué helicópteros? —preguntó Bob Gates, el secretario de Defensa—. ¿Por qué no llevar algunos combatientes y arrojar una bomba?

Yo había anticipado esa pregunta, pero sabía que la respuesta no iba a ser satisfactoría para las personas que estaban alrededor de la mesa.

—Señor, no sabemos la hora exacta en que Nabhan va a salir de Barawe. La fuente de inteligencia nos ha dado un complejo para vigilar, pero la ventana de tiempo para su salida podría ocurrir en cualquier momento durante todo el martes.

Volví a mostrar el mapa de Somalia.

—Para poder tener un paquete de ataque con alas fijas en el aire tendríamos que trasladar al portaaviones desde el mar Arábigo hasta la costa de Somalia. Y necesitaríamos tener constantemente en el aire a dos aviones de ataque F/A-18 hasta identificar al sedán azul.

Volví al mapa.

—Transitar desde el mar Arábigo hasta Somalia le tomaría al portaaviones dos días, a estos se sumaría un día para ejecutar la misión y dos días para regresar. Durante esos cinco días la Marina no podría brindar apoyo aéreo ni a Irak ni a Afganistán, lo cual pondría en riesgo a muchos de los soldados que están en ese escenario de operaciones.

—¿Por qué no solo usamos un bombardero de nuestra base en Al Udeid? —preguntó uno de los participantes secundarios.

—Por dos razones: una de ellas es que necesitamos sincronización. Tendríamos una ventana de unos quince minutos para atacar a Nabhan cuando salga del área en la que el ataque provocaría un alto daño colateral.

Marqué con un círculo la breve extensión del camino en el mapa que habíamos coloreado de verde. Nuestros exploradores de objetivo analizaron cada kilómetro del camino para determinar el área en la que hay menos probabilidades de muertes de civiles. Salvo esa pequeña parte, el resto de la ruta de Nabhan era roja, una negativa para la operación.

—La segunda razón es que es difícil acertar a un vehículo que avanza a setenta kilómetros por hora. Se puede intentar, pero hay muchas probabilidades de que falle el tiro.

Me di cuenta por las expresiones en los rostros de los presentes en la Sitroom que lo que les estaba diciendo no les parecía convincente.

—Me preocupa la incursión en helicóptero a Somalia —dijo la secretaria Clinton—. La última vez no resultó muy bien.

Ahí estaba. Justo lo que me preocupaba, la caída del Halcón Negro el 3 de octubre de 1993 en Mogadiscio, Somalia. Ese día de octubre la fuerza de tareas, junto con un elemento de soldados de la ONU, intentaron capturar a los tenientes del cacique somalí Mohammed Farah Aidid y todo salió mal. Una misión de una hora se convirtió en la batalla más letal desde Vietnam, que cobró la vida de dieciocho soldados estadounidenses y la pérdida de muchos helicópteros. A pesar del increíble valor de las fuerzas de operaciones especiales, las repercusiones de la batalla causaron un cambio fundamental en la política exterior de Estados Unidos, y a eso se sumó que el recuerdo de ese día persistió sobre cada misión de operaciones especiales que involucrara helicópteros.

Era el momento de sacar el as que tenía bajo la manga.

—Tengo una opción de bombardeo, pero es experimental y… —hice una pausa—, de cualquier forma tendré que poner helicópteros en tierra en algún momento para recuperar los cuerpos y asegurarme de que se trata de Nabhan.

El almirante Mike Mullen asintió y me indicó que continuara.

—Hemos estado trabajando en una nueva pieza de ataque que se puede arrojar desde un avión pequeño, con la cual, usando guías láser, se puede acertar a un objetivo que se mueve a setenta kilómetros por hora. Es apenas una cabeza explosiva de seis kilos, pero es suficiente para hacer el trabajo.

El presidente Obama se movió en su asiento y se enderezó:

—Entonces ¿desde dónde despegaría este avión?

—Señor, tenemos una base clandestina en un país vecino que usaríamos para preparar y lanzar la aeronave.

—¿Ese país estaría al tanto de nuestra operación? —preguntó Clinton.

—Sí, señora. Ya hemos clarificado el concepto con el embajador de Estados Unidos, quien notificará al presidente de ese país antes del ataque. El embajador no cree que haya problemas para obtener la aprobación de la nación anfitriona.

En la mesa, el ánimo comenzó a cambiar.

—Entonces, ¿arrojaría esta pequeña bomba y luego los helicópteros entrarían y recogerían los restos? ¿Es correcto? —preguntó el presidente.

—Sí, señor. Es correcto. Pero si me lo permite, señor, sigo creyendo que usar los helicópteros como primera opción es el mejor enfoque. Si la pequeña bomba falla el objetivo, entonces Nabhan podría escapar y eso complicaría considerablemente la misión.

Miré a Gates y a Mullen para ver si había sobrepasado mis límites, pero los rostros de ambos no expresaban nada. Clinton aún parecía preocupada, pero percibí que apoyaba mi plan. Contrario a la percepción pública, descubrí que Clinton es casi belicista, hace todas las preguntas difíciles, pero nunca rehúye hacer las recomendaciones difíciles. Me gustaba su estilo.

—Muy bien, Bill, déjeme pensarlo —indicó el presidente.

—Señor presidente, con su permiso, señor, me gustaría trasladar a los destructores a las afueras de la costa de Somalia y posicionar los cuatro Pajaritos y al grupo de asalto SEAL a bordo. Si decide no llevar a cabo la misión, no habrá ningún problema, pero al menos estarán en posición si nos da luz verde.

El presidente miró a Gates y a Mullen, quienes asintieron.

—Muy bien, Bill. Haz lo que debas hacer para estar preparado.

El presidente me agradeció y después me pidió salir para hablar en privado con los directivos. Permanecí afuera de la Sitroom durante veinte minutos hasta que la reunión terminó. Cuando los miembros estaban saliendo de la sala, el general Hoss Cartwright se acercó para hablar conmigo.

—No creo que el presidente vaya a aprobarlo, Bill.

Asentí con estoicismo.

—Les preocupan los helicópteros en Somalia. —Antes de que yo pudiera decir algo, Cartwright continuó—. Ya sé, ya sé, pero así son las cosas.

Desde fuera de la entrada principal de la Sitroom vi que el presidente seguía hablando con Clinton y que la escuchaba atentamente. Cuando ella terminó de hablar, le agradeció y salió hacia el corredor principal del Ala Oeste.

—Como sea —dijo Cartwright—, te tendré una respuesta en uno o dos días.

—Gracias, señor. Lo aprecio.

Cartwright se marchó y Mullen se acercó para conversar conmigo. Miró alrededor para asegurarse de que nadie escuchara.

—No lo sé, Bill. Es una decisión difícil para ellos, pero creo que fuiste convincente. Ya veremos.

—Sí, señor, lo entiendo —dije—. Pero solo para tenerlo claro ¿tengo la autoridad para trasladar a los destructores, los Pajaritos y al grupo de asalto a su posición a las afueras de la costa?

Cuando Mullen iba a comenzar a hablar, varios oficiales de alto rango de la Casa Blanca se empezaron a acercar para la siguiente reunión del comité de representantes en la Sitroom. Nos alejamos un poco hacia la esquina para que nadie escuchara nuestra conversación.

—Sí —me dijo—. Discutimos el preposicionamiento en cuanto te fuiste y todos están de acuerdo en que es lo más prudente. El presidente necesita un día o dos para considerar su decisión. —Mullen sonrió—. Estás haciendo un muy buen trabajo, William.

—Gracias, señor —respondí, a sabiendas de que no había mayor expresión de su respaldo que llamarme «William».

Esa noche volví a mi cuartel en Fort Bragg. El personal me dio una actualización rápida sobre todas las misiones de combate en curso en Irak y Afganistán, y para las 22:00 horas me dirigí a mi habitación en la base, exhausto debido al viaje desde el extranjero y mi tiempo en D. C.

En cuanto abrí la puerta frontal de mi casa, escuché a Georgeann en el teléfono de seguridad en la planta alta.

—Está en el trabajo —dijo.

—¡Ya llegué! ¡Ya llegué! —grité mientras subía las escaleras.

Georgeann me entregó el teléfono y, cubriendo el receptor con la mano, me dijo:

—Es el general Cartwright.

Tomé el teléfono.

—Sí, señor.

—Bill, el presidente nos dio luz verde.

«Eso fue rápido», pensé.

—¡Genial, señor!

—Pero antes de tomar cualquier acción directa contra Nabhan, necesitarás la aprobación final del secretario.

—No hay problema, señor. Estableceremos una videoconferencia las veinticuatro horas entre el Pentágono, la Casa Blanca, la embajada en Nairobi y nuestro oficial de enlace con el Departamento de Estado.

—Entonces ¿cuál es tu plan en este momento?

—Señor, ya me coordiné con el Comando Central y con el Comando en África para reposicionar los dos destructores a las afueras de la costa somalí. Los SEAL y los Little Bird serán trasladados mediante un C-17 mañana y todos los jugadores deben estar en sus posiciones en aproximadamente setenta y dos horas.

—¿Desde dónde comandarás la operación?

—Señor, mañana volveré a Afganistán. Tenemos muchos asuntos en ese escenario, pero puedo gestionar la misión con facilidad desde mi cuartel en Bagram.

—Muy bien, Bill. ¡Buena suerte! —dijo Cartwright y colgó.

A la mañana siguiente me despedí de Georgeann con un beso, abordé mi jet y, quince horas más tarde, estaba de vuelta en Bagram, bebiendo Rip It e intentando combatir en la guerra.

—Está en movimiento —llegó el aviso del oficial de operaciones.

—Recibido —dije, y vi a cuatro personas entrar al sedán azul y alejarse del complejo. La señal de video del Predator abrió un poco la toma mientras el coche salía y giraba hacia una calle lateral.

En la otra pantalla estaba la cara del capitán Pete Van Hooser, el comandante de la unidad SEAL a cargo de la misión. Pete tenía el control táctico de la operación. Desde su centro de mando en Virginia podía comunicarse directamente con el grupo de asalto SEAL a bordo del destructor líder.

Van Hooser era un oficial sobresaliente. A sus sesenta y dos años era el capitán más longevo en la Marina de Estados Unidos. Había sido marine y más tarde en su carrera decidió convertirse en SEAL. Debido a un accidente en paracaídas y a subsecuentes complicaciones debido a la operación, tuvieron que amputarle una pierna de la rodilla para abajo. Aun así, nada podía detenerlo. Era un buen corredor, un excelente nadador y nunca se quejaba por su discapacidad. Era una inspiración para todos los que lo conocían y uno de mis mejores comandantes.

—Señor, los rotores están girando —anunció Van Hooser.

—Recibido. Rotores girando —respondí mientras miraba al sedán azul serpentear por el pequeño pueblo de Barawe. Van Hooser mantendría a los helicópteros en cubierta hasta estar seguro de que el coche estaba en el camino de la costa en dirección al norte. El tiempo del que se disponía para ejecutar la intercepción era de diez minutos. Los aparatos debían sincronizar su vuelo a la perfección para no interferir en las alturas con el bombardeo del avión, pero al mismo tiempo debían posicionarse para aterrizar inmediatamente después del ataque. Todo este movimiento debía coreografiarse con precisión para que todo ocurriera dentro del área de bajo daño colateral. Si Nabhan o uno de sus tenientes escuchaba al avión en las alturas, o veía los helicópteros antes de que estuvieran listos para atacar, se dirigiría al pueblo más cercano para evadirnos y la misión fracasaría. Pasarían años antes de volver a tener otra oportunidad para atraparlo.

—¿Es él? —pregunté al aire.

Mi técnico de enlace con inteligencia me miró sin expresión.

—No estamos seguros, señor. Todo lo que podemos decirle es que el dispositivo que hemos estado rastreando se encuentra en ese coche. No tengo modo de saber si Nabhan está ahí o no.

Este siempre era nuestro dilema. Sabíamos que Nabhan nunca llevaba un teléfono, por lo que la única forma en que podíamos identificarlo era a través de su mensajero. Si atacábamos el sedán y resultaban ser el mensajero y su esposa e hijos, entonces tendría que vivir con ese error por el resto de mi vida.

El sedán azul viró al oeste repentinamente y se dirigió al camino costero. Todos en la SAR prestaron atención, pero hasta donde sabíamos bien podía estar de camino al mercado para comprar pan.

—¿Cuál es el estatus de Charlie Tres Cinco?

—Señor, la aeronave se encuentra a tres minutos. La Griffin está armada y lista para el despliegue.

—Alto Mando, habla McRaven —dije, hablando al pequeño micrófono en mi escritorio.

—Sí, señor —respondió un oficial de dos estrellas del ejército, quien controlaba el video desde el Pentágono.

—Solicito autorización para realizar las operaciones de ataque.

—Señor, el secretario Gates me autorizó para otorgarle la aprobación a su solicitud. Buena suerte, señor.

La solicitud de aprobación fue meramente protocolaria. Sabía por adelantado que si las condiciones para la operación se cumplían —es decir, si el sedán azul se dirigía hacia el camino costero, los equipos de ataque estaban posicionados y el estimado de poco daño colateral se confirmaba—, el secretario otorgaría su autorización. Pero era un paso que debía seguir para cumplir con las órdenes del presidente. Si bien el sedán azul todavía no estaba en el camino de la costa, no quería esperar hasta el último minuto.

—Señor, el vehículo objetivo entró al camino costero y se dirige al norte.

Podía escuchar la emoción en la voz del oficial de operaciones, pero como todos en la SAR, intentó permanecer indiferente y profesional mientras repasaba en voz alta la lista de revisión para la misión.

—Recibido —respondí, mirando al sedán azul acelerar en el camino mal pavimentado.

Si el coche azul se mantenía a setenta kilómetros por hora, llegarían al área blanco en menos de quince minutos. Miré en la pantalla de cincuenta pulgadas el rostro de Pete Van Hooser.

—Pete, el secretario ha dado su autorización. Tienes luz verde para ejecutar la misión en el tiempo asignado.

—Recibido, señor. Entiendo que tenemos aprobación para ejecutar la misión —replicó Van Hooser, repitiendo las palabras operativas para que nadie tuviera dudas de la orden.

Mi personal comenzó a proporcionarme actualizaciones minuto a minuto.

—Señor, Charlie Tres Cinco se colocó en posición.

—Señor, los helicópteros están listos para el despegue en cinco minutos.

—Señor, el vehículo objetivo mantiene curso y velocidad.

Mi oficial de operaciones se inclinó y susurró en mi oído:

—Señor, parece que hay algo de clima aproximándose.

—¿Clima?

—Nubes a baja altitud. Es posible que oculten el objetivo en el momento de la pasada de bombardeo.

En la pantalla se veían parches de nubes ligeras sobre el camino de la costa. En circunstancias normales eso no habría representado un problema, pero el sistema de guía de la Griffin necesitaba de una vista no obstruida del blanco o no podríamos garantizar un golpe directo.

Escuché por la radio al oficial de operaciones a bordo de Charlie Tres Cinco haciendo los últimos preparativos para el lanzamiento y no parecía preocupado por las nubes.

—Pete, ¿estás recibiendo esto? —pregunté, mirando a la enorme pantalla.

—Sí, señor —respondió Van Hooser.

Vi al oficial de operaciones de Pete inclinarse hacia él y susurrarle algo. Van Hooser asintió al oficial y presionó el botón para comunicarse.

—Señor, si no es posible lanzar la Griffin ¿nos autoriza a usar las miniametralladoras?

Dos de los Pajaritos estaban equipados con miniametralladoras laterales altamente letales que disparaban seis mil balas por minuto. En la SAR, mi oficial ejecutivo, el teniente coronel Pat Ellis, me miró como si dijera: «Señor, sea cuidadoso antes de responder». En mi informe al presidente había acordado usar la Griffin como plataforma de ataque primaria. Los SEAL y los helicópteros solo debían recoger los restos. Había vendido la misión como una pasada de bombardeo, no como una misión de acción directa por los helicópteros y los operativos. Cualquier desvío del plan original contravendría las indicaciones del presidente.

—Apeguémonos al plan por ahora, Pete. —Miré a la pantalla que mostraba al sedán azul avanzando por el camino costero—. Parece que el clima aún es bueno para la Griffin.

—Recibido, señor.

Ante mí, en cinco pantallas gigantes, se estaba desplegando toda la acción: podía observar el constante avance del sedán azul por el camino; los helicópteros con sus rotores girando sobre las cubiertas de los destructores, el parche de camino aislado, y a doce minutos de la llegada de los vehículos, el centro de mando SEAL y el centro de mando del Alto Mando. Sabía que muchas otras estaciones estaban viendo lo mismo; la Casa Blanca, el Departamento de Estado y la embajada de Estados Unidos tenían enlaces de video con mi SAR.

El reloj de cuenta regresiva de la misión montado sobre las pantallas indicaba diez minutos. Diez minutos a cuarenta kilómetros por hora y el coche azul llegaría a la zona de muerte.

Van Hooser anunció con calma:

—Señor, los helicópteros despegaron.

Los Pajaritos se elevaron de las cubiertas de los destructores, se colocaron en una formación V modificada y comenzaron a aproximarse a la costa a baja altitud.

En la SAR todos los ojos se fijaron en el sedán azul y todos los oídos se concentraron en la voz del oficial de armas en Charlie Tres Cinco.

—Alpha Tres Tres, habla Charlie Tres Cinco, solicito permiso para lanzar cuando el objetivo esté en el área autorizada.

Van Hooser respondió con una voz totalmente serena:

—Recibido, Charlie Tres Cinco. Cuando el sedán alcance la zona de muerte, tiene luz verde.

El coche azul estaba a dos minutos. Nuestro equipo de inteligencia técnica tenía una buena señal respecto al teléfono. La aeronave se alineaba para el ataque.

—Señor, tenemos nubes entrantes.

En la pantalla se veía que un enorme parche de nubes tenues estaba avanzando con rapidez hacia el área blanco. Van Hooser también las veía.

—Charlie Tres Cinco, habla Alpha Tres Tres. ¿Cómo se ve todo? —preguntó Van Hooser al oficial de armas.

—Señor, desde aquí todo se ve bien. Estamos a un minuto del lanzamiento.

El coche azul, rugiendo por el camino, no tenía ni idea de que en sesenta segundos todos sus ocupantes morirían.

A las afueras de la costa, los helicópteros habían establecido un punto de espera aéreo. Mantendrían su posición volando en círculos a pocos metros sobre el agua hasta que Van Hooser les ordenara ingresar.

—Treinta segundos. Veinte. Diez. El vehículo está ahora en la zona blanco —llegó el aviso del oficial de operaciones.

El reloj continuó su cuenta regresiva. El sedán azul siguió avanzando. Nadie dijo nada. Sabía que, a bordo del avión, el oficial de armas y su tripulación estaban alineando el vehículo con el sistema de tiro de la Griffin. Tenía una ventana de quince minutos y quería asegurar el éxito.

Los aviadores de mi personal tenían abierta una ventana de charla con la tripulación y con el centro de mando SEAL. Mi oficial de operaciones quitó la vista de su computadora y dijo en voz baja:

—Señor, estoy viendo la charla y al parecer la tripulación está teniendo algunas dificultades para alinear el blanco.

—Recibido —reconocí y miré al reloj de cuenta regresiva. Aún teníamos tiempo suficiente.

Vi que Van Hooser lucía tranquilo detrás de su escritorio, pero estaba seguro de que igual que yo ¡quería tener una bomba en el aire ya! El reloj siguió su marcha atrás.

—Quedan diez minutos —llegó el aviso del suboficial de la SAR.

En el mapa digital el suboficial de inteligencia seguía el rastro del movimiento del sedán azul. Estaba a un tercio de la extensión de la zona de muerte.

Detrás de Van Hooser había un pequeño frenesí de actividad. A mi SAR le llegó otro anuncio:

—Señor, Charlie Tres Cinco tiene dificultades para alinear el blanco.

Y otro:

—Señor, hay nubes en la costa. No sé si Charlie Tres Cinco puede ver el objetivo.

Me resistí a llamar a Van Hooser, pero podía ver en su rostro cómo aumentaba la preocupación. Dijo algo a uno de sus oficiales y después miró a la cámara.

—Señor, sé que está viendo todo esto —dijo—. Reposicionaré a los helicópteros a un kilómetro de la costa. Hablamos con la tripulación del avión y aún creen que pueden tener al sedán fijado en la mira antes de que salga de la zona de muerte.

—Recibido, Pete.

Miré al reloj. Quedaban siete minutos.

En ese momento llegó otro anuncio a la SAR:

—Señor, Charlie Tres Cinco dice que tendrán al blanco fijado en la mira en dos minutos.

—Va a estar cerca del límite de tiempo —dijo mi oficial ejecutivo, quien andaba de un lado al otro.

Siete minutos se volvieron seis, luego cinco y luego cuatro. En pantalla, Van Hooser daba instrucciones continuas a su personal. Se nos acababa el tiempo. En la SAR el mapa digital mostraba que el sedán azul se acercaba al final de la zona blanco. Pronto el coche entraría a la pequeña villa, en donde era seguro que cualquier ataque lesionaría a civiles inocentes.

Mi oficial de operaciones habló:

—Señor, Charlie Tres Cinco dice que no pueden fijar al vehículo en la mira. Las nubes cubren el blanco.

—¡Mierda! —Miré la pantalla y vi una capa fragmentada de nubes a baja altitud, el coche azul era visible y después quedaba cubierto, una y otra vez. Desde su punto de espera, Van Hooser hizo virar a los helicópteros en dirección al blanco.

—Señor, los helicópteros van a ingresar —anunció el oficial de operaciones—. Un minuto para llegar al vehículo objetivo.

Van Hooser presionó el botón para hablar y miró directo a la cámara.

—Señor, solicito permiso para cambiar a armas —dijo, transmitiendo con su voz una sensación de urgencia .

La villa comenzaba a ser visible en la pantalla. El sedán estaba a punto de escapar. Si se trataba de Nabhan, esta podía ser nuestra última oportunidad. Si no lo era, sería responsable de la muerte de cuatro personas inocentes.

—¡Cambien a armas! —grité.

—Recibido ¡cambio a armas! —repitió Van Hooser.

Vi en la pantalla a los cuatro helicópteros en formación de vuelo estrecha cruzando la playa. El conductor del sedán azul también los vio y aceleró de inmediato.

—Señor, ¡las aves están recibiendo disparos! —anunció el suboficial de la SAR.

Los helicópteros con las miniametralladoras se colocaron en formación de ataque y respondieron el fuego que procedía del sedán, que ahora serpenteaba. Desde el video a gran altura del Predator, las balas que disparaban los helicópteros lucían como una sola línea ininterrumpida de fuego rojo y amarillo. Las ráfagas de munición no duraron más de cinco segundos. El conductor y los pasajeros murieron de inmediato, y el sedán, del cual salía humo por el impacto de las balas de las miniametralladoras, se salió del camino y cayó en una zanja.

En la SAR nadie dijo nada. Lo único que podíamos hacer en ese momento era mirar. Los dos helicópteros de ataque permanecieron flotando en posición mientras los otros dos Pajaritos aterrizaban sobre el camino. Incluso antes de que el tren de aterrizaje tocara tierra, los cuatro SEAL de cada aeronave ya habían saltado a tierra y corrían hacia el coche humeante, apuntando con sus rifles, listos para atacar a cualquier amenaza que pudiera seguir viva.

Tras dos minutos la voz de Van Hooser volvió a llegar desde la pantalla.

—Jefe, tenemos cuatro hombres en edad militar, todos muertos. Reuniremos los cuerpos y los llevaremos de vuelta para identificación.

—Recibido, Pete. Entiendo que son cuatro hombres en edad militar, todos muertos. Estaremos a la espera.

Mientras los SEAL recuperaban los cuerpos de los escombros del sedán, comenzó a reunirse un pequeño grupo de nativos de la aldea. Miré cómo el oficial SEAL se acercaba a los aldeanos y les pedía retroceder. Todos obedecieron, parecían más interesados en saber quién estaba en el vehículo.

En menos de quince minutos colocaron los cuerpos en bolsas para cadáveres y los subieron al helicóptero. Los aparatos se elevaron y comenzaron a volar de vuelta a los destructores.

Pasó una hora para que Van Hooser volviera a la red. La amplia sonrisa en su rostro y el leve brillo en sus ojos indicaban que tenía buenas noticias.

—Señor, enviamos fotografías al FBI y nos confirmaron que uno de los hombres es… —hizo una breve pausa— Saleh Nabhan.

Intenté no lucir muy emocionado, matar hombres no es un deporte. Pero cuando lo haces por justicia, como en el caso de Nabhan, quien era responsable de las muertes de cientos de personas, se siente bien hacerlo.

—¿Qué hay de los otros tres?

—Todos eran cómplices conocidos de Nabhan.

—¡Bien hecho, Pete! —exclamé.

Van Hooser sonrió ampliamente y cerró la comunicación.

Entonces el personal en la SAR comenzó a trabajar para proporcionar informes detallados al Alto Mando, al personal de la

Casa Blanca y a otros. Más tarde ese día recibí la noticia de que el almirante Mullen quería tener una videoconferencia conmigo.

—Bueno, William, ¡felicitaciones! —Por lo que vi, Mullen estaba genuinamente complacido—. El presidente me pidió que te felicitara también de su parte.

—Gracias, señor —respondí.

—Pero hay una cosa, Bill.

—¿Sí, señor?

Mullen tenía una discreta sonrisa en su rostro.

—Recuerdo que le dijiste al presidente, específicamente, que no usarías los Pajaritos para una acción directa.

—Bueno, señor… —comencé a responder. Mullen me interrumpió.

—El presidente también lo recuerda.

—Sí, señor. —Dudé por un momento—. Desafortunadamente, la aeronave no pudo fijar al coche en la mira y tuve que tomar una decisión de mando sobre si dejar escapar a Nabhan o hacer que entraran los Pajaritos.

Mullen se inclinó hacia la cámara y su cara creció en la pantalla. Me vio con una mirada paternal: con un poco de severidad y un poco de orgullo.

—Muy bien, William, pasaremos esta por alto —dijo, mientras intentaba cubrir la sonrisa en su rostro con su mano izquierda.

—Recibido, señor. —Devolví la sonrisa.

—Regresa a trabajar, Bill. Todavía hay montones de chicos malos allá afuera.

—Sí, señor. —Le di un saludo breve y corté la transmisión.

Durante los tres años siguientes la fuerza de tareas capturaría o eliminaría a más de dos mil individuos de valor medio o alto cada año, individuos que eran amenazas para nuestras fuerzas en Irak y Afganistán, y para nuestra patria. Durante el curso de esas operaciones más de trescientos soldados de operaciones especiales perderían sus vidas y miles quedarían heridos, algunos nunca volvieron a tener vidas normales.

No pasa un solo día sin que reflexione sobre los sacrificios de esos hombres y mujeres. Es fácil juzgar las guerras hoy y decir que es claro que no crearon la paz o el cambio que esperábamos. Pero… ¿cuántos estadounidenses más, o cuántos más de nuestros aliados habrían muerto en embajadas, en aviones, en torres, en trenes subterráneos, en hoteles o en las calles si no hubiéramos eliminado a terroristas como Saleh Nabhan, o a incontables personas que estaban conspirando en nuestra contra? Puede que nunca lo sepamos, pero me consuela creer que, en algún lugar ahí afuera, hay un líder mundial, un brillante científico, un doctor que va a salvar vidas, un artista renombrado, un padre o una madre que aman y son amados; o alguien que traerá el verdadero cambio al mundo, alguien que hoy está vivo gracias a que mis hombres hicieron su trabajo.

Eso me basta para poder dormir bien por las noches.

CAPÍTULO DIECISÉIS

LA SIGUIENTE GENERACIÓN MÁS GRANDE

El Soldado de Infantería Anónimo

El lugar tenía ese aroma que es de esperar en los hospitales: una mezcla de alcohol, aire frío y miedo. Pasé a la estación de enfermeras para ponerme la ropa adecuada. El área a la que iba a entrar era una habitación esterilizada, la cual requería que todos los visitantes se colocaran un overol blanco completo, una mascarilla, guantes de goma y botines azules.

Era mayo de 2007 y estaba en Landstuhl, Alemania, en el mejor complejo hospitalario del ejército en Europa. Yo era un almirante de dos estrellas a cargo de todas las fuerzas de operaciones especiales en Europa y África. Como tal, viajaba a menudo desde mi cuartel en Stuttgart para visitar a los soldados heridos que volvían de combate en Irak y Afganistán. La mayoría de estos soldados tenían heridas severas. Tanto que tenían que hacer escala en el hospital de Landstuhl y permanecer allí hasta estar lo suficientemente estables para poder viajar de regreso a Estados Unidos.

Además de ver a los soldados de operaciones especiales heridos, solía pasar por la unidad de cuidados intensivos para visitar a quienquiera que estuviera ahí.

—¿Doctor, cuál es la historia de este chico? —dije, mientras me ajustaba la cinta de la mascarilla.

—Señor, solo sabemos que su unidad fue golpeada por un potente artefacto explosivo improvisado. Como verá, la explosión le produjo heridas significativas.

—¿Cuál es el pronóstico?

—Vivirá, pero su recuperación va a ser muy larga.

El doctor hizo una pausa.

—Tenemos una regla de no contacto en la habitación esterilizada, por lo que no debe tocarlo, incluso si él le ofrece estrechar las manos.

—Recibido, lo entiendo.

El doctor asintió, abrí la puerta y entré.

Acostado sobre la cama, completamente desnudo, estaba un soldado que no tenía más de veinticinco años. Su cuerpo estaba hinchado por el impacto de la explosión. La mitad superior de su torso estaba cubierta por quemaduras y, por debajo de la cintura, había perdido la mitad de una pierna y casi por completo la otra.

Su rostro estaba muy dañado, tanto que sus ojos prácticamente estaban sellados y sus labios casi habían desaparecido por las quemaduras. Los tubos de soporte vital se extendían desde casi todos los orificios en su cuerpo y los monitores por todo el cuarto pitaban continuamente.

—Señor, él no puede hablar, pero puede escucharlo y le gusta interactuar con los demás —dijo el doctor.

Me acerqué despacio a un lado de su cama, con cuidado para no tocarlo.

—Hola, compañero. Soy el almirante McRaven. —Vi que se dio cuenta de mi presencia—. ¡Estás hecho una mierda!

Logró sonreír y estiró la mano hacia una mesita de noche. El doctor tomó un portapapeles y se lo entregó al soldado.

—Le gusta escribir sus respuestas.

Tomó la pluma sujeta a su portapapeles y escribió en la libreta: «Debería ver al otro sujeto».

Me reí y lo vi tratar de reír conmigo.

—Parece que te están cuidando bien. ¿Necesitas algo?

Volvió a tomar el portapapeles: «Una cerveza».

El doctor me miró y negó con la cabeza.

—Bueno, te diré algo. Vuelve a Estados Unidos, recupérate y yo invito las cervezas.

Él solo asintió.

No sabía bien qué decirle. Había estado en estas situaciones cientos de veces antes y todo lo que puedes hacer es hablar sobre trivialidades. Normalmente conocía al soldado o a su unidad y tenía algo más significativo que decirle. Caminé al lado de la cama donde estaba el doctor.

—¿Es un marine o un soldado? —susurré al doctor.

—No lo sé, señor. Solo soy un médico en servicio, pero si quiere puedo averiguarlo.

—No, no es necesario.

Caminé de vuelta a mi lado de la cama, me incliné sobre el joven y le pregunté:

—¿Eres un marine o un soldado?

La pregunta pareció inquietarlo. Apuntó a su muslo. Debió asumir que se podía ver el tatuaje que sabía que tenía ahí, pero la explosión había quemado tanto su pierna que solo se veía un contorno borroso.

Me acerqué y vi la imagen de un Gran Uno Rojo: la 1ª División de Infantería.

—Eres un soldado —comenté.

Tomó el portapapeles y escribió: «Infantería».

«Infantería. La ocupación más dura en el ejército», pensé. Los soldados siempre están marchando por el camino, siempre llevan a cuestas una mochila, siempre están en la línea de fuego. Tienes que ser fuerte y estar en forma para durar en cualquier unidad de infantería, particularmente durante la guerra.

Mientras miraba el cuerpo maltratado del muchacho, me pregunté si estaba consciente de la gravedad de sus lesiones.

Se percató de que estaba valorando su condición física y en su hinchado rostro apareció de pronto una expresión de desafío. Volteó hacia mí, tomó el portapapeles y escribió, lentamente y en mayúsculas: «¡VOLVERÉ A SER DE LA INFANTERÍA!».

Leí la nota en voz alta y él asintió, golpeando el portapapeles para dar énfasis.

—Sí, claro que sí —tartamudeé—. Volverás a ser de la infantería.

Sonrió y se volvió a dar vuelta.

De algún modo, le creía. Lo había visto una y otra vez. Estos hombres y mujeres jóvenes que se unieron al ejército durante la guerra tenían un gran sentido de determinación. Nada los detendría en la búsqueda de sus sueños. Y los contratiempos como este... bueno, a veces ese era el precio de ser un soldado.

Salí de la habitación y nunca volví a ver a ese joven. Me gusta creer que está marchando junto a sus camaradas, con dos piernas protésicas que lo mueven al ritmo de la cadencia. Me gusta creer que su cuerpo hinchado volvió a la normalidad y que su tatuaje decolorado fue reemplazado con tinta nueva y brillante. Me gusta creer que volvió a tener cierta normalidad. Me gusta creerlo porque debo hacerlo. Él no me dejó otra opción.

He aprendido que la vida tiene un aspecto místico. Como hombre de fe, he sentido la mano de Dios en demasiadas ocasiones para saber que existe. Pero cuando miras su obra de cerca, cuando examinas todos los desenlaces posibles y determinas que solo uno es posible —y entonces ocurre otra cosa—, ahí es cuando sabes que en la vida hay algo más que aquello que se puede ver.

La enfermera de la unidad de cuidados intensivos de Landstuhl casi no podía hablar.

—He sido enfermera durante más de veinte años —dijo—. He estado aquí en Landstuhl durante los últimos tres años y he visto algunas de las peores lesiones de guerra.

Comenzó a llorar, pero eran lágrimas de felicidad.

—Nunca había visto que le dispararan tanto a alguien. —Hizo una pausa—. Tiene dieciséis heridas de bala —respiró profundamente—, y va a estar bien.

Sonreí y le agradecí a ella y a su equipo por todo lo que hicieron para salvar a mi colega SEAL. Ella me miró, negó con la cabeza y dijo:

—Nosotros no tuvimos nada que ver.

Lo entendí. A veces así es la vida.

El hombre en el cuarto de hospital era el suboficial principal Mike Day, quien había servido conmigo en el Equipo SEAL Tres. Era todo un personaje: un tanto bocón, en una forma graciosa de compañero de equipo. Siempre tenía un chiste, nada le parecía demasiado serio, pero era un gran operativo SEAL y un buen marine. Le había perdido el rastro luego de dejar la costa oeste. Ahora nos habíamos reunido en la peor de las situaciones posibles, en un hospital.

Hablé con la escolta militar de Mike y me contaron toda la historia. Durante una redada en una casa en Irak, Mike había liderado a un escuadrón conjunto estadounidense-iraquí. El escuadrón era dirigido por un oficial iraquí, detrás del cual iba Mike, quien se colocó en fila frente a una puerta que llevaba al área de cocina de la casa. Cuando lo ordenó el oficial iraquí, atravesó la puerta y el escuadrón lo siguió. El cuarto no era la cocina, como esperaban, sino una antesala más pequeña. El oficial iraquí se congeló y el flujo del escuadrón se detuvo.

Mike sabía que ahora el tiempo era esencial. Los malos ahí dentro los habían escuchado claramente. Mike gritó a los iraquíes que continuaran el avance en escuadrón hacia el siguiente cuarto, pero el miedo los superó y en vez de avanzar empezaron a retroceder a la puerta.

El oficial iraquí se hizo cargo y condujo al equipo por la siguiente puerta, pero ya era demasiado tarde. Cuatro insurgentes con armas automáticas los estaban esperando. Dispararon con fuego automático, las balas volaron por todas partes. Mike de inmediato recibió los tiros en su placa pectoral de Kevlar y muchas de las balas atravesaron sus brazos y piernas. Mientras las ráfagas enemigas continuaban, una bala separó el rifle M-4 del cuerpo de Mike, quien se derrumbó sobre el piso después de recibir veintisiete tiros directos en cuestión de segundos. Detrás de él, otros tres miembros del equipo murieron, incluyendo a un joven oficial SEAL, quien sufrió solo una herida en la parte posterior de la cabeza.

Yaciendo sobre el suelo, y sangrando gravemente, Mike sacó su pistola de la pistolera y, uno a uno, mató a los insurgentes. Entonces, al clásico modo Mike Day, tomó su radio y llamó al equipo que estaba afuera para informarles que la casa estaba despejada. Los médicos lo estabilizaron en la escena y, en menos de un día, estaba de camino a Landstuhl. En ese momento nadie sabía si sobreviviría o no.

Como sucedía a menudo cuando visitaba el hospital, Georgeann me había acompañado. Nos asomamos por la ventana y lo vimos acostado sobre su espalda, con el típico conjunto de monitores e intravenosas saliendo de su cuerpo. La enfermera abrió la puerta y nos advirtió que no debíamos quedarnos mucho tiempo. Mike aún debía someterse a otra cirugía antes de que lo trasladaran de vuelta a Estados Unidos.

En cuanto entré a la habitación, Mike se incorporó un poco, levantó las manos y gritó:

—¡Ey, capitán! ¡Qué gusto verlo!

—¡Michael! —lo saludé gritando al mismo volumen que él—. ¿Volviste a mentir para salirte del trabajo?

—¡No, señor! ¡Solo me estoy preparando para la siguiente pelea!

Sacudí la cabeza y reí.

Me acerqué a su cama y lo que vi me dejó asombrado. Era difícil encontrar una parte de su cuerpo que no tuviera un agujero de bala. La única parte que estaba libre de heridas era su pecho, donde el chaleco antibalas lo había protegido.

Me senté durante unos treinta minutos y lo escuché contarme la historia. Conforme pasaron los minutos, noté que luchaba por permanecer despierto. Al final, me miró a los ojos y dijo:

—Señor, ¿cuándo cree que pueda volver con los chicos?

Al ver su cuerpo maltratado y la bolsa de colostomía sujeta a sus intestinos supe la respuesta, pero a veces es mejor no responder con la verdad, así que le dije:

—Volverás tan pronto como puedas patearme el trasero en la pista de obstáculos.

Mike puso los ojos en blanco y sonrió.

—Bueno, eso no será muy difícil.

La morfina comenzó a hacer efecto y poco a poco se quedó dormido.

Miro atrás, a los cientos de hombres y mujeres que visité en los hospitales. Cada uno de ellos —todos y cada uno— me preguntó lo mismo: «¿Cuándo volveré a mi unidad? ¿Cuándo volveré con mis compañeros soldados? ¿Cuándo volveré a la lucha?». Sin importar lo golpeados que estuvieran sus cuerpos, en lo único que podían pensar era en sus amigos, sus colegas, sus camaradas aún en riesgo de ser heridos. Ni una vez —ni una sola— escuché que un soldado se quejara por su suerte en la vida. Había soldados sin piernas, soldados ciegos, soldados paralizados, soldados que nunca volverían a tener una vida normal, y ninguno sentía lástima de sí mismo.

Más tarde esa semana, Mike fue transferido a Estados unidos. Sus lesiones eran demasiado severas para volver a la lucha, pero eso no evitó que sirviera a sus compañeros guerreros. Hoy en día, Mike ayuda a veteranos con trastorno de estrés postraumático y con lesiones cerebrales traumáticas. En cada oportunidad que tiene le devuelve algo a la nación. Durante los años siguientes corrí por la pista de obstáculos cada vez que pude hacerlo, porque sabía que Mike aparecería un día para retarme y necesitaba estar listo.

Sargento Brendan Marrocco

Mi destacamento de seguridad se estacionó junto a la entrada del hospital Walter Reed en Washington, D. C., el sargento mayor Thompson salió del edificio principal y me recibió con una sonrisa y un saludo firme.

—Señor, es un gusto tenerlo de vuelta.

—Gracias, sargento mayor —dije, estrechando su mano—. ¿Dónde está su hermano, el otro sargento Thompson?

Sonrió.

Era un chiste recurrente. Los «gemelos» Thompson eran los dos soldados de mayor rango que proveían asesoría para pacientes a los soldados de operaciones especiales en Walter Reed. Uno era negro, el otro blanco. Pero en el fondo los dos eran color verde militar y estaban orgullosos de ello.

—Señor, está abajo, en el Centro de Entrenamiento Avanzado (ATC), hablando con nuestros nuevos pacientes.

La ATC era una instalación sobresaliente, de nueve mil cuatrocientos cincuenta metros cuadrados, en la cual se ayudaba a soldados con miembros amputados a recuperar cierto sentido de normalidad. Estaba equipada con un laboratorio protésico con tecnología de punta, la mejor en rehabilitación y con doctores de clase mundial. Pero lo que realmente la hacía especial eran los soldados, quienes en las circunstancias más difíciles formaban lazos como unidad, cada uno ayudaba a sus hermanos y hermanas a sanar. Amaba visitar la ATC porque era como estar en la trituradora durante la calistenia SEAL matutina. Todos molestaban a todos. Todos se retaban mutuamente. Nadie te permitía sentir lástima por ti mismo. «Deja de lloriquear. Sí, perdiste dos piernas ¡¿y qué?! Ahora puedes conseguir dos nuevas que te hagan más alto. Quizás así las mujeres se fijen en ti».

Luego de pasar más o menos una hora con muchos de nuestros soldados de las SOF, el sargento mayor me apartó para hablar en privado.

—Señor, hay un soldado aquí de la 25ª División de Infantería a quien me gustaría que conociera. Su vehículo fue impactado por un proyectil explosivo en Irak y ahora es un amputado cuádruple. Su unidad aún está en el extranjero, por lo que no ha recibido muchas visitas.

—No hay problema, sargento mayor. Solo póngame en la dirección correcta.

El sargento mayor movió la cabeza a mi izquierda con sutileza y de inmediato me di cuenta de quién hablaba.

Un joven estaba apoyado contra la pared, balanceándose sobre sus «cortitas», unas prótesis nuevas fijadas a lo que quedaba de sus piernas. Las cortitas apenas lo elevaban unos centímetros del suelo y las estaba usando para empezar a acostumbrarse a las prótesis, ya que los miembros artificiales completos eran más difíciles de controlar. No solo le faltaban dos piernas, la explosión del proyectil explosivo también le había arrancado ambos brazos, además tenía el cuello quemado y laceraciones en el rostro.

Había visto a muchos amputados, pero cuando la forma humana cambia tanto por la naturaleza o la violencia del hombre, te quita el aliento.

El sargento mayor me miró a los ojos.

—Lo sé, señor —dijo al reconocer la pena que ambos sentíamos.

Me alejé del sargento mayor, caminé hasta el joven y me arrodillé para poder verlo cara a cara.

—Buenas tardes —dije, y extendí la mano para estrechar lo que quedaba de su brazo derecho.

Él me miró, intentando reconocer mi grado por el uniforme que vestía.

—¿Es usted general? —me preguntó cuando vio las cuatro estrellas en mi pecho.

—Bueno, de hecho, soy almirante —respondí con una sonrisa—. ¿Cómo te llamas?

—Brendan Marroco —me respondió con cortesía.

—Entiendo que estás con el Relámpago del Trópico —dije, refiriéndome al apodo de la división de infantería.

—¡Sí, señor! —Sonrió al tiempo que intentaba pararse un poco más derecho—. Compañía Alfa, 2º Batallón, 27º Regimiento.

—Parece que te tocó una parte dura de Irak.

Miró al piso, donde habrían estado sus piernas, luego observó al resto de la sala llena de amputados.

—Sí, pero no estoy tan mal como algunos de los otros chicos.

Era difícil ocultar mi expresión. «No tan mal como algunos de los otros chicos», pensé. «Te faltan las cuatro extremidades, tienes quemaduras y cortes por todo el cuerpo ¿y alguien más está peor?».

De pie junto a Marrocco estaba otro joven.

—Señor, este es Mike, mi hermano.

Saludé a Mike y percibí que estaba devastado por lo que le había pasado a su hermano menor. La tristeza en su rostro te rompía el corazón. Volví a mirar a Marrocco.

—¿Te están cuidando bien aquí? —pregunté.

—¡Sí, señor! Los doctores y las enfermeras han sido increíbles y me encanta pasar el tiempo con los chicos.

—¿Hay algo que pueda hacer por ti?

Sin dudarlo ni un segundo, me dijo:

—Sí, señor. Me gustaría ir a Hawái para reunirme con mi compañía cuando vuelva de Irak.

Si tienes suerte en la vida, habrá un momento, uno que nunca olvidarás, en el cual conocerás a alguien cuyo mundo ha quedado de cabeza y aun así encontrará la manera de inspirarte, de demostrarte que puedes superar todas las dificultades de la vida. Encontrará la manera de hacer que el aspecto humano parezca perfecto a pesar de su forma. Arrodillado frente al joven Brendan Marrocco, mirándolo cara a cara, viví uno de esos momentos. Debió haber visto algo en mis ojos —lástima, pena, arrepentimiento—, porque inclinó la cabeza y sonrió:

—Señor —dijo, tocándome con lo que quedaba de su brazo derecho—, tengo veinticuatro años. Tengo toda mi vida por delante. ¡Voy a estar muy bien!

«Voy a estar muy bien».

Nunca olvidé esas palabras, y cuando la vida se ponía un poco difícil para mí, recordaba ese momento una y otra vez. Me repetía esas palabras una y otra vez. «Voy a estar muy bien».

Para que una nación sobreviva y prospere, debe transmitir a sus ciudadanos los ideales que la hicieron grande e imbuir en ellos un espíritu indómito, la voluntad para continuar sin importar lo difícil que sea el camino, lo largo que sea el viaje o lo incierto que sea el desenlace. Las personas deben estar convencidas de que el mañana será un día mejor… si luchan por ello y nunca se rinden. Vi este espíritu indómito en mis padres y en quienes vivieron durante la Gran Depresión y la Segunda Guerra Mundial; volví a verlo en los soldados, marinos, aviadores y marines con quienes serví en Irak y Afganistán. Y más tarde, cuando fui canciller del sistema de la Universidad de Texas, lo vi también en los jóvenes estudiantes que vivían en los dormitorios para alumnos por toda Texas. Desde los campos de batalla hasta los salones de clases, lo he visto en los hombres y mujeres jóvenes de esta generación, los tan a menudo calumniados «milenials». Supuestamente son mimados, privilegiados y débiles. Yo descubrí que son todo, menos eso. Son tan valientes, heroicos y patrióticos como lo fueron sus padres y abuelos. Los jóvenes que construyen nuestros puentes, descubren nuevas formas de curar y educan a nuestros niños son iguales a aquellos que lucharon y murieron, o fueron heridos en Irak y Afganistán. Son los hombres y mujeres que visten el uniforme voluntariamente, luchan contra los incendios y protegen a la gente. No son como mi generación. Son mejores. Son más incluyentes. No ven el color, ni las etnias ni la orientación sexual. Valoran a las personas por su amistad y sus talentos. Se involucran más. No se quedan al margen viendo cómo le ocurren cosas malas a la gente buena. Cuestionan más, quieren saber por qué pasan las cosas. ¿Por qué van a la guerra? ¿Por qué se incrementa nuestra deuda? ¿Por qué no podemos hacer algo nuevo y diferente? Toman riesgos, emprenden, entregan su tiempo y su energía. Sobre todo, son una generación de jóvenes optimistas que creen que el mañana será mejor por más difíciles que parezcan las cosas en este momento. Estoy convencido de que algún día la historia los registrará como la generación más grande de este siglo, y sé, más allá de toda duda, que estarán muy bien.

Brendan Marrocco llegó a Hawái a tiempo para recibir a la 25ª División de Infantería cuando llegó de vuelta. En el año 2012 se sometió a un trasplante bilateral exitoso que le dio dos brazos nuevos. Hoy en día viaja por el país contando su historia y ayudando a aquellos… menos afortunados que él.

CAPÍTULO DIECISIETE

LANZA DE NEPTUNO

Ubicación secreta en Estados Unidos
Abril de 2011

Con acento.

—Disculpe, señor. ¿Qué dijo?

—Con acento —dije—. Es Operación Lanza de Neptuno. «Operación» lleva acento.

El joven teniente comandante me miró con un poco de sorpresa.

—Señor, la computadora no genera nombres que llevan acento.

—Claro que no.

Sonrió y asintió.

—Me gusta.

Tomó el marcador permanente y escribió en la pizarra con letras grandes: OPERACIÓN LANZA DE NEPTUNO. RESPUESTA DE INSTRUCCIONES PARA EL DIRECTOR.

Quizá suena tonto, pero pasé bastante tiempo pensando en el nombre porque quería que simbolizara las raíces marítimas de la fuerza de asalto SEAL, que representara la justicia en la forma de la lanza de tres puntas del dios del mar. Quería un nombre que resonara con el equipo de operativos seleccionados; uno que la gente pudiera recordar si la misión salía bien y, con algo de fe, que lo olvidara si salía mal. En mi oficina en Fort Bragg había una pequeña estatua de bronce, la cual había comprado años atrás en una tienda de curiosidades en Venecia. Era de Poseidón, el dios griego, montando un caballo de mar. Poseidón tenía en las manos un tridente largo y el caballo de mar estaba en posición rampante, con sus dos patas pateando al frente y su cola fluyendo hacia atrás, listo para atacar. Normalmente no me gustaba ese tipo de simbolismo, me parecía ridículo. Pero la estatua atrapó mi atención y, debo admitirlo, estaba increíble. De modo que cuando llegó el momento de ponerle un nombre a la operación que estábamos planeando, recordé la figura de bronce. No podía llamarla «Tridente de Poseidón» porque, si llegábamos a fallar, no quería que mi generación recordara la película de catástrofes *La aventura del Poseidón* y la convirtiera en el legado de la misión. Así que la llamaríamos Operación Lanza de Neptuno.

Tres meses antes, Michael Morell, el director adjunto de la CIA, me había informado que tenían una pista sobre la ubicación de Osama (alias Usama) bin Laden (UBL). Mediante una serie de seguimientos a mensajeros, vigilancia y recolección técnica, la Agencia había identificado un enorme complejo amurallado en Abbottabad, Pakistán. El complejo estaba un poco más allá de la academia militar pakistaní y a 1.6 kilómetros o más de un punto de un gran almacenamiento de municiones. Las fotografías revelaron la presencia de un individuo a quien llamaron «el Caminante», un hombre alto enfundado en túnicas holgadas que caminaba por el interior del complejo pero que nunca salía de los muros. La inteligencia era interesante, pero la verdad era que había docenas de avistamientos de bin Laden desde 2001 y ninguno de ellos daba frutos. Aun así, debí admitir que esta pista parecía mucho más convincente.

Luego del informe de la Agencia me reporté con el secretario Gates y el almirante Mike Mullen en el Pentágono. Ubicada en el anillo exterior del Pentágono, la oficina del secretario era larga y amplia, con una vista magnífica hacia el río Potomac y al centro de Washington, D. C. En los muros había retratos de Lincoln, Washington y muchos soldados desconocidos, un recordatorio constante de que las decisiones del secretario afectaban a toda la nación.

—¿Qué piensas, Bill? —preguntó el secretario.

—Señor, es un complejo. Hacemos redadas a complejos todas las noches en Afganistán. No es difícil desde el punto de vista táctico, será un reto llegar al blanco sin ser detectados, pero una vez ahí, todo será sencillo.

—¿Cuántos hombres necesitará? —preguntó Mullen.

—Señor, normalmente una redada a un complejo incluye de cincuenta a setenta chicos. Se aísla el complejo, se colocan elementos pequeños en los puntos de bloqueo críticos, y una fuerza de asalto atraviesa los muros y captura al blanco de alto valor; también hay un equipo médico, un equipo forense y de investigación, biométricos, etcétera. Pero, de nuevo, todo esto dependerá de cómo lleguemos al blanco.

—¿Cuál es el número mínimo de hombres que necesita? —preguntó el secretario.

Lo pensé por un momento, era un complejo muy grande. De más de nueve mil metros cuadrados.

—Probablemente, de veinticinco a treinta hombres. Pero eso en el supuesto de que el riesgo sea elevado.

—Muy bien, Bill —intervino Mullen—. No sé qué necesitemos para hacer algo en este momento. La Agencia está siguiendo la pista, pero tarde o temprano querrán tu asesoría y algo de asistencia en la planeación.

—No se preocupe, señor. Estaremos listos para ayudar en lo que podamos.

—¿Por cuánto tiempo estarás en la ciudad, Bill? —inquirió el secretario.

—Señor, volveré a Afganistán esta noche, pero puedo volver en cuanto la Agencia me necesite.

—William —comenzó Mullen—. No puede decirle a nadie más sobre esta misión. Si la noticia se filtrara, sería desastroso.

—Lo entiendo, señor. Pero si llega el momento en que la Agencia necesite planes detallados, entonces tendré que traer a otros al círculo de confianza.

El secretario y el almirante Mullen me agradecieron. Por la tarde abordé el avión del comando y volví a Afganistán. Un mes después, mientras todavía estaba allá, recibí una llamada del vicedirector del Alto Mando, el general Cartwright, solicitando que volviera a D. C. para reunirme con la CIA. Era muy inusual para mí dejar el campo de batalla para volver a Estados Unidos, pero en Libia las cosas estaban empezando a calentarse y la mayoría de mi personal asumió que volvía para tener discusiones clasificadas con el Alto Mando o la Casa Blanca.

Como comandante, todos mis movimientos eran registrados por el personal en mi centro de operaciones e ingresados en nuestra libreta digital diaria. No había modo de ocultar mis idas y venidas, pero la razón para viajar nunca se anotaba. Mi oficial ejecutivo, el teniente coronel Art Sellers era el único miembro de mi personal que sabía que estaba ocurriendo algo inusual. Sellers era un ranger del ejército que había sido mi XO durante el último año. Viajaba conmigo a todas partes. Su trabajo era asegurarse de que todas las decisiones requeridas por el comando recibieran mi atención. Revisaba cada hoja de papel que llegara a mi oficina. Coordinaba cada visita. Monitoreaba cada llamada y gestionaba cada pequeña crisis que formara parte de la ejecución de un comando grande. Era uno de los hombres más valiosos en mi comando y de toda mi confianza. Pero yo tenía que cumplir las órdenes que me dieron.

Aterrizamos en D. C. muy avanzada la noche del lunes.

—Entonces, señor, a qué hora es su reunión en… ¿el Pentágono? —dijo Art, alargando la última palabra.

—Tenemos que estar en el Pentágono a las 13:00. Llama a este punto de contacto y él se asegurará de que recibamos autorización. —Le entregué a Sellers el número de mi contacto en la CIA—. Mira, Art, en este momento no puedo decirte nada y voy a necesitar que no me hagas preguntas.

—No hay problema, señor.

—También necesito que me cubras con el personal del cuartel. Tarde o temprano van a olfatear algo y comenzarán a hacer preguntas. Apégate a la historia hasta que te indique otra cosa.

Sellers permaneció imperturbable.

—Recibido, señor. Lo entiendo.

Sabía que así era. Art era el profesional consumado y quien sería una pieza clave en el éxito de la misión durante los siguientes meses, aunque en ese momento aún no lo sabía.

Al siguiente día me dirigí a la Agencia para reunirme con mi punto de contacto y revisar la inteligencia sobre el objetivo. Morell y su equipo me habían dado el panorama general, pero ahora necesitaba ver el complejo en Abbottabad en forma detallada. El equipo de planeación de la Agencia estaba segregado del edificio del cuartel general en una instalación de una planta que parecía inocua, y la cual nunca era visitada. Era perfecta.

Sellers condujo hasta la reja principal de la CIA y me dejó en el estacionamiento. Mi comando tenía docenas de personas trabajando en la CIA y sabía que tarde o temprano alguna de ellas me vería escabulléndome en la instalación. Esperaba tener una buena historia para cubrirme si eso sucedía.

Mi contacto de la Agencia se encontró conmigo a las afueras de la instalación, me autorizó a ingresar al edificio y pasar frente al único guardia, y me volvió a llevar a un enorme cuarto lleno con cajas de papel, cartuchos y tinta. El edificio era un área de almacén para todo el material administrativo de la CIA.

—Vamos a limpiar todo esto —dijo, apuntando al tiradero que llenaba el cuarto.

Nos abrimos paso hasta una larga mesa sobre la cual se encontraba un pequeño modelo del complejo en Abbottabad. Me presentó ante cierto número de analistas de la CIA que habían estado desarrollando la inteligencia, y ante el oficial de la División de Actividades Especiales (SAD) que había planeado la opción de la redada de la CIA. Durante la siguiente hora los analistas usaron el modelo a escala para describir lo que sabían sobre el complejo, «el Caminante», el ejército pakistaní y los civiles que había en el área. Fue una exhibición impresionante de la colección de inteligencia y la capacidad de análisis de la Agencia. Nunca antes había visto un análisis sobre ningún asunto tan profundo y minucioso como el de los analistas de la CIA. Sin embargo, incluso entre ellos no había consenso sobre si «el Caminante» era o no bin Laden. Algunos colocaban el nivel de confianza en que sí era en noventa y cinco por ciento, mientras que otros lo hacían tan abajo como en cuarenta por ciento.

A continuación, el oficial de la SAD me informó sobre su plan para atrapar a bin Laden. La SAD era la unidad paramilitar de la Agencia. La mayoría de sus integrantes eran antiguos operativos especiales, o marines que ayudaban a entrenar, equipar y ejecutar misiones de fuerzas encubiertas por todo el mundo. Eran muy buenos en lo que hacían, pero eran un equipo pequeño que no estaba verdaderamente capacitado para una redada. El oficial que me informó era el antiguo capitán del ejército, quien tenía experiencia en reconocimiento. Era profesional, me dio un informe detallado y se interesó en mi crítica respecto a su plan.

Le hice algunas pequeñas sugerencias, pero me abstuve de cualquier recomendación mayor.

Siempre hubo algo de tensión profesional entre la agencia y mi comando, aunque en el mundo del contraterrorismo teníamos valores similares. A lo largo de la cacería de blancos de alto valor en Irak y Afganistán, nuestra inteligencia humana, aquellos oficiales de caso uniformados que reunían la inteligencia para respaldar las operaciones militares, a menudo competían con los oficiales de caso de la Agencia. Los oficiales de caso de la CIA sentían que era su trabajo reunir la inteligencia. Legalmente, ambas agencias tenían razón. Bajo el Título 10 del Código de Estados Unidos, el Departamento de Defensa tiene autoridades militares tradicionales que permiten a individuos calificados recolectar la inteligencia que se usará en última instancia para operaciones militares. Bajo el Título 50, la Agencia tiene autoridades de inteligencia para realizar misiones similares actuando en forma encubierta. Si bien esta distinción es mucho más clara fuera del escenario de guerra, en tiempos de guerra, como en Irak o Afganistán, las autoridades tendían a superponerse y, en ocasiones, algunos egos resultaban heridos. Aparte de eso, en general la relación entre el ejército y la CIA era muy fuerte. Aun así, en esta coyuntura temprana de la misión no quería ser percibido como el «experto de fuera» que llega a la Agencia a sermonear sobre rectitud. Por ello me limité a apreciar en silencio los informes y a hacer preguntas para aclarar algunos pequeños puntos. Luego de los informes, el equipo de analistas se fue y me senté frente al modelo para mirar el complejo y pensar cómo aproximarme al problema.

Dos horas al norte de la capital de Pakistán, Abbottabad era una ciudad con alrededor de trescientas mil personas. Era, de acuerdo con los estándares pakistaníes, bastante próspera. La ciudad alojaba la academia militar del ejército de Pakistán, un almacén de municiones grande y muchas estaciones de policía.

El complejo mismo estaba situado en un camino de terracería a medio kilómetro de la autopista principal que atravesaba Abbottabad. Si bien había casas alrededor del complejo al norte y al oeste, había un espacio abierto al sur y durante varios cientos de metros al este. Lejos, al este, había un vecindario de clase media densamente poblado. Por fortuna, un pequeño canal lo separaba del acceso directo al complejo. Cualquier persona joven podría atravesar el canal con facilidad, pero era un obstáculo menor que, sabía, disuadiría a algunos de los pakistaníes de mayor edad de acercarse al complejo si las cosas se ponían interesantes.

El complejo en sí tenía forma irregular, con un muro recto largo en el lado norte, y dos muros al este y al oeste que corrían perpendiculares al muro norte; después, se extendía desde los muros este y oeste, y había dos muros largos que se encontraban en un punto al sur. En el muro norte había una puerta doble de metal que se abría hacia el camino. También al norte había dos puertas privadas que, asumí, llevaban al interior de la casa, la cual tenía tres plantas con ventanas que miraban hacia el sur. El complejo estaba dividido en dos áreas: en la habitable estaba la casa principal, una pequeña casa para huéspedes y un edificio más pequeño a un lado del camino, y en la otra había un patio abierto donde mantenían algunas cabras y gallinas. Ambas áreas, separadas una de otra, estaban contenidas dentro de los muros del complejo. No era fácil pasar del patio al área habitable, había que atravesar varias rejas de metal cerradas con candado.

Si bien el complejo era algo inusual, con sus murallas, alambre de púas y luces de seguridad, no era algo fuera de lo ordinario para Pakistán ni tampoco para lo que habíamos visto en Afganistán. Lo único realmente raro era una pared al sur más alta de lo normal, ya que los muros principales que rodeaban al complejo medían tres metros y medio de alto, en tanto que a esta le habían agregado otros dos metros, de tal manera que sus cinco metros y medio de altura impedían ver el interior del complejo sin tener que subir a cierta altura en Abbottabad.

Lo que el análisis desconocía era la distribución dentro del complejo, las imágenes aéreas mostraban todo lo visible, pero no podían ver a través de los muros. Los analistas creían que no había túneles subterráneos, pero no podían asegurarlo. La suposición general era que, si se trataba de bin Laden, tendría una ruta de escape para salir del complejo. Esta era una práctica común y, durante mi estancia en Irak y Afganistán, a menudo, junto con mi equipo, habíamos encontrado túneles en donde se escondían los blancos de alto valor hasta que se iban las fuerzas de seguridad. Sin embargo, lo más perturbador era que los analistas no sabían si se habían dispuesto explosivos en la casa. De nuevo, esto era común en muchos complejos que habíamos atacado a lo largo de los años. Si bien la posibilidad de que hubiera trampas hechizas, casas con explosivos, dispositivos de presión y rutas de escape eran muy altas, no eran obstáculos que no hubiéramos encontrado antes, por lo tanto, confiaba en que si podíamos llegar al complejo, atraparíamos a bin Laden… si es que se encontraba ahí.

Durante las siguientes horas analicé el panorama. ¿Cómo podía hacer llegar una fuerza de asalto al complejo? Tendría que avanzar unos doscientos sesenta kilómetros por aire desde la frontera de Afganistán hasta Abbottabad. Pero los pakistaníes tenían un Sistema de Defensa Aérea Integrada (IADS) y sabíamos por experiencia que sus radares podían rastrear nuestros helicópteros y aviones cuando volábamos cerca de la frontera.

Busqué muchas otras alternativas. ¿Podríamos realizar una inserción compensada en paracaídas en una zona de aterrizaje remota para después caminar hacia el complejo? ¿Podríamos apilar a algunos comandos dentro de un vehículo a modo de Caballo de Troya y conducir hasta Abbottabad? ¿Podríamos entrar con visas de turista, preparar una casa de seguridad y lograr que la Agencia nos trasladara hasta el complejo? Desafortunadamente, no sabía la respuesta para muchas de estas preguntas.

Luego de muchas horas dejé la instalación y me reuní con Sellers. Volvimos al Pentágono para poder informar al secretario y al almirante Mullen.

Después de una breve revisión de la nueva inteligencia, dije:

—Señor, necesito por lo menos a un hombre más para la planeación.

Gates y Mullen intercambiaron miradas.

—¿En quién has pensado? —preguntó el almirante.

—Creo que podría ser el capitán Rex Smith, señor. Es un SEAL de la Marina con una extensa experiencia en combate y trabaja aquí en D. C. Él puede trasladarse por la ciudad sin atraer demasiada atención.

—Muy bien —concordó Mullen—, pero será la única persona por ahora. Hablaré con la Agencia y con la Casa Blanca. No hable con él hasta que yo me vuelva a contactar con usted.

—Sí, señor.

—Bill, ¿puedes realizar esta misión? —volvió a preguntar Mullen.

—Señor, todavía no lo sé. Necesito hablar con algunas personas, hacer un plan muy detallado y ensayarlo. Solo entonces sabré si es factible.

—Estoy seguro de que el presidente querrá un concepto de operaciones dentro de algunas semanas —observó el secretario.

—Lo puedo tener en algunas semanas —dije—. Pero sin traer a los operativos de aviación y tierra para observar el problema de cerca y ensayar el plan, no hay modo de asegurar que tendremos éxito.

—Muy bien —intervino Mullen—. Por ahora solo serás tú y yo hablaré con tu hombre en D. C., pero no tienes permiso de involucrar a nadie más hasta que el presidente lo autorice.

—Lo entiendo, señor.

Salí del Pentágono y volví a mi hotel. En menos de una hora recibí la noticia de que habían aprobado que Rex Smith se uniera a mi equipo de una persona.

Rex, a quien apodaban el Senador, era la viva imagen de Robert Mitchum, la estrella de cine de la década de 1950. Siempre estaba relajado y sereno, con una actitud que inspiraba confianza, lo cual lo hacía ser el hombre a quien todos quieren escuchar en la habitación. Era un hombre alto, de hombros anchos, cabello negro, muy inteligente y excepcionalmente experimentado. El capitán había estado bajo mis órdenes en muchas ocasiones durante la última década y confiaba de manera implícita en su sensatez para actuar.

Cerré la puerta de su pequeña oficina.

—Rex, voy a decirte algo y necesito que me asegures que va a quedar entre nosotros, porque nadie, absolutamente nadie, debe saberlo.

Como suelen hacer los hombres grandes, Rex estaba algo encorvado en su silla. Se enderezó y se inclinó al frente.

—Sí, señor. Nadie lo sabrá.

—Nadie —repetí.

—Sí, señor. Nadie.

—Tenemos una pista sobre bin Laden. —Dejé que lo asimilara por un segundo—. La Agencia está planeando una misión para atraparlo y nos pidieron ayuda para elaborar el plan.

Rex asintió. Él, igual que yo, ya había escuchado de avistamientos de bin Laden antes, por lo que su reacción fue mesurada.

—Necesito que vayas a la Agencia y escuches lo que te van a decir. Han desarrollado un número de cursos de acción, de los cuales solo uno es una opción de redada, pero en este momento eso no es la prioridad en su lista.

Se acomodó en su silla y preguntó:

—¿Qué debo hacer?

—Nada. Solo escucha. Lo último que quiero es que la Agencia piense que queremos arrebatarles la misión.

—¿Debo ayudar con la planeación?

—Los chicos de la SAD están planeando la operación en tierra, contribuye con ideas si te las piden, pero no sugieras que nosotros podríamos hacerlo mejor.

—Muy bien, señor.

—Volveré a Afganistán esta noche. Llámame si ves que el asunto empieza a avanzar o si tienes preguntas.

—Sí, señor.

Sabía que Rex era el hombre perfecto para el trabajo, era participativo y la simpatía que irradiaba generaba apertura y camaradería. Si alguien se podía ganar la confianza de la agencia, ese era el Senador.

Al día siguiente ya estaba de vuelta en Afganistán. Durante las siguientes semanas, Rex me llamó casi todos los días para ponerme al tanto de los avances en el asunto. Ahora que había visto la inteligencia, su entusiasmo era evidente. Esto podía ser algo real y lo sabía.

Como lo esperaba, tres semanas después me llamaron para pedirme que volviera al país. El presidente quería una reunión para revisar la inteligencia y discutir las opciones. Normalmente, volver a Estados Unidos a tan poco tiempo de haber llegado a Afganistán habría llamado la atención, pero Libia se estaba cayendo a pedazos y la OTAN y Estados Unidos respaldaban al Ejército de Liberación Nacional en su lucha contra Gadafi. Durante los siguientes meses se asumió que todos mis movimientos y mis visitas frecuentes a la Casa Blanca estaban relacionados con planes para Libia.

Poco después de llegar a Fort Bragg, me puse en contacto con algunos expertos en la materia y, sin revelarles demasiado, les hice las cuatro preguntas siguientes: ¿Creen que funcionaría insertar a un pequeño equipo en una zona de aterrizaje de compensación para que después avancen a pie hasta el complejo? ¿Consideran que es factible el plan de construir un camión tipo Caballo de Troya, llenarlo con operativos armados y conducir a través de la frontera, desde Kabul hasta Abbottabad? ¿Abordar vuelos comerciales directamente hacia Islamabad, obtener armas y equipo de la Agencia y conducir hasta Abbottabad podría funcionar? Y, por último, ¿sería posible cruzar por aire los doscientos sesenta kilómetros desde la frontera sin ser detectados por los radares pakistaníes para llegar directamente al blanco?

Mi comando tenía a uno de los mejores escuadrones de aviación de la Fuerza Aérea. Los pilotos de este escuadrón conocían todos los trucos del libro cuando se trataba de insertar una pequeña unidad de operativos en paracaídas a una zona de aterrizaje. Llamé al comandante del escuadrón y le dije que necesitaba a uno de sus mejores pilotos por unos días para hacer una planeación preliminar en caso de una posible contingencia en Libia. La historia era muy escueta y quizá poco creíble para el comandante, pero sabía que no debía hacer muchas preguntas.

Luego de pasar un día buscando posibles rutas de inserción por aire y zonas de aterrizaje, fue evidente que la idea de una infiltración de compensación no funcionaría. A continuación contacté a algunos de nuestros operativos clandestinos y les pedí revisar la idea del Caballo de Troya, la cual, aunque tenía méritos, también tenía el mayor riesgo de ser comprometida, además de ser la que requería mayor tiempo de ejecución. Al final descarté la idea de entrar al país con visas de turista debido a que el escrutinio a los estadounidenses que ingresaban a Pakistán se había incrementado de forma significativa luego del incidente de Raymond Davis, un contratista del gobierno que mató a dos policías pakistaníes encubiertos porque creyó que eran delincuentes que intentaban asaltarlo. Como resultado de eso ahora todos los estadounidenses eran sospechosos y no habría manera de ingresar hombres y armas a Pakistán sin ser atrapados.

Como era de esperar, los pakistaníes tenían una capacidad de defensa aérea bien integrada. Sin embargo, para ellos la amenaza más grande podía provenir de la India, así que había la posibilidad de que en la cobertura de radar en la frontera Este hubiera agujeros por los que podría entrar nuestro helicóptero sin ser visto.

Al estudiar cada opción, las comparé con un modelo intelectual que desarrollé veinte años atrás cuando estaba estudiando en la Escuela de Posgrado Naval en Monterrey, California. El modelo se basaba en una teoría que intentaba explicar por qué las fuerzas de operaciones especiales tenían éxito, considerando que normalmente eran fuerzas pequeñas que se enfrentaban a blancos bien defendidos. Carl von Clausewitz, el gran estratega militar prusiano, dijo que la defensa es más fuerte que el ataque porque esta solo tiene que «preservar y proteger», mientras que el ataque debe «imponer su voluntad sobre el enemigo». La «defensa» en este caso eran las defensas aéreas pakistaníes, el batallón de infantería pakistaní que rodeaba al objetivo y el complejo mismo en Abbottabad.

Clausewitz asegura que la única manera en que una fuerza de ataque puede superar la fuerza natural de la defensa es a través de la masa y la maniobra. Pero las misiones de operaciones especiales parecían desafiar la sabiduría convencional, y la clave para su éxito estaba en averiguar a qué se debía esto. Concluí que las fuerzas de operaciones especiales lograban una «superioridad relativa» sobre un enemigo desarrollando un «plan simple, cuidadosamente oculto, ensayado de forma repetida y ejecutado con sorpresa, velocidad y propósito». Y para comparar mi teoría con misiones reales, realicé ocho estudios de caso y desarrollé un modelo de superioridad relativa. El modelo mostraba cómo, en el curso de una misión de comando, la fuerza de operaciones especiales ganaba «superioridad relativa», por cuánto tiempo la mantenía y cuándo la perdía. Para el éxito de cualquier misión de operaciones especiales es crucial minimizar el tiempo desde que se es vulnerable hasta que se logra la superioridad relativa. A diferencia de la verdadera superioridad militar, la superioridad relativa solo dura un breve periodo. Sin importar cómo comparara cada opción en Abbottabad con el modelo de superioridad relativa, el resultado era el mismo. El mejor enfoque era el más simple y más directo: volar hacia el blanco a la mayor velocidad posible, atrapar a bin Laden y salir. Nada complicado. Nada exótico, solo lo que habíamos hecho en miles de misiones antes. Al final de esa semana ya sabía qué necesitábamos hacer, lo que no sabía era si podíamos hacerlo.

Un día antes de que le diera mi informe al presidente, el director de la CIA, Leon Panetta, me pidió que me reuniera con él y con su personal clave en Langley. Desde que tomó el mando de la CIA en 2009, Panetta y yo habíamos trabajado juntos en cierto número de operaciones. Era un jugador en equipo consumado, gregario, a veces hasta indecente, y tenía una risa contagiosa. No podías resistirte a que te abrazara. Y sin importar lo que estuvieras haciendo, él nunca pensaba en sí mismo, lo único que le importaba era hacer lo correcto para la nación. Pero también tenía una amplia y profunda experiencia que había sido muy útil para la Agencia y, al final, para el Departamento de Defensa. Había sido congresista por Monterrey durante ocho periodos, jefe de Gabinete de la Casa Blanca durante la administración de Clinton, y director de la Oficina de Gestión y Presupuesto. Conocía Washington.

En la oficina del director, con su personal de mayor rango presente, revisamos las opciones actuales para Abbottabad. El general Cartwright había argumentado a favor de la opción de un bombardeo aéreo contra el complejo. En el pasado había bombardeado un buen número de complejos, por lo cual sabía que, para que bin Laden muriera, se requería que la opción de atacar por aire lanzara una cantidad masiva de bombas. Sin embargo, si bien con esto se aseguraría el fin de bin Laden, también se causaría un daño colateral significativo y se dejaría un enorme agujero humeante a mitad de Abbottabad, lo que probablemente dañaría las relaciones Estados Unidos-Pakistán. A esto se sumaba que después del bombardeo no podríamos saber a ciencia cierta si bin Laden había muerto. Esta opción parecía exagerada, pero seguía siendo viable.

La segunda opción de la CIA era un secuestro rápido usando a unos cuantos oficiales de la División de Actividades Especiales, quienes entrarían en silencio a Pakistán, viajarían de Islamabad a Abbottabad y atraparían a bin Laden. Sin embargo, el problema con el plan era intentar sacar a bin Laden de Pakistán, ya fuera vivo o muerto. Había una versión de este plan de la SAD que involucraba a los pakistaníes. Nadie en la sala creyó que traerlos al círculo de confianza era buena idea, pero queríamos proporcionarle todas las opciones al presidente. La opción final era la incursión de operaciones especiales.

—Bueno —dijo Panetta a su personal—. Estoy a favor de la incursión de las Fuerzas de Operaciones Especiales (SOF), pero quiero saber qué piensan los demás.

Las respuestas a este cuestionamiento me dejaron sorprendido, parecía que quienes nos apoyaban con más vehemencia eran los oficiales de la CIA a quienes más les desagradaban las SOF. Panetta alentaba el desacuerdo profesional y algunos miembros de mayor rango en su personal no contenían su disgusto.

—De ninguna jodida manera podemos permitir que los pakistaníes se involucren. Esa opción ni siquiera debería estar sobre la mesa —respondió alguien.

—¿Qué pasa si bombardeamos el lugar y luego resulta que no era bin Laden? Es decir, estos tipos tienen bombas nucleares y ya están bastante encabronados por lo de Davis.

—Miren, la ISI[10] ya debe saber que bin Laden está ahí. Por amor de Dios, está a un kilómetro de distancia del West Point pakistaní.

—Aunque me agradan nuestros chicos de la SAD, esto supera el alcance de lo que pueden hacer.

Todos tenían una opinión.

Por último, Panetta se dirigió a mí.

—Bill, ¿tú qué opinas?

Miré a toda la sala. La mayoría de los oficiales de alto rango y yo habíamos trabajado de forma estrecha durante los últimos diez años. Irak, Afganistán, Yemen, Somalia, Kenia, Yibuti, Líbano, Israel; en algún punto nuestros caminos se habían cruzado. Eran patriotas excepcionales y muy, pero muy buenos en su profesión. Pero uno o dos de ellos se sentían amenazados por las SOF y siempre intentaban socavar nuestros esfuerzos. Y entre ese público había oficiales cuyas opiniones eran importantes.

—Señor, en este momento no tengo suficiente información para asegurarle que la incursión de operaciones especiales va a funcionar. Todavía hay que afinar muchos detalles del plan y realizar muchos ensayos antes de estar listos para darle a usted o al presidente una buena respuesta.

—¿Qué hay de la opción de la SAD? —me preguntó uno de los miembros del personal de Panetta.

Dudé por un momento. El joven oficial de la SAD que estaba planeando la misión de la CIA de verdad me agradaba, pero su equipo no tenía tanta experiencia de combate como mis operativos de SOF; y para que su operación tuviera éxito, necesitaría apoyo por helicóptero.

---

10. Siglas de la Inter-Services Intelligence; Dirección de Inteligencia Interservicio, el mayor servicio de inteligencia en Pakistán. [*N. del T.*]

—Señor, creo que la opción de la SAD es viable, pero necesitan incluir en sus planes un helicóptero para extraer a su equipo y a bin Laden.

—Entonces ¿por qué no simplemente realizan la misión sus muchachos? —dijo Morell, preguntando lo obvio.

Miré a Panetta.

—Señor, podemos respaldar que sean los chicos de la SAD quienes hagan la incursión, o bien, a los de las SOF, pero tendremos que elegir a unos u otros.

—Miren —intervino Panetta—. Creo que la única opción real que tenemos es la redada de operaciones especiales. Pero sigamos analizando los otros cursos de acción para ver cómo se desarrolla esto.

Dos de los oficiales de alto rango presentes eran antiguos jefes de estación de la CIA en Medio Oriente y, por su lenguaje corporal, me di cuenta de que, aunque respetaban a los chicos de la SAD, creían que ese plan no era viable. Panetta terminó la discusión y pidió volver a revisarlo después de afinar los detalles.

Durante la siguiente hora, Panetta instruyó a su personal para que encontrara alguna forma de verificar que «el Caminante» era bin Laden. ¿Habría alguna forma de obtener fotografías aéreas? ¿Podría un operativo de la CIA plantar una cámara en el muro exterior para mirar al interior del complejo? Sin pruebas de que «el Caminante» era bin Laden, era poco probable que el presidente autorizara cualquier acción directa contra el complejo en Abbottabad.

Cuando la reunión terminó, Panetta se me acercó para hablar conmigo en privado y reiterarme su respaldo para la incursión de las SOF. Me complacía su postura firme sobre la redada, pero yo aún no estaba listo para dirigir un ataque y no quería ofrecer al presidente de Estados Unidos una opción que no podía garantizar.

Sellers me dejó a las afueras de la Casa Blanca. Vestía mi uniforme azul de servicio de la Marina: un traje cruzado con franjas doradas en las mangas. Dudé si debía o no ir a la Casa Blanca vestido de traje para no ser reconocido, pero como estaban las cosas en Libia, ocultarme a plena vista parecía una mejor idea.

Cuando me dirigía a la entrada sur en la parte posterior del antiguo edificio del Poder Ejecutivo, escuché que alguien me llamaba. Ahí, esperando poder entrar por la puerta sur, estaba Karen Tumulty, una amiga de la infancia a quien no había visto en cuarenta años, aunque sabía que era reportera del *Washington Post*.

—¡Bill! —dijo y me abrazó—. ¿Qué haces aquí?

Justo lo que necesitaba, una reportera del *Washington Post* preguntándome qué estaba haciendo ahí. ¿No había repasado esa pregunta en mi mente? No, al parecer no.

—Pues, ya sabes, están ocurriendo muchas cosas en el mundo —sonreí.

—Libia, ¿no?

—Bueno… —Antes de tartamudear más, cambié el tema y le pregunté sobre su familia y su carrera. Hablamos durante varios minutos, intentando ponernos al día sobre los últimos cuarenta años. Karen era una reportera política extremadamente respetada, y aunque la seguridad nacional no era lo suyo, los reporteros son curiosos por naturaleza. Cuanto más rápido rompiera contacto, mejor.

—Karen, fue genial volver a verte. Paso mucho tiempo en D. C. Quizá después podamos tomar un café.

—Sería fantástico —respondió—. Nada de negocios. Prometo no preguntar nada sobre tu trabajo.

—Es un trato.

La abracé una última vez, el agente del Servicio Secreto me entregó mi placa y entré a las instalaciones de la Casa Blanca. Respiré hondo. La próxima vez me prepararía mejor para lo inesperado.

La Sitroom estaba vacía cuando llegué. El director de la Sitroom era un capitán de la Marina. De manera sutil me hizo saber que no estaba al tanto de lo que ocurriría esa tarde. No había registros de la reunión en el calendario del presidente y el cronograma de la Sitroom solo indicaba que estaría bloqueada.

Momentos después apareció Nick Rasmussen, mi viejo amigo. Nick era uno de los pocos miembros del Consejo de Seguridad Nacional que estaba informado sobre los planes, durante los siguientes meses me proporcionaría información invaluable sobre lo que pensaba el presidente y su equipo de seguridad nacional.

En poco tiempo la sala comenzó a llenarse. El secretario Gates, el director Mullen y Hoss Cartwright llegaron juntos; seguidos por el vicepresidente Biden, la secretaria Clinton, Leon Panetta, Jim Clapper, el director de Inteligencia Nacional; Tom Donilon, el asesor de Seguridad Nacional; Denis McDonough, John Brennan y un pequeño grupo de informe de la Agencia. Como yo era la persona de menor rango presente, me senté al final de la mesa.

Unos minutos después de que todos se sentaron, llegó el presidente sin mucha ceremonia. Lucía cansado, recordé que acababa de llegar de un viaje a Nueva York y la noche anterior había tenido un gran evento.

Se sentó en la silla en la cabecera de la mesa, con su larga complexión casi reclinada. El equipo de la CIA dio su informe de inteligencia y Panetta dio su valoración general, luego el presidente pidió a los directivos que dieran sus opiniones. Todos estaban de acuerdo en que la inteligencia era convincente, pero carecía de cierto nivel de certeza y nadie estaba listo todavía para actuar. Panetta entonces revisó las cuatro opciones.

Tanto el presidente como otros de los presentes desecharon de inmediato la idea de incluir a los pakistaníes en la misión. Si bin Laden se encontraba a solo un kilómetro de la academia militar pakistaní, era seguro que lo sabían. Confiar en ellos podría darle a bin Laden la oportunidad de huir, y entonces harían falta otros diez años para volver a encontrarlo. Era demasiado arriesgado.

Eso significaba que solo quedaban las otras tres opciones: la del bombardeo, el secuestro rápido de la SAD y la incursión de operaciones especiales. Hoss Cartwright le explicó al presidente la opción de bombardeo, pero era evidente que su curso de acción incomodaba a todos. Para eliminar el complejo por completo y asegurar que bin Laden no sobreviviera, se requerirían veintiocho bombas de novecientos kilogramos. Si bien el tamaño de las cargas explosivas era preocupante, lo que de verdad molestaba al presidente era la pérdida de vidas inocentes. Los reportes de la CIA indicaban que había tres o cuatro mujeres y hasta quince niños en la casa de tres pisos. Todos morirían junto con bin Laden. «¿Y si luego resulta que no era él?», preguntó el presidente. «¿Y si resulta que solo era un jeque árabe con algunas esposas?».

Panetta discutió brevemente la opción de la SAD y después me cedió la palabra para que describiera la incursión de operaciones especiales.

—Buenas tardes, señor presidente —comencé—. Señor, como se ha informado, el Complejo Abbottabad Número Uno está a 260 kilómetros de la frontera con Afganistán. Tengo confianza en que, una vez que coloque a una fuerza de asalto en tierra, podemos asegurar la instalación y capturar o matar al objetivo de alto valor. La parte difícil es llegar al complejo. —Hice una breve pausa—. He analizado algunas opciones, una incluye un descenso en paracaídas en una zona de aterrizaje de compensación y luego caminar para llegar al blanco, otra consiste en intentar conducir a través de la frontera en un vehículo preparado que pueda ocultar a los operativos y, por último, otra que consiste simplemente en volar directo al objetivo como hacemos todas las noches en Afganistán.

Panetta intervino.

—Señor presidente, Bill está analizando la posibilidad de usar algunos de los helicópteros especiales que tenemos y con los que se podrían atravesar las defensas aéreas de Pakistán.

En la pantalla de la Sitroom coloqué una imagen de nuestros helicópteros Black Hawk configurados de forma especial.

—Señor, es posible que estos helicópteros puedan evitar ser detectados por radar y lograr llegar al complejo. —Recorrí la sala con la mirada y todos los directivos tenían la vista fija en los helicópteros de apariencia inusual que se veían en la pantalla—. Pero hay varias cosas de ellos que desconozco.

—¿Cómo qué? —preguntó el presidente.

—Señor, no sé si los helicópteros pueden transportar a los hombres suficientes.

—¿Cuántos necesita?

—Por lo menos unos veinte hombres con equipo.

El presidente, aún atento a las fotografías, asintió y me indicó que continuara.

—Para determinar la capacidad de levantamiento de un helicóptero hay que considerar varios factores —continué—: el combustible, la temperatura, la altitud y el tiempo de llegada al blanco. Por ejemplo, señor, si la temperatura prevista cambiara aunque sea un grado, podría ocasionar que también se tuvieran que cambiar todos los requerimientos de carga y combustible para realizar la misión. Si el tiempo que el helicóptero tiene que pasar en tierra sobrepasa al anticipado, entonces tendría que repostar y ese sería otro elemento de riesgo.

Percibí que algo del entusiasmo por la incursión se desvanecía.

—Además, estos helicópteros no han sido probados. Si bien los Black Hawk MH-60 son un diseño probado, estas aves han sido tan reconfiguradas que no sé qué tan bien se desempeñarán.

Todos guardaron silencio. Yo quería ser muy honesto sobre las limitaciones de los helicópteros, pero no quería socavar por completo la opción de la incursión.

—No obstante, señor, nuestros helicópteros Black Hawk regulares podrían usar las montañas para deslizarse por las defensas aéreas y, si ese fuera el caso, sería mucho más factible llegar al blanco. —Hice una pausa para que lo asimilaran—. Sin embargo, aún no tengo la información para asegurar la viabilidad de estas inserciones por helicóptero.

—¿Qué necesitas, Bill?

—Señor, necesito traer a algunos expertos que me ayuden con la fase de planeación en aire y tierra.

—¿De cuántas personas más estamos hablando?

—Señor, necesitaré que otros cinco hombres sean informados sobre la misión.

El presidente miró a su alrededor para ver si alguien objetaba.

—Muy bien, almirante. Haga la planeación que falta y vuelva a contactarme.

Tom Donilon, el asesor de Seguridad Nacional del presidente, dijo:

—Señor presidente, tenemos otra reunión programada para el 29 de marzo.

—Muy bien, nos volveremos a reunir el veintinueve. ¿Todos saben qué información necesito? —preguntó el presidente, mirando alrededor de la mesa.

—Sí, señor —fue la respuesta colectiva.

El presidente agradeció a todos y salió de la sala. La mayoría de los directivos permanecieron para asegurarse de que todos entendían las tareas que el presidente les había asignado.

Antes de salir de la Sitroom, Panetta se me acercó y, en privado, me dijo: Bill, sabes lo que hay que hacer, ¿verdad?

—Sí, señor.

Sonrió, me dio una palmada en la espalda y dijo:

—Muy bien, hagámoslo.

Que Leon Panetta estuviera de tu lado siempre era reconfortante.

Esa noche, en mi cuarto de hotel, volví a analizar el plan para decidir a quién necesitaría. La parte aérea era fácil, llamaría al coronel John «J. T.» Thompson, comandante de nuestra unidad de élite de aviación de operaciones especiales, y le pediría a su oficial técnico más experimentado para que liderara la parte táctica de la planeación aérea. También necesitaría hablar con el mejor piloto de la unidad especial de Black Hawk para pedirle la información técnica necesaria para determinar si su aeronave se podía desempeñar como lo anunciaba. Por último, tendría que tomar una decisión sobre el elemento de asalto en tierra. ¿Elegiría a los SEAL de la Marina o a operaciones especiales del ejército? Solo había dos hombres en quienes confiaba lo suficiente para liderar la operación en tierra. Ambos oficiales tenían gran experiencia en combate, ambos eran tácticos sobresalientes y, lo más importante, ambos eran consumados jugadores en equipo. Con toda la tensión que sin duda se desarrollaría como resultado de esta misión de alto perfil, necesitaría a alguien que pudiera formar y preparar con calma al equipo operativo conjunto y que soportara la presión cuando los riesgos se elevaran.

Luego de revisar el cronograma de despliegue en Afganistán, supe que el oficial del ejército y su escuadrón acababan de ser desplegados. En estas circunstancias no habría manera de sacar al oficial y su liderazgo de ese país para traerlo a Estados Unidos sin despertar sospechas de que se estaba planeando una gran operación. Por otro lado, el oficial SEAL y su escuadrón acababan de volver de allá y les habían dado un descanso de tres semanas. ¡Tres semanas! Era perfecto para que actuaran sin que nadie se diera cuenta. Nadie en su comando preguntaría sobre su paradero. Nadie los extrañaría en el trabajo.

Contacté a Rex y le pedí que llamara al oficial SEAL y a su jefe maestro, y que los llevara a D. C. al día siguiente. Después llamé a J. T. Thompson y le solicité más planeadores aéreos. Thompson supo de inmediato que algo estaba sucediendo cuando le pedí que un oficial técnico de la unidad de helicópteros especiales se reuniera conmigo en D. C. Tratando de no mostrarse demasiado entrometido, y también de no quedarse fuera de algo importante, me preguntó si además necesitaba de su asistencia personal. No pude evitar reírme, yo habría hecho lo mismo. Le dije que en ese momento no, pero que debía quedarse en donde estaba porque después sí podría necesitarla. Thompson era un magnífico piloto de helicóptero y un oficial impresionante. Sabía que tarde o temprano lo incluiría en el rebaño.

Al día siguiente, Rex reunió a los cuatro miembros nuevos y los escoltó hasta los cuarteles de la CIA. En la sala trasera habíamos reunido al equipo analítico de la CIA y a los líderes del elemento SAD. Ninguno de los chicos nuevos tenía ninguna información sobre por qué estaba ahí ni sobre con quién se reunirían.

Los hombres entraron a la sala y yo los recibí en la puerta. Conocía bien a los dos SEAL, pero no conocía de nada a los dos oficiales técnicos de la unidad. No tenían idea de por qué estaban en la CIA, pero sabían que mi presencia, y el hecho de que estábamos ocultos en un pequeño edificio anodino, eran una señal de que algo estaba ocurriendo. Los cuatro eran operativos con una excepcional experiencia en combate.

Sobre la mesa, al centro de la sala, había un modelo a escala del Complejo Abbottabad Uno (AC-1). Luego de las presentaciones rápidas con el equipo de la CIA, nos sentamos para recibir un amplio informe sobre «el Caminante» y toda la inteligencia adicional alrededor del AC-1. De nuevo, la profundidad de la inteligencia y la calidad de los informes fueron excepcionales.

Una vez presentados los informes de inteligencia, repasamos ante el presidente las cuatro opciones que quedaban.

—Caballeros, el presidente espera en menos de dos semanas un concepto detallado para la opción de incursión —comencé—. Su trabajo es decirme si podemos hacerlo o no. —Asintieron, pero no dijeron nada—. He analizado muchas otras opciones para llegar al blanco, pero francamente no creo que ninguna de ellas sea factible. Les daré un día o dos para repasar mi análisis, pero después tendremos que decidirnos por un curso de acción y comenzar a planearlo.

—Señor, ¿ya analizó un salto en una ubicación de compensación?

—Lo hice.

—¿Y cruzar la frontera en coche?

—Lo hice.

—¿Qué tal solo volar hacia Islamabad e ir directamente hacia el objetivo?

—Sí, ya analicé eso también. Pero revisen mi trabajo y díganme si pasé algo por alto.

Como era de esperar, el comandante SEAL reunió al pequeño grupo de inmediato y les dijo:

—Muy bien, ya saben lo que el jefe necesita. A trabajar.

No fue necesario insistir para que los analistas de la CIA se reunieran con los operativos y les ofrecieran su ayuda. Durante las siguientes dos semanas se revisó y se volvió a revisar cada trozo concebible de información. Expertos sobre defensa aérea pakistaní y sistemas de radares fueron llevados a nuestra instalación de planeación. Analistas de imágenes respondieron cada pregunta sobre el complejo: la altura y el grosor de los muros, la iluminación exterior, las instalaciones en las que podría habitar «el Caminante», el número de mujeres y niños que podría haber, cuáles eran los vecindarios colindantes, la ubicación de las unidades de policía y del ejército de Pakistán. Análisis adicionales proporcionaron valoraciones detalladas de cómo podrían reaccionar los pakistaníes una vez que nos detectaran. Sabíamos por anteriores incursiones a través de la frontera que enfrentarían a nuestros helicópteros y fuerzas en tierra a la primera oportunidad. Durante el curso de las siguientes dos semanas, los planeadores de la misión proporcionaron a los analistas de la CIA una extensa lista de Solicitudes para Inteligencia (RFI). Solo una RFI parecía no tener respuesta: ¿Se trataba o no de bin Laden?

A los planeadores no les tomó mucho tiempo confirmar mis sospechas de que la única opción de incursión real era un vuelo directo en helicóptero al AC-1. La parte difícil sería intentar determinar si podríamos llegar al AC-1 sin ser detectados, en los helicópteros adecuados y con el número correcto de SEAL. El único modo de probar este concepto era practicar el plan haciendo un simulacro de ataque pakistaní. Eso significaba tener que traer a muchas más personas, para lo cual se requería conseguir la aprobación del presidente.

El 29 de marzo nos volvimos a reunir con él y con los otros miembros de su equipo de seguridad nacional que ya estaban al tanto de la operación. La CIA dio un informe sobre la inteligencia actualizada, pero aún no habían logrado determinar la identidad del «Caminante». Volvimos a debatir los méritos de todos los cursos de acción.

Sin embargo, esta vez la Fuerza Aérea le había proporcionado una nueva opción cinética al general Cartwright. En vez de una pasada de bombardeo masiva, había presentado la posibilidad de arrojar un arma más quirúrgica que pudiera matar al «Caminante» con un mínimo de daño colateral. No obstante, este curso de acción requería que una plataforma de ataque estuviera en vuelo en el momento preciso en que «el Caminante» estuviera en el patio del AC-1. Sin embargo, fotografías aéreas adicionales habían mostrado que siempre se rodeaba de varios niños cuando hacía sus caminatas diarias.

La nueva opción era atractiva. De funcionar, no se requerirían botas en tierra. Con seguridad la reacción pakistaní sería severa, pero breve, y se eliminaba la probabilidad de matar a gente de las casas colindantes. Pero no nos sentíamos tan convencidos con este plan, pues igual que con cualquier otra opción cinética, no podríamos estar seguros de la muerte de bin Laden, además, en este escenario había la posibilidad de que murieran niños.

Por último, el presidente miró a Panetta y dijo:

—Bien, hablemos de la opción de incursión.

Panetta asintió y dirigió su mirada hacia mí.

Frente al presidente, sobre la mesa, había un modelo a escala del Complejo Abbottabad Uno. Además, preparé unas diapositivas de PowerPoint para mostrarlas a cada miembro de la sala.

Comencé el informe.

—Señor, el plan es bastante simple. Cuando se indique, trasladaré a una fuerza de asalto de Estados Unidos a Afganistán. La fuerza constará de veinticuatro operativos SEAL, un oficial de la CIA, dos helicópteros Black Hawk especiales modificados y un perro de servicio militar. Ya tenemos posicionados otros dos helicópteros de carga media MH-47 en Afganistán, los cuales proporcionarán una Fuerza de Reacción Rápida y combustible adicional por si se necesita.

La primera diapositiva mostraba la geometría del campo de batalla, un mapa en el que se veía la distancia entre la frontera con Afganistán y Abbottabad. La segunda diapositiva era una representación gráfica de la cobertura del radar de defensa aérea pakistaní. La probabilidad de que nos detectaran estaba señalada con arcos rojos, en tanto que lo contrario estaba señalado con verdes, y no había muchos arcos de este último color.

—Cuando se dé la orden, enviaremos la fuerza de asalto y volaremos los 260 kilómetros hasta el Complejo Abbottabad.

Los ojos del presidente siguieron la ruta propuesta para los helicópteros en las diapositivas.

—¿Pueden pasar las defensas aéreas? —preguntó.

—Señor, aún no lo sé. Todavía estamos estudiando el problema. Pero si usamos las montañas como escudo, existe la posibilidad de que podamos acercarnos bastante al complejo antes de que nos detecten.

Ahora, erguido sobre su silla, el presidente estaba enfocado y podía ver que las preguntas se acumulaban mientras continuaba mi informe.

—¿Qué tan cerca? —preguntó.

—Señor, una vez que salgamos de detrás de las montañas, tenemos dos minutos para llegar al complejo. En ese punto el sonido de los helicópteros nos delatará y es muy probable que nos oiga alguien en el complejo.

—Continúe.

—Sí, señor. —Pasé a la siguiente diapositiva, la cual era una fotografía cenital del Complejo Abbottabad con flechas que mostraban las rutas de inserción que íbamos a proponer—. Señor, el primer helicóptero hará descender a doce hombres por cuerda rápida en el centro del complejo, despejarán de huéspedes la vivienda pequeña y después se infiltrarán a la planta baja y despejarán los pisos de forma ascendente. El segundo helicóptero hará descender a un segundo elemento pequeño a las afueras del complejo con el fin de asegurar que las rutas de escape estén cubiertas, después llevará a los hombres restantes al techo de la vivienda grande para que la despejen de arriba hacia abajo.

—¿Qué hay de las mujeres y niños? —preguntó la secretaria Clinton.

—Señora, esperamos que haya hasta una docena de niños en el complejo y, probablemente, cinco mujeres. Este es un reto con el que lidiamos todos los días en Afganistán. Nuestros hombres saben cómo lidiar con grupos grandes de no combatientes.

—Pero, ¿qué pasa si uno de ellos representa una amenaza? —preguntó alguien más.

—Si tienen un chaleco suicida, o si están armados y amenazan a la fuerza de asalto… serán eliminados.

La repentina revelación de que otros además de bin Laden podían morir, no por una bomba sino por el arma de un soldado estadounidense que les dispararía a quemarropa, pareció poner en el centro de atención la realidad de la misión.

Quería asegurarme de que no hubiera malas interpretaciones sobre cómo ocurriría la redada.

—Señor, si hay personas en el complejo que representen una amenaza para los operativos, serán eliminadas. Estará oscuro. Será confuso. Es probable que mueran algunos pakistaníes como resultado de la redada aunque después resulte que bin Laden no estaba en el complejo.

El presidente asintió.

—Lo entiendo.

—¿Cuánto tiempo cree que dure la misión? —preguntó Brennan.

—El vuelo desde la frontera afgana hasta Abbottabad durará aproximadamente noventa minutos. Cazar al blanco tomará treinta minutos, no más, y el vuelo de regreso otros noventa minutos.

—¿Cuánto tiempo cree que tardarán en reaccionar los pakistaníes? —inquirió el secretario Gates.

—Señor, no estoy del todo seguro, pero tendremos inteligencia sobre sus movimientos y podremos transmitir esa información a la fuerza de asalto.

Presenté las últimas dos diapositivas, las cuales mostraban la ruta que tomarían los helicópteros para salir de Pakistán, así como información adicional sobre nuestro cronograma de ensayo planeado.

—¿Puedes realizar la misión, Bill? —preguntó el presidente.

—Señor, todavía no lo sé. Esto es solo un concepto. Antes de poder decirlo con toda seguridad necesito identificar a la fuerza de asalto, hacer más planes y realizar varios ensayos. Solo entonces sabré si el concepto es o no válido.

—¿Cuánto tiempo necesita?

—Señor, necesito tres semanas.

Sin dudarlo, el presidente dijo:

—Muy bien, almirante. Creo que tiene trabajo que hacer. Reúna a su equipo y vuelva en tres semanas.

—Sí, señor.

La reunión terminó sin mucha discusión. Más tarde hablé con Panetta, Mullen y Brennan. La Agencia había construido una réplica del Complejo Abbottabad cerca de mi casa en Fort Bragg, Carolina del Norte. Tendríamos que inventar una historia para reunir a los operativos. Les daríamos un informe, realizaríamos los primeros ensayos, después haríamos uno con el equipo completo y en tres semanas estaríamos preparados para informar al presidente sobre la factibilidad de la incursión. Serían unas semanas ajetreadas.

En menos de veinticuatro horas había ordenado a las unidades de operaciones especiales que se reunieran en Carolina del Norte. Por el lado SEAL todos eran oficiales del mismo escuadrón. Todos habían sido seleccionados por el comandante SEAL. Todos tenían una amplia experiencia en combate, igual que las tripulaciones de aviación que fueron seleccionadas. Pero ni unos ni otros sabían por qué se les pidió ir a Carolina del Norte de un día para otro.

Al día siguiente, cuando llevamos a los miembros del equipo de redada a la sala de conferencias en nuestra ubicación en Carolina del Norte, vi en ellos expresiones de molestia. Para entonces ya había informado a mi jefe, el almirante Eric Olson, sobre la misión contra bin Laden. Olson, junto con Mike Vickers, el vicesecretario de Defensa para Inteligencia, y muchos otros oficiales de alto rango de la CIA también estaban presentes en la sala de conferencias. El lenguaje corporal de los operativos era inconfundible. Era evidente que pensaban que habían sido sacados a rastras de Virginia Beach y Fort Campbell, sin previo aviso, para participar en algún tipo de ejercicio solo para impresionar a los jefes.

Dije algunas palabras de bienvenida y después dejé el informe en manos de un oficial de la CIA, quien comenzó repartiéndoles algunos acuerdos de confidencialidad. Me entretuve un poco viendo cómo su lenguaje corporal comenzaba a cambiar. Nunca se les pedía que firmaran estos acuerdos de confidencialidad para los ejercicios, ni siquiera para los más delicados.

Tomó algunos minutos que leyeran, firmaran y entregaran su acuerdo. A continuación otro oficial de la CIA subió a la pequeña tarima y comenzó a informarles sobre el blanco. Los operativos se movieron en sus sillas y se irguieron para enfocarse en las diapositivas en pantalla.

—Caballeros, durante los últimos meses la CIA le ha estado siguiendo el rastro a un individuo al que llamamos «el Caminante».

En la diapositiva había un enlace. El oficial de la CIA hizo clic sobre el enlace y se reprodujo un video en la pantalla. Todos miraron mientras «el Caminante» se movía por el complejo AC-1.

—Tenemos razones para creer que «el Caminante» es Osama bin Laden.

Al pronunciar el nombre Osama bin Laden, se hizo un silencio en la sala. Vi a varios SEAL mirándose unos a otros como si se preguntaran: «¿Es en serio? ¿No se estarán burlando de nosotros?».

El informe siguió durante otros treinta minutos. Cuando el analista de la CIA terminó, me puse de pie e hice lo que debía hacer para asegurarme de que todos tuvieran claro el porqué de nuestra presencia ahí.

—Caballeros, el presidente nos ha pedido desarrollar una opción de incursión para capturar o matar a bin Laden. Durante las últimas semanas un pequeño equipo ha estado planeando la misión, pero ahora tenemos que averiguar si el plan es ejecutable. Tenemos menos de tres semanas para probar y ensayar el plan. Pasado ese tiempo debo reportar al presidente si la misión es viable o no.

Ninguno de los operativos mostró ninguna emoción. No hubo sonrisas ni nada que demostrara que reconocían la magnitud de la operación. Ahora todo era trabajo serio.

—La Agencia ha construido una réplica del complejo a un kilómetro de aquí. Tienen dos días para desarrollar los movimientos en el blanco. Después nos trasladaremos a otra ubicación al oeste para llevar a cabo los ensayos con todo el equipo.

Les ofrecí a los otros oficiales la oportunidad de decir algunas palabras, pero se dieron cuenta de que esto se trataba de los operativos, no era momento de rumiar filosóficamente sobre la importancia de la misión.

—Irán con sus superiores y podrán trabajar en los detalles. —Hice una pausa—. ¿Alguna pregunta? —No hubo ninguna—. Muy bien. A trabajar.

El comandante SEAL y su jefe maestro reunieron de inmediato a los demás SEAL y a los pilotos de helicóptero, y comenzaron a determinar las actividades de las próximas veinticuatro horas. En menos de una hora los ensayos en la réplica habían comenzado.

Eric Olson, Mike Vickers y yo condujimos hasta el sitio de la réplica y observamos a los SEAL realizar más o menos una docena de movimientos en tierra mientras los pilotos de helicóptero realizaban múltiples acercamientos al complejo. La Agencia había hecho un trabajo magistral al construir la réplica. Había una alambrada con la altura y dimensiones exactas de los muros que rodeaban al AC-1 real. A mitad de la alambrada había una formación de contenedores de embarque apilados uno sobre el otro para simular la vivienda y la pequeña casa que estaba habitada. Se había tomado en cuenta cada característica clave del AC-1. Sin embargo, debido a que la Agencia había tenido poco tiempo para construir el sitio, no había replicado con exactitud los gruesos muros de concreto que rodeaban al complejo en

Abbottabad. Más tarde esta falla nos pasaría factura. Además, no sabíamos cómo lucía la vivienda por dentro. Los ingenieros y analistas de la Agencia hicieron algunos cálculos con base en los metros cuadrados y las normas de construcción en la región, pero todos sabíamos que, hasta que los operativos entraran a la casa, no había modo de saber cómo estaban distribuidos los cuartos.

Completamos los ensayos en Carolina del Norte en cuarenta y ocho horas y, subsecuentemente, trasladamos a la fuerza al oeste para comenzar el conjunto final de ensayos con el equipo. Estos ensayos finales me dirían si podría pararme frente al presidente de Estados Unidos para decirle con confianza que podíamos realizar esta misión. En ese momento la certeza aún estaba muy lejos.

La base de la Fuerza Aérea estaba ubicada en un área remota. Si bien los oficiales de esta no estaban al tanto de la misión, debido a la prioridad que habíamos recibido, sabían que algo importante estaba ocurriendo. Aun así fueron increíblemente profesionales y discretos.

Nuestra fuerza de tareas había crecido considerablemente desde mi última reunión con el presidente. Además de las unidades de operaciones especiales y mi pequeño personal, incluí a algunos planeadores operativos y a oficiales de alto rango de Fort Bragg, así como a Chris Faris, mi sargento mayor del comando, y al capitán Pete Van Hooser, de Virginia Beach. Todos serían necesarios para preparar la misión, realizar el despliegue y, de recibir la indicación, llevarla a cabo.

Establecimos nuestro puesto de mando para ensayos en una pequeña construcción de una planta, lejos de la base principal. Si bien los operativos continuaron practicando su esquema táctico de maniobras, mi personal ensayó el aspecto de mando y control de la misión. El personal preparó listas de revisión detalladas para la ejecución, revisaron cada escenario posible y analizaron cada plan de respaldo. Ordené al personal construir una matriz de decisiones, de modo que si algo salía mal en el calor del momento durante la misión, no tuviera que pensar en todas las alternativas. Trabajaríamos de antemano en todos los problemas posibles y nos prepararíamos con opciones. La mayoría de mis decisiones eran binarias:

Si éramos detectados al cruzar la frontera ¿continuaríamos?, ¿sí o no?

Si éramos detectados a ciento sesenta kilómetros de distancia, ¿sí o no?

A ochenta kilómetros de distancia, ¿sí o no?

¿Y si surgían problemas mecánicos con el helicóptero a ciento sesenta kilómetros de distancia?

¿A ochenta kilómetros de distancia?

Una vez en el blanco, ¿continuaríamos con la misión si en quince minutos no encontrábamos a bin Laden?

¿En treinta minutos?

¿Continuaríamos si los pakistaníes convergían en el blanco en quince minutos?

¿En treinta minutos?

La lista de problemas que se podrían presentar era extensa, pero las decisiones eran fáciles. Difíciles de tomar, pero fáciles de discernir. Si quedábamos comprometidos al cruzar la frontera, daríamos vuelta y lo intentaríamos otro día. Si un helicóptero aterrizaba por problemas mecánicos a cien kilómetros del blanco, pero no era detectado, continuaríamos con la fuerza que tuviéramos. Si un helicóptero se estrellaba, pero aún teníamos una fuerza suficiente para avanzar al blanco, continuaríamos con la misión, pero alertaríamos a la Fuerza de Reacción Rápida y a la evacuación médica. Todo era binario. En misiones como estas no quieres que las emociones dicten tus decisiones. Si quedábamos comprometidos al cruzar la frontera y los pakistaníes amenazaban con derribar nuestros helicópteros, era fácil convencerse a uno mismo de que la misión era tan importante que debías continuar, y decisiones como esa rara vez terminan bien. Teníamos un plan de respaldo para cada contingencia y un respaldo para el respaldo.

Además de ensayar los movimientos en tierra de los SEAL y el comando y control, los helicópteros realizaron vuelos contra una amenaza pakistaní simulada, intentando determinar si se podrían aproximar al blanco sin ser detectados. Los resultados parecían prometedores, mas no eran concluyentes. Cuando hablé con los pilotos, quienes tenían gran experiencia en la región, dijeron que confiaban en que podrían ocultarse de los radares pakistaníes en las montañas. Si bien confiaba en ellos, eso me seguía preocupando.

Al final de la semana habíamos ensayado cada aspecto individual de la misión en múltiples ocasiones, pero todavía no integrábamos todo. Y si mi investigación para la Escuela de Posgrado Naval era correcta, un ensayo con equipo completo era absolutamente necesario para encontrar cualquier defecto en el plan. Cada una de las misiones históricas que analicé para mi tesis había demostrado que la parte de la misión que no se ensayaba invariablemente fallaba. Por desgracia se nos estaba terminando el tiempo y tendríamos que realizar nuestro primer ensayo con equipo completo frente a líderes militares y civiles, quienes influirían en la decisión del presidente.

—No estoy seguro de que los Black Hawk puedan llegar al blanco y volver sin repostar.

—¿Qué?

J. T. Thompson me miró a los ojos y repitió:

—Señor, hicimos los cálculos una docena de veces y, con el peso de los operativos y las temperaturas que esperamos tener la noche de la misión, no creo que podamos ir y regresar sin detenernos en Pakistán para repostar.

Respiré profundamente. Durante todo este tiempo habíamos planeado que los dos Black Hawk volaran hasta el blanco y holgazanearan durante unos cuarenta minutos antes de volver. Cada cálculo que habíamos hecho indicaba que podíamos hacerlo sin repostar. Ahora, justo antes de presentar nuestro informe al director del Alto Mando, teníamos que hacer un cambio drástico al plan. Recargar el combustible de los Black Hawk significaba llevar otro MH-47 Chinook con una Cápsula de Repostaje Aéreo (FARP), es decir, una enorme vejiga de combustible. Eso significaba que tendríamos otro helicóptero en el espacio aéreo de Pakistán y también que debíamos encontrar un área aislada donde los Black Hawk y los Chinook pudieran aterrizar sin ser detectados para pasar veinte minutos en tierra reabasteciéndose.

—Lo siento, señor —dijo Thompson—. Aún es posible que podamos ir y volver, pero si ocurre cualquier variación en la temperatura o el viento, terminaríamos aterrizando para repostar en un área de Pakistán ocupada por los talibanes. Preferiría que lo planeáramos ahora.

Sabía que Thompson tenía razón. Había presionado demasiado a los planeadores de la misión para que me encontraran una opción que solo requiriera dos helicópteros para llevar a los SEAL hasta el blanco y sacarlos de ahí. Cuanto más compleja fuera la misión, más probabilidades habría de que fracasara; y también de que el presidente no la aprobara.

—Muy bien, J. T., asumo que tus muchachos han identificado una ubicación segura para repostar.

—Así es, señor.

—Bueno, asegurémonos de que el repostaje sea parte del ensayo de esta noche.

—Sí, señor. Ya lo hemos tomado en cuenta.

Le di una palmada a Thompson en la espalda y le dije:

—Estaremos bien, J. T., vuelve con los chicos y asegurémonos de que tenemos todo lo necesario para realizar el repostaje.

Thompson asintió y se fue. En mi mente no había dudas de que él y sus hombres harían que todo funcionara. Simplemente eran los mejores de todo el mundo.

El almirante Mullen se inclinó al frente sobre la banca de aluminio para ver mejor el mapa en el suelo.

—Señor, el segundo helicóptero, con Chalk Dos a bordo, se trasladará a una posición justo en el exterior de los muros del complejo, hará descender por cuerda rápida a tres operativos SEAL, a nuestro colega de la CIA y al perro de servicio del ejército. Este elemento asegurará el exterior del complejo y, de ser requerido, mantendrá a los locales alejados de la acción.

—¿Qué tan rápido creemos que pueden reaccionar los pakistaníes una vez que sepan que estamos en tierra? —preguntó Mullen.

El suboficial primero SEAL que informaba al director respondió sin dudar:

—Señor, hay una estación de policía a kilómetro y medio del blanco y todo un batallón de infantería a aproximadamente seis kilómetros del blanco. Calculamos que la policía será la primera en llegar, pero que pasarán al menos treinta minutos antes de que llegue un elemento armado del batallón. Nuestra preocupación más grande son los locales que viven en las casas al otro lado de la pequeña zanja.

El suboficial apuntó a la zanja en la réplica del mapa.

—Con todo el ruido de los helicópteros es muy probable que se acerquen para ver qué sucede.

El suboficial señaló al oficial de la CIA sentado con la fuerza de asalto SEAL.

—Señor, Mohammed es un pakistaní-estadounidense y habla tanto urdu como darí con fluidez. Si se forma una muchedumbre, él les dirá que es un ejercicio pakistaní y que vuelvan a sus casas.

El comandante SEAL intervino:

—Señor, no es una muy buena historia, pero nos daría algunos minutos y es todo lo que necesitaremos.

Durante las siguientes dos horas cada unidad de operaciones especiales le presentó a Mullen y a los otros VIP el informe de su parte de la misión. Después, Mullen habló personalmente con cada hombre y les preguntó sin rodeos:

—¿Confían en poder realizar esta misión?

Sin ninguna reserva, la respuesta fue un sí.

Después del informe, Mullen se acercó a mí en privado y me dijo:

—Veo que hemos añadido otro helicóptero al plan.

—Sí, señor. —Dudé un poco—. Podría no necesitarse si todas las condiciones son adecuadas, pero necesitamos planear y ensayar como si fuera necesario.

Mullen asintió.

—Estoy de acuerdo.

Durante toda la planeación y los informes para la misión el almirante Mullen había estado de mi lado con firmeza. Durante el tiempo que fungí como comandante de las SOF fue muy activo en su respaldo a docenas de misiones que habíamos realizado en todo el mundo. Cuando otros oficiales de mayor rango en la interagencia titubeaban en las misiones arriesgadas, el fuerte liderazgo y la confianza de Mullen en las Fuerzas de Operaciones Especiales (SOF) siempre triunfaban. Esta misión no sería diferente. Si el director respaldaba la incursión, había más probabilidades de que el presidente la considerara.

Durante el curso de las siguientes cinco horas la fuerza de tareas realizó un ensayo sin errores. Más tarde los VIP se marcharon de la base aérea y volvieron a D. C. Yo los seguí poco después e hice las preparaciones finales para el informe al presidente del siguiente día. Después de eso no habría nada más que pudiera hacer para convencer al liderazgo estadounidense de que estábamos listos.

Panetta sonrió en cuanto terminé mi informe para el presidente. La sala permaneció en silencio mientras el presidente reflexionaba sobre lo que acababa de decirle, que la misión era ejecutable y que confiaba en que podríamos llegar al blanco, capturar o matar a bin Laden, y volver sanos y salvos. Expliqué también por qué se necesitaba el tercer helicóptero y la FARP. El presidente preguntó con amabilidad por qué esto apenas salía a la luz y le respondí que fue porque cuando hicimos la planeación aérea adicional, detectamos que si la temperatura en el blanco y las variaciones de carga en el helicóptero cambiaban unos pocos grados o unos pocos kilogramos, existía la posibilidad de que no tuviéramos suficiente combustible para hacer todo el camino de vuelta a Afganistán, por lo cual necesitábamos otro helicóptero y la FARP para respostar si eso sucedía. El MH-47 adicional con la FARP evitaría un repostaje de emergencia en las Áreas Tribales Federalmente Administradas (FATA). El presidente asimiló el cambio sin mucha preocupación.

Sentí que mis respuestas a todo lo que me preguntó el presidente fueron satisfactorias. Sin tratar de presentar mi opción a expensas de las otras, parecía que la incursión estaba siendo considerada con más atención que en las reuniones anteriores. Y, entonces, la conversación cambió de manera abrupta.

—¿Qué pasará si los pakistaníes rodean el complejo mientras los SEAL están dentro? —preguntó el presidente. Antes de que le pudiera responder, continuó—: ¿Qué pasará si nos involucramos en un gran tiroteo? —Sus palabras eran mesuradas, pero claras—. ¿Qué pasará si comienzan a dispararle a nuestros helicópteros?

Alrededor de la sala, los directivos comenzaron a moverse con incomodidad en sus enormes sillas de cuero. «*Sí, McRaven ¿qué vas a hacer si eso ocurre?*», me dije.

Todos los ojos me miraron.

—Señor —respondí—, en el ejército tenemos un término técnico para eso.

Gates y Mullen intercambiaron miradas confundidas.

—A eso le llamamos… —hice una pausa— «¡cuando todo se va a la mierda!».

—¡Exacto! —respondió el presidente en voz alta.

El secretario y el director estallaron en carcajadas, pero a algunos de los miembros del personal no pareció divertirles mi humor.

Expliqué que con veinticuatro SEAL fuertemente armados podíamos repeler a los pakistaníes lo suficiente para alejarlos del blanco. Pero, de hecho, parte de nuestra planeación consistía en actuar muy rápido para evitar que la policía o el ejército de Pakistán se involucraran, y de esta manera no escalar la situación ni crear una tormenta internacional. El presidente expresó con claridad que no quería comprometer el éxito de la misión o la seguridad de los SEAL por intentar desarrollar un plan demasiado enfocado en las consecuencias políticas, lo cual aprecié muchísimo.

El presidente me ordenó desarrollar un plan alternativo para «salir luchando» si los SEAL terminaban rodeados por el ejército de Pakistán.

—No permitiremos que fuerzas estadounidenses sean rehenes de los pakistaníes —dijo de forma enfática. Esta era una adición sencilla al plan base. Había muchas fuerzas en Afganistán que podían proporcionar respaldo a los SEAL si lo necesitaban. No necesitaríamos notificar a esas fuerzas sino hasta el día de la misión, de esta manera se mantendría la Seguridad de Operaciones (OPSEC).

La reunión continuó otros treinta minutos mientras revisábamos la línea de tiempo para las decisiones clave. Sin embargo, antes de terminar el presidente se dirigió a Mike Leiter, el director del Centro de Contraterrorismo Nacional (NCTC), y le pidió que otro grupo de analistas de inteligencia revisara la valoración de la CIA sobre «el Caminante». ¿Había demasiado pensamiento grupal? ¿No había ocurrido esto con las armas de destrucción masiva en Irak? Quizás otros analistas de inteligencia tendrían otra opinión.

Al final el presidente agradeció a todos por su duro trabajo y Donilon programó otra reunión para la semana siguiente en la cual se revisarían las opciones una última vez.

Una semana más tarde nos volvimos a reunir. El presidente se dirigió a Leiter:

—Bueno, Mike ¿qué piensa tu gente? ¿«El Caminante» es bin Laden?

Leiter hizo una pausa, miró la valoración que su equipo analítico le había proporcionado y, con sumo cuidado, declaró:

—Señor, el equipo de analistas piensa que la posibilidad de que se trate de bin Laden está entre sesenta y cuarenta por ciento.

Cuando dijo «cuarenta por ciento» todos en la Sitroom respiraron profundamente.

—¡Cuarenta por ciento! —exclamó Panetta.

—Eso es en el extremo inferior —respondió rápidamente Leiter—. Pero sigue siendo treinta y ocho por ciento más alto de lo que hemos estado en los últimos diez años.

—Señor presidente —se lanzó Panetta—, le doy todo mi respaldo a la valoración de la CIA y, si bien no puedo decirle con certeza que es bin Laden, lo pondría por encima de sesenta por ciento. ¡Yo creo que sí es él!

El presidente miró a Panetta y asintió, y aunque todos sabían que la cifra de cuarenta por ciento era la predicción del peor escenario, era evidente que la nueva valoración había agregado cierta ansiedad a la misión.

—Escuchen todos, repasemos esto una vez más —dijo el presidente.

Luego de otra hora repasando la inteligencia y las opciones, el presidente me autorizó a trasladar la fuerza de asalto SEAL y los helicópteros a Afganistán, pero dejó claro que aún no había tomado una decisión. Dejé Washington la noche del miércoles y llegué a Bagram la noche del jueves.

Mi llegada de vuelta a Afganistán no atrajo la atención de mi personal de avanzada ni de los líderes de alto rango en el país. Debido a mis constantes traslados de ida y vuelta, mi regreso parecía rutinario.

De inmediato reuní al pequeño grupo de oficiales que conocían el plan. Ya había ordenado a mi comandante adjunto, el general brigadier Tony Thomas, que viajara con la fuerza de asalto para asegurar que todo estuviera listo en el momento en que llegara al escenario de las operaciones. Thomas, un exranger y miembro de asalto de operaciones especiales, tenía invaluable experiencia en combate y era uno de los mejores oficiales con quienes había servido. Me confirmó que la fuerza estaba lista. Además, le había encomendado al coronel Erik Kurilla, el comandante del Regimiento de Rangers, la tarea de formar la Fuerza de Reacción Rápida (QRF). Kurilla, uno de los líderes de combate más agresivos en las operaciones especiales, ya estaba en Afganistán; y con todas las misiones diarias en curso había diseñado una historia falsa para formar la QRF sin que nadie lo notara.

A la mañana siguiente, de acuerdo con mi usual ritmo de batalla de los viernes, volé a Kabul para hablar con el general Petraeus. Esta era la tercera vez en los últimos seis años en que trabajaba con él; la primera vez fue cuando era comandante de la fuerza multinacional en Irak, la segunda cuando era comandante del Comando Central de Estados Unidos; y ahora que él lideraba la Fuerza de Asistencia de Seguridad Internacional (ISAFs) en Afganistán. Petraeus siempre había dado un respaldo increíble a las operaciones especiales y me parecía una persona agradable, desafortunadamente, como había muchas personas en Washington que pensaban diferente lo habían dejado fuera de la planeación de la incursión. Desde el inicio de Lanza de Neptuno yo había pedido que me aseguraran que tanto el general Petraeus como el general Jim Mattis, el nuevo comandante del Centcom, estarían al tanto. Pero, debido a las preocupaciones por mantener pequeño el círculo de confianza, ellos no participaron en las discusiones operativas. Finalmente, justo antes de partir de Washington, me avisaron que el general Cartwright llamaría a Petraeus y a Mattis para informarles de la operación. Así que cuando llegué al cuartel de Petraeus esa mañana, asumí que ya había sido informado de la misión.

—Señor, entiendo que ya está usted enterado de la operación —dije mientras me sentaba ante la pequeña mesa de conferencias en la oficina de Petraeus.

Él inclinó un poco la cabeza, tenía una expresión de ligero desdén.

—Hoss me llamó y dijo algo sobre una operación al otro lado de la frontera.

¿Algo sobre una operación al otro lado de la frontera? «Estoy bien jodido», pensé.

Miré a Petraeus. No tenía ni idea de la Operación Lanza de Neptuno. Cartwright no le había dado ningún detalle en absoluto.

—Bueno —dije, respirando profundamente—, es un poco más que eso.

—¿Qué es?

Tomé mi conjunto de cinco diapositivas, me levanté de la mesa y fui al escritorio de Petraeus.

—Iremos por bin Laden.

—¿Qué? —dijo Petraeus, casi riendo.

—Iremos por bin Laden —repetí. Dejé las diapositivas enfrente de él y le expliqué el plan.

—¡Mierda! —dijo al ver la distancia hasta el objetivo.

Le mostré la segunda diapositiva.

—¡Mierda! —volvió a decir al mirar el complejo en Abbottabad.

Terminé de explicarle las siguientes diapositivas.

—¿De verdad te van a dejar hacer esto?

—Todavía estoy esperando la aprobación final del presidente, pero estamos listos para hacerlo.

Petraeus sacudió la cabeza y sonrió.

—Bueno, lo único que puedo hacer es desearte buena suerte, Bill. Ciertamente la vas a necesitar.

Aunque creía que teníamos un buen plan, asentí en acuerdo porque nunca sobra tener algo de suerte.

Como se le hacía tarde para una reunión, Petraeus se levantó, me estrechó la mano y se volvió a reír. Era una sonrisa reconfortante, una sonrisa amistosa. No era lo que esperaba, pero de algún modo me hizo sentir mejor respecto a la misión.

Salí de los cuarteles de la ISAF, subí a un helicóptero y volví a Bagram. Llamé a Mattis y descubrí que también sabía muy poco sobre la misión. Como Petraeus, me deseó lo mejor y me ofreció darme toda la ayuda que pudiera. Esa tarde una delegación del Congreso visitó nuestros cuarteles de operaciones especiales en Bagram. Quienes sabíamos de la misión habíamos debatido sobre la posibilidad de cancelar la visita, pero quería que todo se mantuviera como estaba programado hasta el último minuto. Así que recibí a los congresistas y al resto del personal, les di un informe de nuestras operaciones diarias en Afganistán y les ofrecí un paseo por las instalaciones. Partieron a primeras horas de la noche sin tener la menor idea de que se estaba preparando una operación mayor. Poco después de la partida de la delegación del Congreso recibí una llamada de Panetta. Me informó que el presidente había tomado una decisión. La Operación Lanza de Neptuno tenía luz verde.

Al siguiente día, que era sábado, recibí una llamada de nuestro Centro de Operaciones en Jalalabad (JBAD). El clima sobre la ruta de infiltración que teníamos planeada mostraba algo de niebla de baja altitud. Se podía atravesar y era probable que no representara un problema mayor para los helicópteros, pero el clima del domingo lucía mucho mejor, así que tomé la decisión de retrasar un día la misión. Transmití mi decisión a la CIA, que le informó al director y al presidente que habíamos retrasado el lanzamiento por veinticuatro horas.

Más tarde esa noche recibí una llamada del operador en la Casa Blanca, el presidente quería hablar conmigo a eso de las 17:00 horas de la costa este. Antes de la hora en punto llamé al número que me dieron y me conectaron con la secretaria del presidente, quien amablemente me puso en espera hasta que este tomó la línea.

—Bill, ¿cómo le va?

—Bien, señor presidente.

—¿Cómo van las cosas por allá?

—Estamos listos, señor presidente, pero como el clima en Pakistán está un poco nublado decidí esperar hasta mañana. Estaremos listos para partir este domingo.

—Bien, no se apresure si no está listo.

—No, señor. No me apresuraré al fracaso.

—Bueno, Bill. Solo quería hablar con usted para desearles buena suerte, a usted y a sus hombres.

—Gracias, señor presidente.

—Quiero que les diga que estoy orgulloso de ellos. Asegúrese de decirles eso, Bill.

—Lo haré, señor.

—¿Usted qué piensa, Bill? ¿Sí es él?

—No lo sé, señor. Pero sé que si es él… lo atraparemos. Y si no es él, volveremos a casa.

Hubo una corta pausa del otro lado de la línea. Quizás estaba interpretando mal, pero tuve la impresión de que el presidente entendía los riesgos que tomaban mis hombres y apreció de verdad su coraje y patriotismo.

—Bien, de nuevo buena suerte, Bill.

—Gracias, señor presidente.

Dudé por un segundo, me preguntaba si debía o no decirle al presidente de Estados Unidos que entendía lo difícil de su decisión y que apreciaba su liderazgo.

—Y gracias por tomar esta difícil decisión —dije.

—Gracias, Bill.

La llamada terminó. Ahora solo quedaba llevar a cabo la misión.

El pequeño avión bimotor aterrizó con un golpe seco en el aeródromo de Jalalabad. Avanzamos hasta el final de la pista, me bajé del avión y fui recibido por un suboficial joven. Condujimos ochocientos metros hasta el complejo SEAL, donde dejé mi equipo en mi habitación y rápidamente me dirigí al pequeño Centro de Operaciones Conjuntas, el cual habíamos requisado para usarlo como nuestro centro de mando y control.

En el interior del pequeño edificio de madera contrachapada había un conjunto de enormes pantallas planas, computadoras y teléfonos. Pete Van Hooser, el oficial al mando del equipo SEAL, y su jefe maestro, me recibieron en la puerta y me informaron sobre los preparativos para la misión.

—Haremos un informe final en una hora —dijo Van Hooser—. Después de eso los chicos descansarán un poco hasta que llegue la hora de uniformarse.

Como oficial comandante del equipo SEAL que realizaría la misión, había puesto a Van Hooser a cargo de la supervisión de la ejecución táctica de la misión. Estaría en contacto directo con el comandante SEAL en tierra y me proporcionaría todas las actualizaciones conforme se desarrollara la misión. Junto a él estaba J. T. Thompson, quien estaría bajo su mando y se encargaría de supervisar la parte de los helicópteros en la misión. Además, en el JOC había partes de mi equipo del cuartel general y representantes de la CIA, así como un pequeño elemento de la Fuerza Aérea para ayudar con la ISR.

A solicitud mía, los SEAL me construyeron un cuarto del tamaño de un armario dentro del JOC, en donde podría tener algo de privacidad para hablar con Panetta y su equipo, pero podría seguir viendo la acción táctica en las enormes pantallas y escuchando las radiocomunicaciones.

Una hora más tarde nos reunimos en un enorme almacén donde los operativos me dieron su informe final de la misión. Este fue excepcionalmente detallado y cubrió las responsabilidades de todos. Volví a hacer énfasis en un par de puntos para asegurarme de que todos entendieran bien mis órdenes.

—Quiero asegurarme de que vamos a estar comunicados. La operación de rescate de compatriotas en 1980 fracasó, entre otras razones, porque la fuerza de asalto se enfocó demasiado en la OPSEC. Quiero que ustedes se comuniquen conmigo y entre ustedes para que todos sepan qué está pasando. No tengan miedo de tomar la radio y hablar. Hay pocas probabilidades de que los pakistaníes intercepten nuestras comunicaciones y, aunque lo hicieran, no podrían impedirnos llegar al blanco.

Todos asintieron.

—Ahora, pilotos: vuelen de forma segura. No intenten volar a quince metros del piso o demasiado cerca los unos de los otros porque podrían crear un perfil de vuelo riesgoso. Su trabajo es llevar a los SEAL de forma segura. Si tienen problemas con los aparatos, aterricen en un área remota y resuélvanlos. Despacio, de forma metódica y segura. —Miré a Thompson y a los oficiales técnicos que volarían—. ¿Hablé claro?

—Sí, señor.

—Para los SEAL: no disparen a ningún pakistaní a menos que sea absolutamente necesario para proteger sus vidas. ¿Está claro?

Asintieron y parecieron entender y apreciar las complejidades políticas de la misión. Ser profesional también significaba saber cuándo no disparar.

—Finalmente, la misión consiste en capturar o matar a bin Laden. Si pueden, captúrenlo, pero si representa una amenaza, cualquier amenaza... mátenlo.

Ya habíamos repasado las normas para entablar combate, pero quería asegurarme de que no había malos entendidos. Luego de doce años de estar prófugo, se creía que existía la posibilidad de que bin Laden durmiera con un chaleco suicida puesto o junto a él. Cada SEAL presente en la reunión del informe se había encontrado con combatientes iraquíes o afganos quienes, inexplicablemente, se habían detonado a sí mismos cuando vieron que llegaba una fuerza de asalto. En consecuencia, teníamos criterios claros para definir qué representaba una amenaza. A menos que bin Laden estuviera en calzoncillos con las manos en alto, había la posibilidad de que tuviera puesto un chaleco explosivo y que, por lo tanto, fuera una amenaza para los SEAL. A mitad de la noche, en una situación de combate confusa, con la adrenalina bombeando y gente moviéndose por todo el blanco, los SEAL no tendrían tiempo para detenerse y valorar si había o no una amenaza para ellos. Como le dije al presidente y a su equipo de seguridad nacional, si había hombres o mujeres en el blanco y parecían representar una amenaza, morirían; punto.

Al final del informe me levanté de mi silla plegable y encaré a los SEAL y las tripulaciones de los helicópteros ahí reunidos.

—Creo que la mayoría de ustedes saben que soy fan del basquetbol.

Quienes ya habían jugado conmigo en muchas ocasiones sonrieron.

—Hay una escena muy buena en la película *Hoosiers: Más que ídolos* —dije y esperé un segundo para que lo asimilaran.

—*Hoosiers* es la historia de un equipo de basquetbol de un pequeño pueblo en Indiana que llegó al campeonato estatal de secundarias en 1954. Viajaron a Indianápolis para jugar contra un equipo de la gran ciudad. La mayoría de estos chicos pueblerinos nunca habían estado en la ciudad y el estadio en Indianápolis era enorme.

Me alejé de mi silla y me acerqué a los hombres.

—En un punto, el entrenador, interpretado por Gene Hackman, se da cuenta de que los chicos del equipo se sienten intimidados por el tamaño del estadio y el hecho de que jugarán en el gran escenario frente a miles de personas. Hackman toma a uno de los jugadores y le entrega una cinta para medir. «Mide la altura a la que está la canasta», le dice al jugador. Luego de extender la cinta, el jugador anuncia: «tres metros». Hackman toma a otro jugador y le pide caminar por la extensión de la cancha. El jugador lo hace y le dice a Hackman que son veintiocho metros.

Entre mi audiencia, algunos comenzaban a entender mi punto.

—Hackman le dice a su equipo que la cancha es exactamente del mismo tamaño que la cancha en la que juegan en casa. Que la canasta está exactamente a la misma altura que la canasta en casa.

Algunas cabezas asentían.

—Caballeros, cada uno de ustedes ha hecho cientos de misiones como esta. Esta misión no es diferente. La cancha es exactamente igual a aquellas en las que han jugado en los últimos diez años. No tienen que hacer nada diferente. Solo jueguen como siempre lo han hecho y tendrán éxito.

Les agradecí y comenzaron a salir. Quienes estaban sentados se pusieron de pie y algunos estrecharon mi mano antes de partir. Me despedí de los SEAL y de las tripulaciones de helicóptero antes de ejecutar. Salí del almacén hacia el cálido aire nocturno. Faltaban cinco horas para el espectáculo.

—Ya casi es hora, señor —me informó Faris.

Miré mi reloj. Los SEAL estarían reunidos alrededor de una fogata para tener una última charla con su comandante de escuadrón. Después abordarían los helicópteros y esperarían mis órdenes de ejecución.

Faris y yo salimos del JOC y, en silencio, caminamos hasta la fogata. Chris Faris había sido mi mano derecha durante los últimos tres años. No había un mejor soldado en el ejército. Había surgido de los rangers, luego pasó dieciocho años como miembro de asalto de operaciones especiales del ejército y llegó hasta el grado de sargento mayor comandante. Faris había estado en combate desde que tenía veinte años: estuvo en Mogadiscio durante la caída del Halcón Negro, estuvo en Sudamérica persiguiendo a Pablo Escobar, estuvo en Bosnia y Kosovo; y, por supuesto, en Irak y Afganistán. Tenía el equilibrio perfecto entre suboficial profesional y amigo personal. Nunca se pasaba de la raya con respecto a nuestra amistad y protegía mi puesto como comandante con ferocidad. Sin embargo, me decía todas las verdades desagradables que un comandante necesita saber. Con frecuencia retaba mis decisiones para forzarme a defender mi posición y, por ende, para asegurar un mejor resultado. Pero cuando tomaba una decisión, la aceptaba como propia y me respaldaba por completo. En raras ocasiones tomé una decisión importante sin considerar su punto de vista. También sabía cuándo no hablar, y este momento, en que íbamos a encontrarnos con los SEAL, era uno de esos momentos.

Los SEAL estaban reunidos alrededor de la fogata. La música retumbaba, era alguna canción de hard rock, y la mayoría de los operativos ajustaban sus equipos una última vez. El ambiente se sentía un poco tenso, pero eso era algo común antes de cualquier misión difícil. No percibí miedo, solo anticipación y el deseo de ejecutar la operación.

—Apaguen la música —gritó un SEAL cuando me vio llegar. Todos se acercaron y miré a Faris para indicarle que dijera algunas palabras. Aunque era un suboficial del ejército, todos en la comunidad SEAL lo respetaban. Faris les recordó el lema del SAS[11] británico: «Quien se atreve, gana». Les dijo que esa noche nos estábamos atreviendo a lo grande y que confiaba en que volverían a casa victoriosos.

Faris me miró. No había pensado mucho en lo que diría, pero momentos antes, mientras caminaba desde el JOC, se me ocurrió que todos los que estaban reunidos alrededor de la fogata estaban pensando en lo mismo.

—Caballeros, primero déjenme decirles que ayer por la noche hablé con el presidente y me pidió que les transmitiera su agradecimiento y aprecio por lo que están a punto de hacer.

La mayoría de los hombres estaban hundidos en sus pensamientos, con las cabezas inclinadas, pero percibí que estaban empezando a entender la magnitud de lo que llevarían a cabo.

Me acerqué más a la fogata y pasé la vista por el grupo de hombres que estaban de pie frente a mí. Todos lucían recios, serios, profesionales, enfocados. Tenían puesta su cara de guerra, pero sabía que debajo de la armadura eran como cualquier otro hombre. Tenían familias, esposas e hijos, además de amigos en Virginia Beach. Eran buenos hombres, de esos que querrías tener como amigos o vecinos. Hombres con los que podías contar cuando las cosas salían mal, muy mal. Hombres que se querían mutuamente como solo pueden hacerlo quienes han experimentado

---

11. Siglas de Special Air Service; Servicio Especial Aéreo, cuerpo de fuerzas especiales del ejército británico. [*N. del T.*]

juntos el combate. No sabían qué les traería la noche, pero sabían que tenían la suerte de haber sido elegidos para esta misión. Y ese era mi mensaje. Era simple.

—Caballeros, desde el ataque a las Torres Gemelas cada uno de ustedes ha soñado con ser el hombre que recibe la misión de atrapar a bin Laden. Bueno, esta es la misión y ustedes son los hombres que lo van a atrapar.

No hubo sonrisas, vítores, ni júbilo artificial. Era hora de trabajar.

—Fuerza de asalto, ejecute. Repito, fuerza de asalto, ejecute.

—Recibido, señor —respondió Van Hooser—. Ejecutando fuerza de asalto.

Escuché a Van Hooser transmitir la orden al comandante del escuadrón SEAL a bordo del helicóptero.

Art Sellers había instalado en mi pequeño armario una video-conferencia con los cuarteles generales de la CIA, la embajada de Estados Unidos en Pakistán, el general brigadier Brad Webb, mi enlace de comando con la Casa Blanca, el general Tony Thomas y el coronel Erik Kurilla en Bagram. Además, la laptop de Sellers tenía MIRChat, un medio que abría una ventana de diálogo con todos en el piso del JOC y con otras personas que estaban alrededor del mundo y tenían autorización para monitorear la misión. Fuera de mi armario estaba mi buen amigo, el jefe de estación de la CIA en Afganistán. Él y yo habíamos estado juntos en este país muchas veces durante los últimos diez años. No había un mejor aliado en la interagencia.

Exactamente a las 23:00, desde mi armario vi en la enorme pantalla el momento en que los dos Black Hawk se elevaban y que poco después eran seguidos por los dos MH-47. Minutos después cruzaron la frontera hacia Pakistán. Durante los siguientes noventa minutos seguí la lista de ejecución a medida que los aparatos pasaban de un punto al otro y se abrían paso por las montañas y los valles pakistaníes sin ser detectados.

Durante toda la misión monitoreamos los radares de Pakistán para determinar si alguien había notado nuestra presencia. En cierto punto a mitad del vuelo, el comandante del escuadrón SEAL llamó al JOC y, con calma, avisó por radio que desde una ciudad cercana emanaba la luz de un enorme reflector que estaba barriendo la ladera montañosa, al parecer buscando algo.

Inteligencia no había detectado ninguna reacción pakistaní y, mediante Van Hooser, transmití que la fuerza de asalto debía avanzar. No parecía ser nada preocupante. Cuarenta minutos después estábamos cerca del blanco.

—Señor, el general Petraeus está en el MIRChat —dijo Sellers.

—¿Qué?

—Está en el chat y quiere saber si aún realizaremos la misión esta noche.

Petraeus había dejado su cuartel en Kabul y había caminado por la calle hasta el pequeño edificio que alojaba a mi oficial de enlace de operaciones especiales. Le había preguntado sobre el estatus de la misión, pero el oficial, quien no estaba informado de la operación, no tenía ni idea de lo que Petraeus le estaba hablando.

Me reí.

—Art, dile al general Petraeus que estamos a diez minutos del blanco.

Sellers envió mi respuesta, a lo que Petraeus respondió: «¡Buena suerte!».

—Señor, ahora el general Webb está en el chat.

Brad Webb, mi comandante asistente, estaba en la Casa Blanca en una pequeña antesala justo afuera de la Sitroom. Tenía comunicación completa conmigo y también estaba monitoreando la señal de video que yo recibía desde las alturas.

Yo continué viendo desde mi armario, en la gran pantalla, el momento en que los helicópteros salieron de las montañas y cuando estaban a dos minutos de vuelo para llegar al Complejo Abbottabad.

—¿Sí? —dije, algo distraído.

—Señor, dice que el vicepresidente acaba de entrar a la antesala.

—Bien —confirmé, sin dejar de ver a los helicópteros aproximándose al blanco en la pantalla.

—Señor, el general Webb dice que el presidente acaba de entrar a la sala.

—Lo entiendo, Art.

Un momento después:

—Señor, dice que ahora todos están en la sala mirando la operación.

No pude evitar reírme. Me imaginé a Brad Webb sentado solo en la antesala y, cómo de pronto, sin ninguna advertencia, se presentó ante él todo el equipo de seguridad nacional. Webb era un excelente oficial y tenía toda la experiencia requerida para responder cualquier pregunta que le hiciera el presidente o cualquier otro miembro del equipo, así que no pensé más en ello.

—Señor, estamos a dos minutos del blanco —notifiqué a Panetta.

—Muy bien, Bill —llegó la respuesta del cuartel de la CIA.

El primer helicóptero se aproximó al complejo y se colocó en posición entre la vivienda de tres pisos y el muro de concreto de cinco metros y medio que rodeaba la línea sur. Cuando vi al piloto hacer las maniobras con el fin de preparar al Black Hawk para el descenso rápido, me di cuenta de que estaba teniendo problemas para mantener la posición. El helicóptero se tambaleaba e inclinaba hacia arriba tratando de mantener la altitud.

—¡Se van a caer! —gritó alguien.

En cuanto giró fuera de control, yo ya estaba pensando en el siguiente paso. Los MH-47 Chinook estaban a menos de treinta minutos detrás de los dos Black Hawk. Dejamos los Chinook atrás porque nos preocupaba que, debido a sus enormes señales de radar y sonido, pudieran ser detectados y se comprometiera el factor sorpresa. Pero en ese momento la sorpresa ya no era un problema.

El piloto del Black Hawk luchó por mantener la elevación y bajó la nariz de la aeronave, con lo cual la forzó a pasar sobre el pequeño muro interior hacia el corral de animales al otro lado de la vereda. Ladrillos y concreto saltaron en todas direcciones cuando el rotor de la cola del aparato chocó contra el muro exterior, lo que llevó al fuselaje hasta tierra y azotó a los SEAL y a la tripulación contra la cubierta de metal del helicóptero.

Todo ocurrió en cámara lenta, pero luego de haber perdido muchos helicópteros durante el tiempo que estuve en el comando, conocía la diferencia entre un choque y un aterrizaje forzoso, y esto era lo segundo.

Tres semanas antes el piloto del Black Hawk y yo habíamos hablado sobre el peor escenario al llegar al complejo. Ambos acordamos que el punto más peligroso de la misión sería cuando el Black Hawk flotara justo afuera de la vivienda de tres pisos. La probabilidad de que bin Laden o uno de sus hombres disparara un cohete contra el helicóptero era alta. Se habían colocado francotiradores y ametralladoras del lado derecho del helicóptero que iban preparados para enfrentar cualquier amenaza, pero aún existía la posibilidad de que les lanzaran un cohete.

El piloto me aseguró que, mientras sobreviviera, aunque fuera impactado por un cohete llevaría al helicóptero hasta el corral para aterrizar de forma segura. Resultó que las altas temperaturas de esa noche y el muro de concreto de cinco metros y medio crearon un efecto de vórtice debido al empuje descendente del rotor principal del helicóptero, lo cual provocó que perdiera elevación. El piloto, fiel a su palabra, llevó a los hombres a tierra de forma segura, aunque dramática.

—Señor, cayó un ave. —Anunció Van Hooser sin emoción.

—Recibido, Pete. Lo estoy viendo. ¿Cuál es el esquema de tiempo para la llegada del 47?

—Señor, serán treinta minutos.

—Muy bien, llévalo a una posición de espera. Tendrá que ser el ave de extracción.

—Recibido, señor.

Thompson contactó al Chinook y lo hizo avanzar hasta colocarse a cinco minutos del complejo. La aeronave se ocultaría detrás de los riscos hasta que fuera necesario hacerla ingresar.

Mientras tanto, contacté a Panetta y le informé el estatus.

—Señor, como puede ver, cayó un helicóptero —dije. Para entonces los SEAL ya habían salido de la aeronave y comenzaron a ejecutar un plan alternativo.

—Los SEAL continuarán con la misión. Lo mantendré informado.

Panetta asintió, pero su rostro expresaba verdadera preocupación.

Sin saber qué había causado los problemas del primer aparato, el piloto del segundo helicóptero aterrizó fuera de los muros del complejo. Desde mi armario observé en la pantalla de video que los SEAL avanzaban hacia el complejo principal.

—¡Hay disparos! ¡Hay disparos!

Avanzando en dos direcciones el primer elemento SEAL se aproximó a la pequeña casa habitación, momento en el cual una ráfaga corta de disparos iluminó la pantalla. Momentos después llegó el aviso desapasionado.

—Tenemos un EKIA.

Al mismo tiempo, múltiples explosiones destellaron en el video cuando los SEAL usaron explosivos para derribar las duras puertas de acero que protegían los cordones exterior e interior de la pequeña fortaleza de bin Laden.

—¡Hay disparos! ¡Hay disparos!

Dentro del edificio principal, lejos de mi vista, los SEAL abordaron a otro de los hombres de bin Laden. Conforme se abrieron paso hacia el segundo piso, llegó otro aviso del suboficial del JOC.

—¡Hay disparos! ¡Hay disparos!

Sabía por el plan que la fuerza de asalto estaba despejando los pisos uno por uno. Habían encontrado una amenaza en el primer piso y en la escalera que llevaba al segundo. Ambos enemigos habían muerto.

A las afueras del edificio de tres pisos vi las figuras oscuras de los SEAL que estaban despejando de forma metódica el resto del complejo. Por todas partes había haces de luz infrarroja de los punteros láser de sus armas cruzando el piso, por las ventanas, a través de las construcciones y en los espacios sombríos que podían ocultar otra amenaza.

—Señor, tenemos visitas.

—Recibido —respondí al ver la pequeña multitud de locales que se había reunido casi a la entrada al complejo—. ¿Qué hemos escuchado de la policía? —pregunté.

—Señor, todo en silencio por ahora, pero los celulares en el área comienzan a sonar.

A solo kilómetro y medio de distancia, la policía de Abbottabad estaba a tiro de piedra de la actividad en el complejo. Una de las cosas que más me preocupaban era que la gente de la policía pakistaní, buenos hombres que solo estaban haciendo su trabajo, apareciera y se involucrara en un tiroteo con los SEAL, lo cual no resultaría bien para los policías.

Dentro del complejo, un elemento de dos hombres de la fuerza de asalto casi había llegado al tercer piso. Desde atrás de una cortina que separaba las escaleras del tercer piso emergió una figura sombría, con sus ojos oscuros fijos sobre los hombres que avanzaban por las escaleras. El SEAL al frente, con su arma firmemente apoyada contra su hombro y el dedo en el gatillo, disparó hacia la figura, pero las balas impactaron muy alto. Sin dudarlo, los

SEAL avanzaron a toda prisa por los últimos escalones, atravesaron la cortina y entraron al cuarto. En el interior había dos niñas de pie junto a la entrada, las cuales era casi seguro que tuvieran puestos chalecos suicidas, el SEAL al frente se arrojó sobre ellas para proteger a sus compañeros de la explosión. Detrás de él entró el segundo SEAL, quien se encontró cara a cara con un hombre alto y delgado que usaba como escudo a una mujer mayor.

El segundo SEAL, el suboficial primero Rob O'Neill, elevó su arma y disparó tres balas contra el hombre, dos a la cabeza y una más para estar seguro. El hombre alto se desplomó sobre el suelo, había muerto antes de tocar el piso.

En el JOC, yo recibía actualizaciones de Van Hooser y Thompson. Los SEAL todavía estaban despejando la casa de tres pisos y los helicópteros mantenían sus posiciones a las afueras de Abbottabad.

Miré el reloj. Habían pasado quince minutos desde que comenzó el asalto.

—Señor, el comandante del escuadrón está en la radio —me alertó Van Hooser.

La voz era inconfundible. Profunda, tranquila, en control.

—Habla Romeo Seis Seis. —Hizo una pausa, se podía escuchar un pequeño temblor en su voz—. Por Dios y por la Patria ¡Gerónimo, Gerónimo, Gerónimo!

La cacería del hombre más buscado en el mundo había terminado. ¡Habíamos atrapado a bin Laden!

El JOC estalló en vítores, seguidos de inmediato por la voz atronadora de Van Hooser:

—¡Cállense, maldita sea! —gritó—. Aún debemos traer a estos chicos a casa.

El JOC guardó silencio de inmediato.

Van Hooser tenía razón. Aún faltaba mucho por hacer. No sentía alivio, ni regocijo interno, tampoco un sentimiento de victoria. La misión no había terminado. Estábamos a 260 kilómetros de casa y los pakistaníes comenzaban a despertar y a reunir una respuesta militar.

Transmití el mensaje a Panetta.

—Señor, tenemos a Gerónimo. —Pero de pronto me di cuenta de que no sabía si Gerónimo significaba que bin Laden había sido capturado o había muerto en el asalto.

Grité desde mi armario a todo el JOC, pidiendo a Van Hooser confirmar si el aviso era Gerónimo EKIA. Segundos después llegó la respuesta de Van Hooser.

—Sí, señor. Gerónimo EKIA.

Volví a transmitir la información a Panetta. En la pantalla que veía desde mi armario vi una amplia sonrisa en los rostros de Panetta y Michael Morell.

Miré el reloj. Los SEAL habían estado en tierra en Abbottabad durante casi veinte minutos. En el plan se indicaban treinta minutos en tierra, no más.

En la pantalla vi que los SEAL y los pilotos del helicóptero estaban en el patio preparándose para destruir al Black Hawk. En cada misión siempre era una posibilidad la caída de un helicóptero, en consecuencia, la tripulación por lo general llevaba consigo cargas de demolición para destruir los elementos electrónicos clasificados y, en este caso, llevaban suficientes explosivos para destruir todo el helicóptero. Pero debíamos esperar hasta el último momento antes de la extracción para detonar las cargas.

—Señor, los SEAL solicitan tiempo adicional en tierra —dijo Van Hooser.

—¿A qué se debe el retraso? —pregunté.

—Señor, dicen que encontraron una tonelada de computadoras y equipo electrónico en el segundo piso.

Miré el reloj. Estábamos cerca de los treinta minutos y mi intuición me decía que debíamos apegarnos al plan, pero también entendía que la información forense de los discos duros podría ser vital para misiones subsecuentes.

—Muy bien, Pete. Diles que tomen todo lo que puedan pero que no permanezcan más tiempo del planeado. Pregunta a J. T. cómo afectará esto nuestra situación de combustible.

Van Hooser confirmó y pocos segundos después llegó la respuesta.

—Señor, J. T. dice que de cualquier modo debemos repostar, así que algunos minutos más no harán mucha diferencia.

—Recibido. Bien.

Volví a revisar el reloj y miré los monitores, los cuales mostraban actividad pakistaní. Desde mi armario podía escuchar a uno de los analistas de inteligencia hablar con Van Hooser.

—¿Qué sucede, Pete?

—Señor, los pakistaníes se están comunicando. Saben que algo está ocurriendo en Abbottabad, pero al parecer no saben qué.

Miré el reloj.

—¿Cuánto tiempo necesitan en tierra?

—Señor, aún están colocando las cargas en el helicóptero, pero el comandante del escuadrón dice que estarán listos para partir en cinco minutos.

Cinco minutos era una eternidad, pero sabía que el comandante en tierra entendía la situación y debía dejar la decisión en sus manos.

Las comunicaciones en Pakistán comenzaron a encenderse. Los líderes pakistaníes estaban intentando entender qué sucedía. ¿Había un helicóptero en Abbottabad? ¿Estaba ocurriendo un ejercicio pakistaní del que no estaban al tanto? ¿Los estadounidenses estaban involucrados? ¿Cómo era posible? ¿Estadounidenses en el centro de Abbottabad? Un helicóptero estrellado. ¿En Abbottabad?

En este momento el número de locales ya había crecido hasta varias docenas y nuestro oficial de la Agencia estaba charlando de forma muy casual con ellos. Lo que les dijo fue que era un ejercicio del ejército pakistaní y que debían retroceder. Para sorpresa de todos, los locales le creyeron y fueron muy cooperativos. Nadie parecía alarmado por los soldados estadounidenses fuertemente armados que estaban a unos metros.

—Señor, los SEAL están listos para la extracción.

—Recibido.

El segundo Black Hawk, que había descargado con éxito a sus SEAL durante el asalto inicial, se dirigía de vuelta para recoger a los diez primeros y su preciada carga, el cuerpo de Osama bin Laden. Vi en la pantalla que cuatro de ellos cargaban la bolsa para cadáveres que contenía los restos de UBL. Los otros seis proporcionaron seguridad mientras se trasladaban al Black Hawk.

El helicóptero se elevó y comenzó su siguiente avance hasta el Punto de Repostaje Aéreo, ubicado a treinta minutos de Abbottabad. Segundos después el MH-47 Chinook apareció en la enorme pantalla, justo en el momento en que el Black Hawk estrellado dentro del complejo explotaba. La nube de la explosión se elevó a treinta metros en el aire, lo cual oscureció mi visión del Chinook entrante. Escuché los avisos por radio y en treinta segundos todos los SEAL restantes estaban a bordo del último helicóptero en camino a Afganistán.

Llamé a Panetta.

—Señor, todos están fuera del complejo y van de regreso a Afganistán. Pero todavía falta un largo camino. Lo mantendré informado.

Justo en ese momento escuché que el oficial de inteligencia avisaba a Van Hooser que los pakistaníes se estaban preparando para lanzar sus aviones F-15. Van Hooser me transmitió la inteligencia. También habíamos previsto esta posibilidad y todos los analistas estaban seguros de que, por el estado de los radares pakistaníes, su habilidad para localizarnos y dirigir a los F-15 hacia nuestra posición era casi nula. Aun así, sabía que nos estaban cazando en ese momento y que podían tener suerte. El presidente Obama me había ordenado luchar para escapar de ser necesario, por ende, tenía un «Paquete Gorila» en el lado afgano de la frontera: combatientes estadounidenses, aeronaves para interferir radares, helicópteros de ataque, de todo. Nada podría detener nuestro regreso salvo un desafortunado accidente.

Treinta minutos después de haber salido del complejo con el cuerpo de bin Laden, el segundo Black Hawk aterrizó en un área remota de Pakistán. Poco después aterrizó a su lado el MH-47 que llevaba la FARP. Diecinueve minutos después completaron el repostaje y ambos helicópteros avanzaron de vuelta a Afganistán.

A las 03:30 hora local, el último helicóptero cruzó de vuelta al espacio aéreo afgano y, minutos después, todos aterrizaron en el aeródromo de Jalalabad. ¡Los chicos habían vuelto a casa sanos y salvos! Pero la misión todavía no terminaba.

En el otro extremo de la videoconferencia vi que Panetta y los demás celebraban el éxito de la misión. La pantalla en mi video-conferencia cambió repentinamente y el presidente y su equipo aparecieron en ella.

—Felicitaciones, Bill. ¡Excelente misión!

—Gracias, señor presidente. Me alegra que todos volvieran a salvo. Lamento lo del helicóptero, parece que le debo unos sesenta millones de dólares.

El presidente sonrió.

—Pero, señor, todavía necesito estar seguro de que es bin Laden. He estado en varias misiones antes donde hemos anunciado una PID —dije, refiriéndome a una identificación positiva— pero estábamos equivocados.

—Muy bien, Bill. Lo entiendo. ¿En cuánto tiempo pueden confirmar que es bin Laden?

—Señor, el helicóptero con el cuerpo acaba de aterrizar. Permítame ir a echar un vistazo y volveré con usted en menos de veinte minutos.

Cuando salía del JOC, el jefe de estación de la CIA me detuvo en la puerta.

—Bill, ¿te importa si voy contigo para la PID de bin Laden? He perseguido a este tipo durante más de diez años. Me gustaría estar ahí solo para ver que esto se terminó.

—¡Claro que sí! Puedes representar a cada hombre y mujer de la Agencia que ha participado en esta misión.

Abordamos una pequeña camioneta Toyota y condujimos hasta el hangar. Los SEAL recién llegaban de la línea de vuelo. La alegría del momento era incontenible. Había chicos estrechándose las manos, abrazándose y gritando emocionados. Acababan de realizar la operación especial más exitosa desde la Segunda Guerra Mundial.

La pickup que contenía los restos de bin Laden y algunos SEAL sentados en la parte posterior se estacionó dentro del hangar. Caminé hasta la camioneta.

—Señor, ¿necesita ver el cuerpo? —preguntó uno de los SEAL.

—Así es.

Dos SEAL tomaron la pesada bolsa de plástico que contenía los restos, la arrastraron hasta bajarla de la camioneta y la colocaron frente a mí. Me arrodillé y bajé el cierre de la bolsa para exponer el cuerpo. Mi colega de la Agencia se arrodilló junto a mí. El rostro de bin Laden estaba contorsionado debido a los dos tiros en la cabeza y la barba era un poco más corta y clara. Pero ciertamente parecía ser él.

—¿Tú qué crees? —pregunté al jefe de estación.

—Seguro, sí, parece que es él —dijo.

—Parece que es él —respondí un tanto dubitativo.

—Es él. Absolutamente es él —proclamó de forma sonora uno de los SEAL—. Miren, esta es la foto que le tomé justo antes de matarlo.

Miré la fotografía y la comparé con otras imágenes que tenía el oficial de la Agencia. Coincidían con exactitud. No obstante, estaba a punto de dar un reporte al presidente de Estados Unidos y necesitaba estar lo más seguro posible.

—Ayúdenme a sacarlo de la bolsa —dije al aire.

Sacamos el cuerpo de bin Laden de la bolsa pero sus piernas estaban dobladas en posición fetal. Tomé sus piernas y las estiré hasta que su cuerpo quedó completamente extendido. Estaba al tanto de los reportes que indicaban que bin Laden medía un metro noventa y, al mirarlos, los restos con seguridad eran de un hombre alto.

Miré al pequeño grupo de SEAL que me rodeaba y me dirigí a un operativo joven.

—Hijo, ¿cuánto mides?

—¿Qué?

—Pregunté cuánto mides.

—Un metro con ochenta y cinco —respondió.

—Bien —dije—. Recuéstate junto al cuerpo.

Me miró como diciendo: «Debe ser una broma».

—¿Quiere que me recueste junto al cuerpo?

—Sí… quiero que te recuestes junto al cuerpo.

—Muy bien, señor.

El SEAL se colocó a centímetros de los restos y era claro que el cuerpo que yacía en el piso del hangar era unos cinco centímetros más alto que el SEAL a su lado. Mi amigo de la Agencia sonrió.

—Definitivamente es él.

Estreché algunas manos y agradecí a los chicos, pero sabía que el presidente esperaba mi reporte.

—Señor, no podré estar cien por ciento seguro hasta realizar las pruebas de ADN, pero ciertamente luce como él y las características físicas coinciden. —Vi que el presidente y su equipo asentían en confirmación—. Si bien su cara está contorsionada por el impacto de las balas, hice que un SEAL que mide un metro con ochenta y cinco centímetros se recostara junto al cuerpo y los restos medían al menos un metro con noventa centímetros.

Hubo una larga pausa en el otro extremo de la video-conferencia.

—Entonces, déjeme entender esto, Bill —dijo el presidente con sarcasmo seco—, podemos pagar un helicóptero de sesenta millones de dólares ¿pero no podemos pagar una cinta métrica de diez dólares?

Al fondo de la imagen vi al equipo del presidente riendo. No tenía una respuesta graciosa y no la necesitaba. La sonrisa en el rostro del presidente lo decía todo. Había sido una buena noche y solo por un momento podíamos reírnos de ello.

—Señor, envié las imágenes del cuerpo de bin Laden a Langley. Harán una comparación de reconocimiento facial y eso nos dará una valoración confiable en breve.

—Muy bien, Bill. Sé que tiene que hacer algunas cosas antes de terminar esta misión, así que lo dejaré volver al trabajo. Por favor, dígales de mi parte a todos sus hombres y a todos los que lo apoyaron para realizar la misión que esta fue una noche histórica y que todo Estados Unidos estará orgulloso de ellos.

No pude evitar sentir un nudo en la garganta.

—Gracias, señor —dije con dificultad—. Se los diré.

En menos de una hora estaba en un avión de vuelta a Bagram. Aterricé, subí al coche que me estaba esperando y de inmediato me dirigí al edificio en donde estaba mi cuartel. Al entrar a la estructura de madera contrachapada de dos plantas, noté enseguida que faltaba algo. Era el afiche de «se busca» de bin Laden que colgaba en el edificio desde hacía diez años. Para los miles de hombres y mujeres que habían trabajado en esa instalación había sido un recordatorio diario de por qué estábamos ahí. Y ahora se había ido. Seguí subiendo los escalones con la mente extraña-mente fija en el pequeño afiche que había significado tanto para tantos. Abrí la puerta del lugar de trabajo de Thomas y Kurilla, y pregunté de forma abrupta:

—¿Quién quitó el afiche?

Kurilla sonrió. Sacó la imagen con su marco de madera barata de detrás de su escritorio y dijo:

—Señor, creímos que usted debía tener esto.

Por segunda vez esa noche se me hizo un nudo en la garganta. Tony Thomas y Erik Kurilla, dos hombres que habían dado a esta larga lucha más que cualquier otro en las operaciones especiales, me estrecharon la mano y me dijeron: «Gracias». Para un soldado no hay una mejor sensación en el mundo que la que produce el ganarse el respeto de guerreros reales. Les agradecí por todo lo que hicieron esa noche y después me dejé caer sobre la enorme silla afgana para tomar un respiro.

Al fondo, la televisión estaba encendida pero sin sonido. Vi a Geraldo Rivera, con una expresión de emoción incontrolable en su rostro, anunciando que el presidente hablaría en unos minutos. No había precedentes de que un presidente apareciera en televisión tan tarde por la noche. Rivera especuló que se trataría de la muerte de Muamar Gadafi. ¿Qué más podría ser?

—Buenas noches. Esta noche puedo informar al pueblo estadounidense y al mundo que Estados Unidos realizó una operación para matar a Osama bin Laden, el líder de Al Qaeda y el terrorista responsable del asesinato de miles de hombres, mujeres y niños inocentes.

Mientras el presidente hablaba, dos MV-22 de los marines y un destacamento de seguridad de los rangers, quienes transportaban los restos de bin Laden, volaban de vuelta a Pakistán, hacia el corredor aéreo que llevaba al norte del golfo Arábigo. Ahí, aguardando en el mar, estaba el portaaviones USS *Carl Vinson*. A primera hora de la mañana siguiente, luego de una ceremonia apegada a los estrictos lineamientos islámicos, el cuerpo de Osama bin Laden fue deslizado en silencio hacia el océano para no ser visto nunca más.

Para quienes perdieron la vida en las Torres Gemelas, el Pentágono y en un campo en Shanksville, Pensilvania; para quienes habían dado sus vidas en Irak y Afganistán; para aquellos hombres y mujeres que, debido a heridas internas o externas, nunca volverían a ser los mismos; para todos aquellos que sufrieron como resultado de la maldad de este hombre... se había hecho justicia.

CAPÍTULO DIECIOCHO

EL SALUDO FINAL

Tampa, Florida
Agosto de 2014

L a escolta marchó en línea recta por el pasillo, giró y presentó la bandera de Estados Unidos. A mi lado, sobre el escenario en el Centro de Convenciones de Tampa, estaba el general Marty Dempsey, director del Alto Mando y amigo mío. De pie en posición de atención, mantuvimos nuestros saludos hasta que terminó el canto del himno nacional y se completó la presentación de colores. En ese momento me di cuenta plenamente de que ese sería mi último saludo en uniforme; de que era mi última oportunidad para presentar mis respetos, de manera oficial, a la bandera a la que había servido durante los últimos treinta y siete años, mi último día en servicio activo, mi último día como SEAL de la Marina.

En la audiencia había más de setecientas personas, quienes habían asistido para participar en la ceremonia para mi jubilación militar. Mientras observaba sus rostros, las historias de mi vida volvieron en un instante. Mi padrino, John Scarpulla, estaba sentado con Mike Morris y Mike Dippo, mis colegas de atletismo en la escuela secundaria. Junto a ellos estaba el entrenador Jerry Turnbow. En la siguiente fila estaban Dan'l Steward y Marc Thomas, mis compañeros de clase SEAL. Distribuidos por los pasillos había décadas de compañeros de equipo de los SEAL, rangers, Boinas verdes, Acechadores nocturnos, Tácticas especiales, de la CIA, DIA, FBI, Departamento de Estado, NSA, NGA y un conjunto de oficiales de alto rango del Ejército, la Marina, la Fuerza Aérea y el Cuerpo de Marines; hombres y mujeres que habían estado conmigo a lo largo de mi carrera. El almirante Eric Olson, ya jubilado, estaba sentado en el lado derecho del pasillo, a la espera de entregarme el premio Rana Toro por ser el SEAL más longevo en servicio activo. Nuestros amigos más queridos, el almirante Joe y Kathy Maguire, estaban muy cerca, al frente, sentados cerca de mis hermanas, Nan y Marianna.

Avancé hacia el pódium para pronunciar mi discurso de despedida y miré a Georgeann en la primera fila, haciendo esfuerzos por contener las lágrimas. A su lado, mi hija Kelly y mi hijo John también estaban tratando de permanecer impasibles, sin lograrlo. Al otro lado del mundo, mi hijo Bill, quien estaba desplegado como oficial de la Fuerza Aérea, se nos unió por video. Lo extrañaba mucho, pero, como siempre, estaba orgulloso de su servicio. Su esposa, Brandy, estaba sentada con la familia.

Tomé los lados del pódium, bajé la vista a mi discurso, respiré profundo y comencé a hablar:

Durante mi último año en la universidad fui el guardiamarina de mayor rango en el programa del Cuerpo de Entrenamiento de Oficiales Navales. Un día, el oficial ejecutivo del NROTC, un viejo y malhumorado comandante de la marina llamado Rummelhart, me llamó a su oficina. Permanecí en posición de atención mientras se dirigía a mí.

«Bill», dijo: «tu madre llamó, está preocupada porque sales con dos mujeres. Ambos creemos que es una mala idea».

Estaba perplejo. «¡Llamó mi madre!», dije, completamente avergonzado.

«Sí», dijo, «tu madre llamó».

«¿Pero cómo que mi madre llamó?», repetí, con la esperanza de haber escuchado mal al comandante.

«Sí», y repitió: «tu madre llamó».

Bajé la cabeza. ¿En qué rayos estaba pensando? *¡Ay, las mamás!*

Pero… era verdad. Sí estaba saliendo con dos mujeres. Algo que sabía que era peligroso. A la primera la había conocido en un curso de guardia marina el año anterior. Era una relación a larga distancia, ella estaba en la costa oeste y yo en Austin, pero se había vuelto algo serio. Entonces, en la primavera de 1977, conocí a Georgeann en la escuela y todo cambió…

Cuando bajé la vista del escenario, Georgeann parecía mortificada porque relaté esta historia, pero para mí era necesario contarla porque transmitía el momento más importante de mi vida, ese en el que tomé la decisión que cambiaría todo mi futuro.

«Me di cuenta», dije a la audiencia:

…de que la primera mujer era todo lo que un hombre de veintiún años podría querer, pero la segunda era todo lo que un hombre podría querer por el resto de su vida.

Más tarde ese año, cuando le dije a mi padre que le pedí a Georgeann que se casara conmigo, me miró como solo un padre puede hacerlo y me dijo: «Hijo, no creí que fueras tan listo».

Bueno, esa fue la decisión más inteligente que he tomado en mi vida. Georgeann ha estado a mi lado durante más de cuarenta años, ella es la que me ha levantado cuando tropiezo y la que me ha dado confianza cuando vacilo. Me cuidó cuando fui herido y llevó sobre sus hombros la carga de mis constantes despliegues, y en todas las ocasiones en que la muerte tocó a mi puerta, ella ocultó su miedo y me dio esperanzas. Nada en mi vida habría sido posible sin ella.

Hice una pausa a sabiendas de que no podría mirar a Georgeann o rompería en llanto. Volví a respirar profundo.

Continué con mi discurso, pero mi mente comenzó a vagar.

«Cuarenta años», pensé.

Habían pasado cuarenta años desde que me reporté para servir en la unidad del Cuerpo de Entrenamiento de Oficiales Navales en la Universidad de Texas. Recordé ese primer día con la misma claridad con que recordaría este último día. Sería el comienzo de una gran aventura. En las siguientes cuatro décadas viajaría por el mundo, navegaría por los siete mares, saltaría desde aviones, saldría de submarinos sumergidos, me dispararían, me explotarían bombas, me lanzarían morteros y cohetes. Me estrellaría en un helicóptero, en un bote y en un paracaídas, y viviría para contarlo. Conocería a presidentes y reyes, primeros ministros y princesas, déspotas y terroristas. Experimentaría la alegría del éxito internacional y la profunda tristeza por la pérdida de gente querida. Confrontaría lo peor y lo mejor de la humanidad. Experimentaría la mano de Dios tanto en pequeños como en grandes momentos. Constantemente me inspirarían los soldados; me asombraría su valor, su humildad y su sentido del deber. Formaría una maravillosa familia con la mujer que amaba y tendría la bendición de servir al país más grande en el mundo. Fue como si yo fuera el protagonista de alguna aventura cósmica. Y como todas las aventuras, mi odisea me había enseñado mucho sobre mí mismo y sobre el mundo que me rodeaba.

En mi viaje descubrí que siempre habría alguien mejor que yo: alguien más inteligente, más fuerte, más rápido, alguien que trabajaba más duro, que era más talentoso, más decidido, más honesto, más piadoso; simplemente mejor de lo que yo era. Eso te enseña a ser humilde, pero al mismo tiempo te reconforta inmensamente. En el mundo había muchos problemas que yo no podía resolver, pero quizás alguien más podría hacerlo.

Aprendí que la vida es frágil y que debemos tomar cada día como una bendición. Una sola bala de un francotirador de Al Qaeda, un artefacto explosivo en un camino poco transitado, un C-130 que nunca volvió, una colisión de frente de camino a casa, un paracaídas que nunca se abrió, una radiografía que revela un tumor; nada en la vida está garantizado, así que debemos aprovechar y agradecer lo que tenemos.

En muchas ocasiones descubrí que mi éxito dependía de los demás. Fue la más simple de las lecciones, una que me enseñaron en el entrenamiento SEAL básico cuando remaba mi pequeño bote de plástico. Y cada éxito que tuve desde ese momento ocurrió porque alguien me ayudó.

Me di cuenta de que la vida es bastante simple. Ayuda a tantas personas y haz tantos amigos como puedas. Trabaja tan duro como puedas. Y, sin importar lo que ocurra, ¡nunca te rindas!

En el camino hubo momentos y personas que nunca olvidé. Recuerdo haber dirigido la procesión fúnebre del sargento «Doc»

Peney mientras soldados del 1er Batallón, 75° Regimiento de Rangers marchaba desde la iglesia hacia el centro de Svannah, al bar favorito de Peney en River Street. Todo el pueblo se formó en los caminos, calles y avenidas, saludando, de pie en posición de atención, con la cabeza descubierta e inclinada, y los ojos llenos de lágrimas. Recuerdo al ranger Ben Kopp, muerto en Afganistán, cuyo corazón trasplantado late ahora en el pecho de Judy Meikle. Recuerdo haber visto a los doctores en el hospital de combate en Bagram intentando salvar a los SEAL Jason Freiwald y Johnny Marcum; quienes fueron impactados en el pecho por múltiples balas de alto calibre y murieron en la mesa de operaciones sin que yo pudiera hacer nada. Recuerdo los choques fatales de los helicópteros Turbine 33 y Extortion 17, nombres clave que nunca volverán a ser usados, y hombres que nunca recibirán un monumento. Nunca olvidé el sacrificio de Mike Murphy, Robbie Miller y Ashley White, o el de los otros miles, «todos los otros miles que dieron algo o lo dieron todo». Y nunca olvidaré la Sección 60 del Cementerio Nacional Arlington, el lugar de descanso final de tantos jóvenes héroes que lucharon en las guerras luego del 11 de septiembre. Hay ocasiones en que me sobrecoge el dolor y el pesar de los recuerdos, lo que a menudo se manifiesta en exhibiciones incómodas de emoción en entornos públicos. He llegado a aceptarlo.

Más que nada, aprendí que, con todos sus defectos, el hombre es digno de este mundo. Por cada beligerante imprudente que busca la guerra, hay más hombres y mujeres con sabiduría y sensatez que se esfuerzan por lograr la paz. Es mucho el odio desatado, pero el amor incondicional es todavía más abundante. Por cada casa de tortura de Al Qaeda en Irak, cada escuadrón de ejecución talibán en Afganistán, cada ataque suicida en Somalia, cada fanático santurrón que mata de manera indiscriminada, hay incontables madres que cuidan de sus pequeños y padres que crían a sus hijos e hijas para que sean personas honestas y trabajadoras. La compasión del hombre excede por mucho su codicia. Su amor es mayor que su brutalidad. Su coraje brilla más que su cobardía y su sentido de la esperanza siempre prevalece.

Volví a prestar atención a la audiencia. Casi había terminado y estaba listo para retirarme. Oficialmente jubilado.

Solo quedaba una última historia.

Hay una gran escena en *Rescatando al soldado Ryan*, la película sobre la Segunda Guerra Mundial. Ryan, quien en la película aparece como un hombre ya viejo, vuelve a las playas de Normandía en busca de la tumba del oficial que salvó su vida cuarenta años atrás, un hombre que sacrificó todo para que él pudiera vivir. Cuando encuentra la lápida, Ryan, emocionalmente drenado, mira a su esposa con ojos cansados y le dice: «Dime que he llevado una buena vida. Dime que soy un hombre bueno».

Encuentro a hombres y mujeres buenos a donde quiera que voy en mi viaje por la vida. Me he esforzado por ser tan bueno como ellos, tan bueno como he podido ser, para que al final quienes me conocen se sientan orgullosos de llamarme su amigo. Todo lo que siempre quise fue ser un buen hombre.

Me alejé del pódium, se dio una orden y ocho soldados se alinearon sobre una pequeña alfombra roja, listos para darme un saludo final mientras bajaba del escenario. Agradecí al general Dempsey, me reuní con Georgeann abajo del escenario y caminé por la guardia de honor mientras se anunciaban las palabras:

—Almirante jubilado partiendo.

Mi carrera había terminado.

Hellen Keller, la maravillosa mujer que nos demostró que la ceguera tiene una visión propia, dijo una vez: «La vida es una aventura atrevida o no es nada».

Bueno, ¡ciertamente ha sido asombrosa!

No puedo esperar a ver qué historias traerá el mañana.

AGRADECIMIENTOS

Escribir tus memorias no se trata tanto de practicar el arte de la escritura sino de dar reconocimiento a las personas que compartieron sus vidas contigo. Por más de cuarenta y un años mi esposa, Georgeann, ha estado a mi lado amándome, alentándome e inspirándome. Lo haya mencionado o no, ella siempre fue parte de cada historia en este libro. Mis tres hijos, Bill, John y Kelly son quienes me motivaron a escribir el libro en primer lugar. Ellos fueron los que tuvieron que soportar la carga de todos mis despliegues y lo hicieron con una fuerza y resiliencia sobresalientes. Espero que al leer este libro entiendan por qué estuve lejos tan a menudo y por qué amaba lo que hacía. A mis hermanas, Marianna y Nan, de quienes soy su más grande admirador. Sus propias vidas asombrosas siempre me han hecho sentir orgulloso de ser su hermano menor.

También quisiera agradecer a mi editor, Sean Desmond, quien no solo me proporcionó asesoramiento técnico y temático excepcional, sino que también fue una constante fuente de aliento a lo largo del proceso.

También agradezco a mi abogado y amigo Bob Barnett; sin él, este libro nunca habría ocurrido. Tu asesoría y consejo siempre fue justo lo que necesitaba, cuando lo necesitaba.

Por último, agradezco a Michael Russo, de la Oficina de Pre-publicación y Revisión de Seguridad de la Defensa (DOPSR) por su dedicación y trabajo duro al pasar el manuscrito por el proceso de revisión gubernamental. La historia es mejor gracias a sus esfuerzos.

ACERCA DEL AUTOR

El almirante William H. McRaven (jubilado de la Marina de Estados Unidos) es el autor de *Tiende tu cama*, el libro número uno en ventas del *New York Times*. En sus treinta y siete años como SEAL de la Marina fue comandante en todos los niveles. Como almirante de cuatro estrellas, su asignación final fue como comandante de todas las Fuerzas de Operaciones Especiales de Estados Unidos. Luego de retirarse de la Marina sirvió como canciller del Sistema de la Universidad de Texas de 2015 a 2018. Ahora vive con Georgeann, su esposa, en Austin, Texas.